BuddhAll

BuddhAll.

All is Buddha.

BuddhAll

密乘寶海 16

密勒日巴大手印

雪山空谷的歌聲，開啟生命智慧之心

洪啟嵩 著

密勒日巴尊者是藏傳佛教噶舉派傳承祖師，一生遠離人群，在人跡罕見的雪山裡修持，依止大手印及拙火定修持成就。他的行持與教誨，也都是依大手印及拙火定之見地、證量來宣說。本書選取其道歌中，關於大手印之教法，深入教授，引領讀者進入密祖所修、所證之大手印見地與證量，是直入大手印的殊勝法門！

出版緣起

密法是實踐究竟實相，圓滿無上菩提，讓修行者疾證佛果的法門。

密法從諸佛自心本具的法界體性中流出，出現了莊嚴祕密的本誓妙法，以清淨的現觀，展現出無盡圓妙的法界眾相。

因此，密法的修持是從法界萬象中，體悟其絕對的象徵內義，並從這些外相的表徵、標幟中，現起如同法界實相的現觀。再依據如實的現觀清淨自心，了悟自心即是如來的祕密莊嚴。

從自心清淨莊嚴中，祕密受用諸佛三密加持，如實體悟自身的身、語、意與諸佛不二。依此不二的密意實相，自心圓具法界體性，而疾證佛果，現起諸佛的廣大妙用。

「若人求佛慧，通達菩提心；

父母所生身，速證大覺位。」

這是《金剛頂瑜伽中發阿耨多羅三藐三菩提心論》中所說的話，也是真言密教行者，修證所依止的根本方向。我們由這首偈頌，當能體會密法中「即身成佛」的妙諦。由此也可了知，密法一切修證成就的核心，即是無上菩提心。

密法觀照法界的體性與緣起的實相，並將法界的實相，與自己的身心眾相，完全融攝為一，並落實於現前的生活當中。這種微妙的生活瑜伽，讓我們的生活與修證不相遠離，能以父母所生的現前身心，速證無上大覺的佛果。

一切佛法的核心，都是在彰顯法界的實相，而密法更以諸佛如來果位修證的實相，直接加持眾生的身、口、意，使眾生現證身、口、意三密成就，而直趨如來的果位，實在是不可思議的密意方便。而這也是諸佛菩薩等無數本尊，為眾生所開啟的大悲迅疾法門。

「密乘寶海系列」總攝密法中諸多重要法門，包含了密法中根本的修法，諸尊行法，以及成就佛身的中脈、拙火、氣脈明點，及各種修行次第的修法。

其中的修法皆總攝為偈頌法本，再詳加解說教授。希望有緣者能依此深入密法大海，證得圓滿的悉地成就！

目錄

作者序 大手印與我的一些修法勝緣

密勒日巴尊者為噶舉派祖師，也是各教派共同尊崇的聖者。他的一生，可以說是一切密教行者修行的最佳典範。

因緣，是如此甚深與不可思議，但卻是相應如實，次第宛然的幻化現成。在無始的生命長劫中，無生無滅而又依緣現前，寫下了現空的幻化流變。

與密祖的因緣，是那麼的深邃。當在大學時，慧炬雜誌社出版張澄基教授所譯的《密勒日巴大師全集》，並連載〈密勒日巴大師歌集〉，讓我們了悟了密勒日巴大師的修行典範。在重複深究密祖的教誨之後，我就深深地融入密祖空偉壯濶，卻又可歌可泣的一生；並生起了「有為者亦若是」的深層修行意念。在如此的因緣中，不只深入了密祖那不斷以眾生覺悟為念的大悲大智心懷，也更加深刻了解這位被尊稱為「第二佛」的藏密祖師，而且讓我對大手印的教法有了更完整的體悟。

在這當時，更感恩聖嚴恩師的導引教誨，讓我在禪法有了甚深入處，讓我在一切教法中，得到圓滿的自在。

因緣是關係千萬重中的相互重疊、相引，所顯現出的不可思議，每一個因緣不只在過去形成，現在顯現，也牽動著未來，更是交互映呈的一大法界無盡緣起；在一一時空現前中投映，而且又是十方三世同時炳現。清淨的因緣，不只是悲心相續的力量，更是生生世世守護我們的大悲鎧甲。

這些因緣正不斷的敦促成我在深山閉關，度過生命中最安穩清淨的一年半。本來我應該是一個住山者，但是隨著因緣回到人間，持續教授如來的教法。這一切皆來自最深的緣。在此，心中除了感恩之外，也只有無限感恩。感恩的心是生命中最強大的力量，我一生當中，只是憶念著如何回報佛恩、父母恩師恩及眾生恩。有人說這些感恩的行動是菩薩行，來自慈悲心，但在我心中，這只是回報眾生恩德的自然所行。

我自幼體弱多病，資質平凡。聖嚴師父常說：「洪啟嵩的資質並不好，靠的是不斷精進努力。」但在恩師的導引下，用盡洪荒之力參禪，也在恩師的指示下傳禪。

回想接近四十年的傳禪生涯，心中充滿慚愧；因為在我眼中，密祖一生住山修行，其實是我中所嚮往的典範。即使是一九八三年深山閉關後，一九八五年回到人間弘法，心中實則常住深山，只是此身在世緣中應緣轉動而已。但我的福緣不足，悲念難止，因此也只有繼續在人間宇宙中流浪了。在佛陀的光明導引下，繼續以「依覺開緣，假私濟公」的理念行事，並以善財童子的初發心，來行普賢之道。

二〇〇六年，我有緣在美洲中國佛教的重要祖庭——紐約大覺寺主持十日禪，並在這機緣下，到達莊嚴寺，會見了沈家禎居士，在這過程中，我心中充滿感恩，也圓了一層深深的心願。

記得老居士用他厚實的雙手，緊緊抓住我的手說：「你看！我九十四歲了，還這麼有力氣！」此情此景，映現如實。

多次與沈老居士相會的因緣，我彷彿回到生命恩澤的大流當中。回想沈老居士一生，就如同當代的維摩詰大士一般。他創立美國佛教會，推動台灣與美國的佛教研究及活動，並支持慧炬等諸多佛教機構，使得當時大專青年學佛風氣蓬勃發展。這一代的佛教學人，可說都是受其恩澤。

更重要的是，他資助聖嚴恩師赴日留學，並支持他赴美弘法，後駐錫於大覺寺，讓聖嚴師父能開啟弘禪、弘法的大行。因此，當我見到他時，我心懷感恩的對他老人家說：「感謝您！讓我找到了恩師。」而他也欣然而笑。

也由於在紐約大覺寺主持禪三、禪七與禪十的因緣；在佛陀甚深的導引中，二〇〇八年我在佛教第一聖地，佛陀成道地菩提伽耶「摩訶菩提寺」主持了「大覺禪七」，重開禪法的歷史新境。

紐約大覺寺可以說是我的祖庭。而此寺是由沈老居士及其夫人居和如女士所捐贈，開創了漢傳佛教在美弘揚的新頁。而後來我又在莊嚴寺主持禪十，並受囑為紀念沈夫人在紐約莊嚴寺所成立的「和如紀念圖書館」題下書法偈頌〈和如銘〉：

沈心揚深智
公成福慧王
家風存香馥
楨德惠眾光
大空證體性
士圓菩提心
夫子弘古道
人間同景仰
居七寶湖畔
和觀音相望

如法界妙悟
紀大悲聲響
念極樂常寂
圓眾生佛陀
書金石留芳
館閣無盡藏

〈和如銘〉懸於館內，也可說是回報此許沈老居士與夫人的善法因緣。

二〇〇七年十一月，我在北加州的聖荷西傳法，並在附近原始的紅木森林中主持禪七，此時，由紐約大覺寺方丈處傳來沈老捨報的消息。當時，我為淨土行人所編著的《阿彌陀經臨終光明導引》正好出版，而且當我在大覺寺舉行禪十時，也攜至寺中；所以在大覺寺沈老居士的靈前，由寺方安置此法錄製的導引CD，祈願沈老往生極樂圓滿。因此，這部臨終光明的勝法，沈老居士成為首位的使用者；這也是回報老居士恩德的勝緣。

聖嚴法師最早於紐約大覺寺住持並主持禪修，陳健民上師也曾於此說法。在此，可說與我有著甚深的法緣。

二〇〇六年，我正在紐約大覺寺主持禪七時，正好聖嚴師父也來到了紐約象岡道場。當我聽聞師父到紐約時，心中實在萬分不捨，因為師父當時的身體狀況，根本不應如此勞頓，但恩師為了弘法而忘軀，只能讚嘆其偉大。當我在禪七的最後一日，前往象岡拜見時，蒙恩師勉力，師徒欣然相見。當我頂禮於師足下，恩師說道：「洪居士，我老了，將要走了。」心中惻然，其淚難忍，未能為師解勞，實在慚愧，唯有弘法利生，方能報師恩於萬一！

恩師殷勤重問，我禪七教學方便；我答以：「話頭、默照二重方便。」恩師精神振益，微噫道：「我只教你話頭禪，並未教你默照禪啊！」我回恩師道：「師父！話頭自有默照在啊！」師神情喜然！我並再說道：「師父走到那裏，弟子當然追尋到那裏。」由於恩師對我的著作及所學的傳承有所提問及指示，於是我再提起半年前曾寄贈恩師，我一生所研修禪觀的教學及心得《禪觀秘要》，但是此書恩師並未收到，於是我即於大覺寺另尋呈一冊《禪觀秘要》，並題供養偈曰：「師著隻眼，從來不瞎，柴米油鹽，勞師指瑕。」以此供養師父教授深恩。

一生著序，甚少提及私人些微因緣，畢竟在法界中，這些甚至談不上微細的砂塵。但因密祖的緣起，思及了心中的諸多深緣，這只是個人些微細事，不堪深讀，於此提及，敬祈眾諒。

一切的宗派，都是為了實踐覺悟眾生成就的因緣。感謝張澄基居士譯成《密勒日巴祖師傳》，及慧炬機構的出版，使當時許許多多的佛弟子有機會深受法益。二〇一六年十月，在傳鴻居士及諸多善士的共同推動下，《密勒日巴大手印》得以付梓，這是不可思議的功德！祈願此書出版，讓一切眾生同證大手印成就！

地球禪者 洪啟嵩

密勒日巴大手印——前言

「大手印」的梵文原名是「大印」（Mahamudra）。印者，法印或印契，猶如國王之印璽，一蓋上去，即得相應。藏文中加入「手」之一字，乃表佛手——佛之兜羅錦手，是代表無上的珍貴，故「大手印」即代表佛的無上心印，佛所親許的一個究竟的法門，正如中國禪宗所講的「以心印心」的心印。因此，「大手印」的「手」字乃是一個形容詞，形容這個佛陀心印的珍貴，因這個心印乃是印證佛陀的無上心髓，是至廣大，至究竟，至精微，故名「大印」或「大印契」。

中國唐朝金剛界瑜伽部教法中，有四種印，即大印、法印、三昧耶印，及羯摩印；本尊形像即大印；種子字即法印，比如馬頭明王的種子字為𑖮𑖽（haṁ）或𑖏𑖯（khā）或𑖮𑖳𑖽（hūṁ）；法器或三昧耶相即三昧耶印；八相成道等種種事業即羯摩印。大手印乃是以如來果位的境界，或是證悟本來清淨之後的境界，來作見的跟印證而修持的，故大手印即是實相印，即是佛祖心印，是跟禪宗的觀點貼近的。

其實不管是禪宗，大圓滿，或大手印，他們根本的源頭是相類的。陳健民上師認為大圓滿跟大手印兩者的見地並不相同，這個看法應是合理的，用比喻來說，這就如同中國的南宗禪跟北宗禪，同樣的見地，前者是頓悟，後者是漸修，大手印比較接近北宗，大圓滿比較接近南宗，但陳上師的觀點認為，禪宗是比大圓滿更圓頓的，因為大圓滿教法跟中國北宗禪交涉深遠。大圓滿教法除了基於佛性本然自性清淨的觀點之外，其在後續發展上受中國北宗禪的影響十分巨大。蓮花生大士的大圓滿教法的上師是吉祥獅子（Śri Sini Ha）（請詳《蓮花生大士全傳》，洪啟嵩著），吉祥獅子應該是一位跟五台山有深切因緣的北宗禪禪師。另外，蓮師的二十五大弟子中，有二位是學禪的，一位在瓜州（敦煌），一位在四川；更且，我們發現龍欽巴的教法跟北宗禪觀點一樣。由此可見，大圓滿法跟北宗禪的交涉是很深的。

摩訶衍在北宗禪裡並不是一位大和尚，當他進入拉薩和蓮花戒辯論時，其實他本來辯贏，後來因為政治因素而被驅離，很多人以為禪宗從此在西藏消失，其實只是在拉薩消失而已。大家要了解，早期西藏很多典籍都是翻譯自中國，如西藏現有的《楞嚴經》就是從中文譯成藏文，並不是從印度翻譯的；另外，很多北宗禪的著作早期也都被譯成藏文傳到西藏。

蓮花生大士在古金州受吉祥獅子傳大圓滿法，古金州並不是阿底峽尊者所從來的金州（蘇門答臘），而是在現今的東孟加拉、雲南、緬甸、西藏一帶。雲南的大黑天廟在中國東漢時期便出現了，比佛法傳入西藏還早六、七百年，這一帶可能是大圓滿教法跟禪宗交涉的重要地方。故宮鎮宮三寶之一的「梵像卷」（宋代大理畫師張勝溫所畫），裡面有藏密本尊、護法，跟禪宗祖師的造像，這是很有意思的。

如果要了解大手印的原始傳承，可以參閱多羅那他所著的《七系付法傳》，書中第一系即大手印教授付法傳，傳中認為大手印傳承的起點是羅睺羅（或稱「薩羅訶」），在這裡，我並不打算詳細講解大手印歷代祖師如何教授，因為這些跟我無關，這意思是說歷史跟我無關，而不是說這些心性傳承跟我無關。所有心性傳承都從自心自明而來，我的悟境跟這些祖師的悟境是相同的。佛法的悟境不論古代或現代都一樣，若不一樣就是外道。因此，如果有人說：「我開悟的特別不一樣！」那就是外道，跟古德悟境不一樣就是外道，這是很簡單的事情。

大手印的教授，除了詞句的傳承之外，最重要的是心性的傳承，所有大手印見地的根本都是心性本然清淨，大圓滿、禪宗的見地亦是如此，即心性本淨。但同樣都是根於心性本淨的見地，你如何悟入？你如何顯出？你如何作用？卻是有所差別。有的有次第，有的沒有次第，沒有次第的更究竟，而大手印是有次第趨入的。大圓滿的心部、界部、教誡部等，也是一樣，「心部」是從自心本淨，貫穿法界，「界部」是法界現前一切現觀圓滿，「教誡部」是當體、當下頓入這個境界，三者乃是教授不同，而根本觀點是一樣的。漸悟與頓悟所悟的，都是同一個本心——那個自性清淨本心，所不同的是，漸悟乃漸次趨入，頓悟乃當下頓入。

大手印是基於心性本淨的見地，而依「專一」、「離戲」、「一味」、「無修」四個次第趨入，大圓滿則是「立斷」、「頓超」二個次第趨入，禪宗哪有分什麼立斷、頓超？一腳踩了就是！因此，子母光明會在禪宗是不立的，在大圓滿講一切現前圓滿，故也是不立的。

講到心性本淨，很多人都錯解了，以為有個心本來是清淨的，殊不知，有一個心的話，怎麼可能本來清淨呢？如果懂了這句話，就可以直入法界，現悟大手印了。如果是有心的話，怎麼會有本來清淨？以心不可得故，一切本來清淨！《金剛經》講：「以無有少法可得故，得阿耨多羅三藐三菩提。」是故無上正覺即一切法不染，而把這個證量直接化成你的見地，一切不可得，即是心性本淨。所以一切不可得，怎麼會有心性污染之事呢？

但是很多人以為講「心性本淨」是說可以作壞事而沒事，或以為有了心性本淨便可以往昔惡業全消，他心裡想：「我有作等於沒有作，我現在還可以繼續作，等我不想作的時候就沒有了」，或者認為：「我想作的時候是有，我現在不接受就沒有了。」這叫「不落因果」，是野狐禪也。

所以，心性本淨是心不可得，一切不可得故無染，無染故本淨，本淨故當下頓入法界，頓悟實相。依於心性本淨之義，在中國便發展出一套看法，即「本覺」與「始覺」。「本覺」並不是本來有一個覺悟，而是本然清淨，本然不可得；「始覺」是始悟本然不可得，名為始覺，始覺同於本覺，而不是本來有一個覺。所以你們現在最重要的事情是什麼？你們現在始覺同本覺，子母光明會，在當下之間就悟入法界，悟入法性，悟入大手印，成就無上菩提。

一切見地皆從心性本淨開始，當你體悟到心不可得，即體悟到體性中本具之心性本淨，一切不可得，而能具足一切妙用。如六祖初禮五祖，五祖問六祖來做什麼？六祖答來求作佛，五祖問：「你是嶺南人，又是獦獠，若為堪作佛？」六祖答言：「人雖有南北，佛性本無南北，獦獠身與和尚不同，佛性有何差別？」所以這裡六祖悟得平等性，但這平等性有沒有作用呢？這作用還不具。最後，他在三更受法，遂悟一切萬法不離自性：「何期自性本自清淨，何期自性本不生滅，何期自性本自具足，何期自性本無動搖，何期自性能生萬法。」這時才有作用。

所以從這個觀點來看，悟境即有次第，因此，大手印的修證就建立了四瑜伽，即顯明本體的四層瑜伽——專一、離戲、一味、無修。什麼是專一？從果位的見地來看，一切都是本淨，即法性本自清淨，一切是法性遍滿，一切是本自清淨，你悟得這個，從而專注於此，名為專一。怎麼形容呢？「如海船上放鴿飛，遍繞諸方仍落船，如是以心觀分別，終歸最初本心性」，所以，妄念紛飛隨它去，隨它去是妄念紛飛隨它去，而不是隨著妄念紛飛去，大手印修習工夫即在此。因此，妄念來的時候可以不知道嗎？不可以！不知道是落於無記，而妄念來的時候知道而作意去壓制，是妄動，所以要「不修不整」，工夫在這裡呀！

專一之後發覺到：「我必須專注於此，跟它相合！」這一念是戲論，為什麼是戲論？因為真、妄對待！即當你起一念：「我要專注於此！」專注於真，那不是有妄嗎？然體性無真、妄呀，所以要離於此戲論也，故曰離戲。

而離戲真妄完全相融不只在心，而且在境上完全顯現出來，即是一味。修到一味時，有些行者會展現瘋行者的樣貌，比如濟顛禪師所顯示的染淨一味瘋癲行。當染淨一味，全都融攝，但還有一味修，所以到最後要「修而無修，無修而修」，而最究竟的無修境即是佛境。

以上大略介紹大手印顯明本體四瑜伽，其實都是法性的流行遍滿而已，亦是一個漸次的修悟次第。

本次宣講的大手印法門，我命名為「密勒日巴大手印」，密勒日巴大師是修持大手印及拙火成就的。密勒日巴祖師古稱「木納尊者」，以前坊間有一本《木納傳》，我有一個筆名叫木納子，取意為：木納的兒子，因為我受密勒日巴祖師的教法影響很大。在此也要感謝張澄基先生，他譯成《密勒日巴大師傳》及和歌集，讓很多修行人得到大利益。

尊者密勒日巴的一生，對於現代密行者而言，是修學苦行的最佳典範。當尊者年幼之時，父親就病逝了，親戚們羣起欺負他們孤兒寡母，不但侵佔他們的家產，還將他們充作奴僕使喚。

於是尊者的母親傾盡微薄家財，送尊者去學習咒術，希望他對其親戚們降下冰雹、破壞收成，來平復心中的仇恨。

後來密勒日巴尊者果然完成了母親的心願，卻也造下了可怕的黑業，殺害了許多眾生。然而就在此時，他的心中生起大驚怖，猛轉而向追求正法。

在追隨馬爾巴尊者之初，密勒日巴尊者也歷經了一般人所不堪忍受的過程，因為馬爾巴上師為了要迅速消除尊者的業障，叫他從山下揹起一塊塊巨石，到險峻的山頂上建築房子，而且每每都在將蓋好之際，便將其毀掉，令密勒日巴重新再建。

而密勒日巴尊者因整日揹負巨石，背上全部被磨破了，而且長了瘡，其中又有膿頭，腐肉伴著膿血，爛得像團稀泥，身心折磨至此種程度，但是馬爾巴上師還厲言對他說：

「至尊那諾巴，十二大苦行，十二小苦行，比你這點傷要厲害得多！大小種種廿四種苦行，我都忍受了。我自己也是不顧性命，不惜財產地來事奉那諾巴上師。你若是真想求法，就不要再這樣故意造作，裝作了不得的樣子，趕快去把房堡建好吧！」

換做是別人，面對這種情況，恐怕早已頭也不回地走了，但密勒日巴仍然一如往常，下山揹石塊，上山蓋房堡，繼續完成上師的囑咐。

經過不斷的精勤修行，密勒日巴尊者最終圓滿具足了廣大的成就。

當他的心子岡波巴大師要遠行，拜別上師時，密勒日巴尊者特別傳給他一個甚深的口訣，只見密勒日巴尊者將其衣袍撩起，露出赤裸的身子，背上佈滿了網狀老繭。他對岡波巴大師說：

「我再也沒有比這更深奧的口訣了，這是我經過如此的辛苦修行，心中才生起功德的，所以你也要以最大的堅毅持忍力來修行才好。」

在密勒日巴的修行過程裡，他還曾以蕁麻為食，使得全身的皮膚，甚至汗毛都變成綠色了。

當他妹妹來到他修行的洞口時，看見尊者「眼睛下凹，陷成兩個大洞，身上的骨頭，一根根向外凸出，像山峰一樣。渾身一點肉也沒有，皮膚和骨頭像要脫離似的，週身的毛孔都現著綠茸茸的顏色，頭髮又長又鬆，亂蓬蓬一堆堆地披著，手腳都乾瘦瘦的，就像要破裂似的。」以至於他妹妹差點以為他是鬼，忍不住悲傷地哭了起來，但尊者當時卻唱了一首勸慰歌來安慰她，其中唱到：「

一切苦樂本無常，我故如是苦修行，

終當獲得究竟樂。一切眾生如父母，

於我恩德無有量；為報一切眾生恩，
如是苦行又何妨。崖棲穴居如野獸，
見者孰不生憐憫；我所食者如狗食，
人見嘔吐且難忍。我身有如骨骷髏，
仇敵見之亦淚泣；觀我行迹似瘋狂，
智者知我與佛同；恆沙諸佛孰不喜？
下有冰冷石床坐，刺我肌膚令精進；
外內身澈蕁麻香，綠色一味無轉變。
無人山中崖洞居，斷除憂惱如佛陀；
上師三世一切佛，心中禮拜常不疏。
如是猛修得精進，必生覺證無疑問；
覺受正解若得生，此生快樂任運成。」
密勒日巴尊者一生留下了許多道歌，傳誦後世。

讀密祖歌集時，我們可以注意到一點，它裡面的每一個偈頌就是一個完整的教法，這是他特殊的情境。密祖是一個流浪的老乞士，常在山洞裡面修持，並沒有一個固定不變的居所，所以他並沒有一個大系統的完整教授，因此你跟他碰面時，他唱一首道歌便是傳承一個完整的教法，你依據這首歌便能修行成就，因每一首歌裡即融攝了所有修法的精要。而我在教授《密勒日巴大手印》時，是跳著講，隨口講，能講多少就講多少，在我看起來，講多講少是一樣的，你懂得其中一個教法，其他也都懂了。

密勒日巴祖師經過前期很精進的修持，最後他透過拙火瑜伽及大手印的教法得到圓滿成就，所以這歌集裡的偈頌便會有這樣的融攝；就像岡波巴大師，他把噶當派的教法跟大手印合在一起，就變成他教授上的特色，但大手印的見地、境界是一樣的。

既然這邊講到拙火，我就隨口傳一個法門：「中脈拙火修法」給大家，而隨口傳授的都是殊勝無比的，因為是從心性裡面來的，此法如下：首先，以妙定功的大圓滿式為前提，先把中脈調直。人體基本上可以依三脈七輪來剖講，當我們在幼兒時，其實身脈已經開始走偏了，且越長大越偏，亦即三脈七輪很早便受到我們的無明執著影響，而從心到身都改變了。幼兒開始，心識產生好奇，六根向外抓執六塵，眼根執色塵產生眼識，心就隨著去了，眼根往外走，眼壓升高了；眉心輪拉開，松果腺也拉開了，頭蓋骨就產生些微的位移，外表看不大出來，裡面卻是脈堵塞了，此時脈就像被擠壓的蓮梗開始乾掉，成為乾枯的薄片而黏貼在一起，所以你的整個中脈便像乾蓮花擠扁了，裡面氣既不通，也無明點，因為沒有氣就沒有明點，中脈是全部乾扁而堵塞的。接著，下巴一抬起，喉輪跑掉了，壓力一來，心輪也擠上去扭掉了，肚臍的臍輪也上抬扭掉了。總之，整個身體的脈輪都擠扭了。

所以，要開始修拙火前，可以先練習妙定功大圓滿式，就是把中脈的空間先校正出來，讓智慧氣能進入被擠扁的脈輪蓮根，產生明點，潤澤了，中脈就打開了。中脈乾扁的時候，身體是無明系統在運作，當中脈打開之後，

阿字月輪

明行系統展開了，五蘊身裡的眾生就全部變成本尊，三脈七輪就變成佛的壇城，這道理就如同你把一國的領導者轉向正智心王，下面的整個人民自然跟著邁向正行法道了。如是依於大圓滿式的中脈調身，我們接著進入中脈呼吸，首先，頂輪放下來，置於眉心輪，眉心輪置於喉輪，喉輪置於心輪，心輪置於臍輪，臍輪置於海底輪，這樣一層層放下來，中脈就跑出來了；再來是海底輪置於空，即身心全部放空。我們修任何觀想法時，心一定要先放空或觀空，一般觀想從空裡出生月輪，這月輪是代表法性，空而顯現月輪是見明體，得到初地了。但還未開悟時，至少要先觀空假修，再從月輪中顯現種子字（代表智慧性），接著再出生三昧耶（代表誓句），最後顯出佛身（有誓句才有佛身）。

如是，從頂輪一輪一輪放鬆下來，身心放下、放空之後，最後呼吸就在中脈中間。這時，在海底輪的位置，就想像有一個細微的針尖在那邊（有修生法宮的人就觀生法宮在那裡），並且想像一顆顆的太陽一直放進針尖裡頭去（針尖頭的位置是在臍下四指的身體正中間位置，即海底輪的正中央），而這一顆顆不斷放進針尖頭的太陽，每一顆如太陽般的熾烈明亮、如水晶般的透明，如彩虹般的沒有實質。如是一個太陽放進去，二個、三個、……千百億個太陽一直放進去（剛開始練習放太陽時，可以以一百零八個太陽為練習周期），而所放入的不可思議數的太陽熱力就讓它自然昇華，沿著中脈的空路自然昇上去，不必刻意去把針尖的熱力想上來，只要依先前中脈呼吸

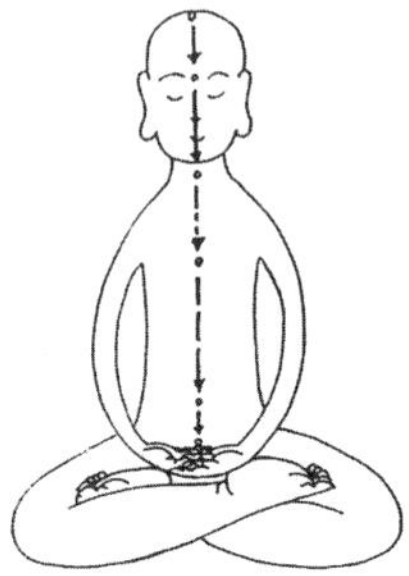

1.把頂輪放到眉心輪→
放到喉輪→放到心輪→
放到臍輪→放到海底輪

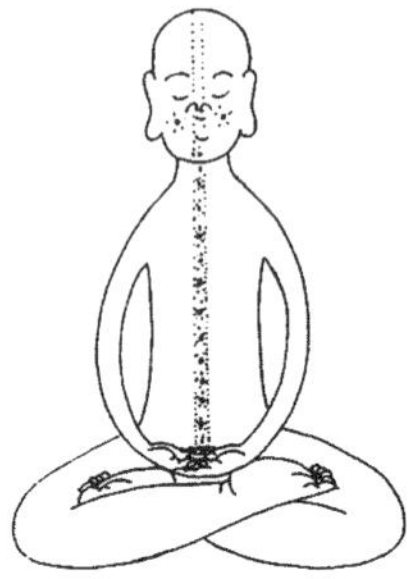

2.海底輪處有一熾熱的針尖火
焰，我們延著中脈吸入太陽，
太陽積聚在針尖上

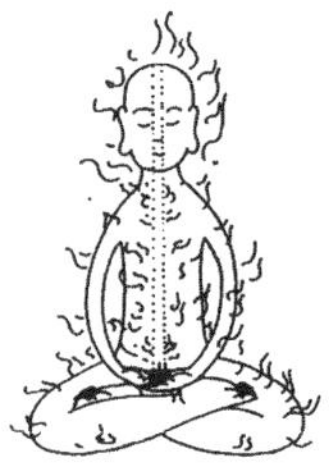

3.火焰猛烈由中脈燒盡全部身心

4.熾焰由毛孔燒出，遍燒法界

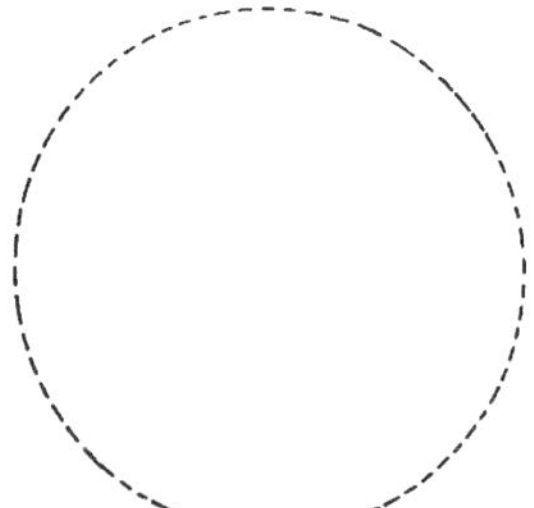

5.法界遍燒清淨，遍現明空

中脈拙火修法

法，把中脈通路先留好就好了。這個拙火修習法門可以一天二十四小時，隨時隨地的不斷練習，搭捷運時也可以練習，隨時隨地想到就放太陽，到最後全身就變成如千百億日，整個身體都化掉了，或可依此法而成證虹光身。

至於放太陽時，是否要從頂輪處觀想放進中脈裡頭去？重點是中脈先放空，然後從空性裡頭直接太陽就放進針尖裡頭去了，放之前是空性，放的時候是空性，放了之後更是空性，而且空越大，光明越大，光明越大，越無障礙。行、住、坐、臥都是如此，練習一段時間，身心就不一樣了。這個拙火修法是供養給密勒日巴祖師，也是供養給大家的方法，亦可參考《現觀中脈實現成就》一書於全佛出版。以下我們正式進入密勒日巴歌集中的大手印教授。

036 密勒日巴大手印

第一章　法性光明大手印，自心明空魔自消

〈密勒拾柴記〉乃講密祖修行降魔的故事。魔是什麼？修大手印的人有魔境嗎？當你安住在專一的境界裡的時候，當然有魔境呀，世俗的境界當然有魔境。而一個還沒開悟的人，他怎麼去面對外魔？一個有初步悟境的人，他又怎麼去面對外魔？一個究竟覺悟的人，他如何去面對外魔？上次我感冒時我跟大家講什麼？看到都是佛！所有的病菌、外境，跟佛無別！

前些時日母親摔倒住院，我每天都要修法迴向，但迴向的內容這二天開始有些不一樣了，主要有三個根本，第一、迴向我母親身體安康，能夠安住在無上菩提心，圓滿成佛，廣度眾生；第二、十方三世一切眾生能夠業障消

除，迅速成佛，圓滿成就；第三、非典（Sars）及一切病菌，布希及海珊對決，能和平無災無障的落幕。面對這些病苦疾疫、冤親債主業障等，你要把他們消滅嗎？還是這些細菌、障礙等都要成就無上菩提，轉為光明，圓滿成佛呢！若不是如此，而你卻起心要把它們除掉是什麼意思？

就我來講，我要很感謝我母親，她辛苦示現，她是如來教導我的，因此，細菌對我來講是什麼意思？是與我相敵？還是我度化它？還是它們能成佛？只有這樣才是大手印的究竟，不是如此嗎?!只是它中間要經過很多的修證過程，所以有所謂的四瑜伽。

〈密勒拾柴記〉，一開始就是教導修行人要深觀自己的起心動念，也是大手印修行中的一個境界，我們看看密祖如何面對這樣的境界。首先，「大瑜伽行者密勒日巴尊者，一時，在寶窟大鵬洞中，浸習在光明大手印定裏。」一光明是法性光明。光明有很多種，一種是從法性智慧中生出來的慧光，一種是從禪定中生出來的定光。欲界六天的光明是由福德所生出來的，色界光明則是從定力所生出來的。凡是可見的光明皆屬色，所以無色界不具光明，除非他顯現在色界，但他也不是沒有光明，而是他沒有色相的觀念。無色界天人只具受、想、行、識四蘊，而色界跟欲界眾生則具足五蘊；鬼屬欲界，故鬼亦有色身；天神亦有色蘊，只是比較微細而已。菩薩修至四禪會顯現清淨境界，故報身佛的境界不是色究竟天，但宛如色究竟天，是清淨的，不是雜染的，正如極樂世界所顯現的是我們眼根所見，但它是清淨的淨光，這跟非淨光是不同的，因為具有智慧的光明，才是清淨的淨光。

所以看到光明時要能明了抉擇，有些是福德光或定光而已。很多人看到放光時便大驚小怪的。其實，人有人光，鬼有鬼光，妖有妖光，只要物質存在就有光，除非沒有物質。佛菩薩的悲光是至柔軟而至深厚，天神的光則銳利而具強制力，因為天神有分別心。而光明大手印是法性光。

「有一天，他覺得有點飢餓，應該準備點食物來吃，就在洞中找尋了一下，不用說油鹽和麵粉，就是洞口的柴和灶邊的水也一點不剩了。他自忖道：『我對世界上的瑣事也未免太忽略了些。現在讓我出洞去拾些柴回來吧！』等他撿畢柴薪回洞的時候，山間忽然刮起一陣暴烈的狂風，吹著他破爛的衣衫四處飄掀。他想用手拉住衣衫，但手中的柴又差點被風捲去；他想用手緊緊的抱住柴薪，但狂風又把他那襤褸的衣衫吹得四散飛揚。於是他自語道：「唉！我已經在山穴中修行了這許多年了，但如今我仍不能完全放下這個『我執』之心，一個人如果不能割捨『我執』，那麼他所謂的修行又有什麼意義呢？風啊！你要喜歡吹走我的衣衫，就請你吹走吧！你要喜愛我的木柴，就請你捲走它吧！」說畢，他就放下一切不管，靜坐在地；但是因為長期的苦行和營養不足，一陣冷風吹來，人支持不住，密勒日巴竟昏倒在地。過了一會兒，他醒轉過來，其時狂風已過。一陣難以忍受的念師之情，突然湧住心頭，他不禁滴下簌簌的淚珠，凝望著那片白雲，密勒日巴和淚高聲唱了一首『念師曲』」，並且得到了啟示，而這是密法中很重要的，一個上師跟弟子之間的三昧耶。

「唱畢此曲，密勒日巴滿心雀躍，一手收拾他那襤褸的衣服，另一手抱住一捆柴薪，走回山洞來。甫進洞門，就看見五個鐵色的印度阿咱馬（鬼），眼睛巨大得像茶杯一樣，圓溜溜的。一個端坐在尊者的床上，好像說法的樣子。另兩個坐在下面聽法，一個在旁邊伺候，還有一個則正在隨意的翻閱尊者的經書。密勒日巴一見，最初覺得很驚奇，隨即想到這大概是本地的護法山神來捉弄我，弄出來的遊戲神變吧？便自忖道：「我在此山已住了相當的時期了，但卻從來沒有用供食來祭祀過山神，也從未時常的讚頌他們，現在讓我來唱一首讚曲吧！」

但這五個印度阿咱馬，聽畢密勒日巴的歌後，圓睜怒目，狠狠的盯著尊者。其中兩個憤怒猙獰，一個張開獠牙，緊咬下唇，一個咬牙挫齒，威脅的步向前來；另外幾個發出可怖的巨聲獰笑和怪嘯，大家排成一列，蓄勢準備向尊者作致命的撲擊。密勒日巴自忖道：「原來不過是非人魔鬼前來騷擾而已！」於是尊者就作起密法的忿怒本尊觀，用威猛的密咒來驅魔，但毫不生效果，這幾個阿咱馬竟不離去。」有時候這是護法來考驗你，但有時候不是。

「密勒日巴不由生起大悲心，就對這五個妖魔講說善惡因果和佛法，但他們仍然不動。密勒日巴於是想道：「我由上師馬爾巴的指示，已經如實通達一切諸法皆為自心之顯現，自心即是那空明之體」，「一切諸法皆為自心之顯現」這句話是大手印的見地，「空明之體」就是明空不二的體性。心性本淨就是明空不二，清淨的體性本身是有作用的，是法性光明的作用，故宏智正覺講：「能發光，能出應」，這跟光明大手印是一樣的意思；即心的體性是空，明空不二是有作用，有大力，但體性是空。然而有作用是隨因緣起，沒事不會在那邊一直無緣無故的放光，沒有黑暗就不需要放光，就如同為什麼要成佛？因為有眾生。如果沒有眾生，一切都是本覺境界，那何必去成佛呢？

所以有時候我會說：「我們是來把佛教滅除的」。很多人聽到這句話可能會嚇一大跳：「你想幹什麼？」我說很簡單囉，我們講全佛就是把佛教滅除呀，每一個人都是佛，那還有佛這個名詞嗎？成佛在一般人的心目中是一件很喜樂的事情，但是我曾經寫過一篇文章，標題是：「無可奈何而成佛！」怎麼說呢，因為成佛代表什麼意思？因為有眾生，所以你必須成佛示現，幫助他們成佛，這是不是一件很無可奈何的事？心裡面真的悲欣交集呀！若每一個人是佛，何必成佛呢？

「我已於此得決定不移見」，決定不移是見地成就而安住其中，你如果把「一切諸法皆為自心之顯現，自心即是空明之體」當作思惟的對象，那只是一般的見地，但如果這個見地得到一種決定的指示，那就是大手印見，一切都是如此。一般人常讀的心經，裡頭有沒有大手印見？有！但你如果只是用想的，那就沒有。什麼叫「般若心經」？智慧的心中心，即智慧的中心。大圓滿心中心跟般若心經的「心」字是一樣的意思，都是般若的心髓，是智慧心髓，比如「色即是空，空即是色」，即是當你得到決定的證量，並安住於此不變的見地，則空能顯一切色，所以遍法界一切都是的。

關鍵是這句話你是用分別的觀念去看，或從證量趨入而得決定。很多人說：「我的大手印見比較高！」我說一個菩薩他沒學過大手印，但他已經證悟了，證入八地果位，你說他沒有大手印見，那不是很奇怪嗎？

已得決定不移之大手印見，「現在如果仍把這些來擾的妖魔當做真實之外境，豈不可笑嗎？」這句就是大手印的降魔方便。如何用大手印降魔？你若要用大手印降魔，當然就沒有大手印了。大手印能不能降魔？當然能降魔！但是你要拿大手印來降魔，當然就不是大手印了。大手印能不能清淨業障？當然能清淨業障，但是你要修大手印來消除業障，那你就去拜佛好了，是一樣的，而且能健身。

「於是尊者就以絕對的自信和無畏的定力，心住正見，唱了下面這首歌：大力摧服四魔眾，恩師馬爾巴前讚禮。」「四魔」是修行過程裡的五蘊魔、天子魔、死魔、煩惱魔。「恩師馬爾巴前讚禮」是說：我的殊勝見地，是來自我的上師，所謂「上師住於頂」，這是你心之母呀，也是你自心！因此，「上師即自心也」才是究竟的上師見。你能體悟上師即自心，上師即法界體性，所以叫子母光明會。上師是代表法界，故上師即自心，你能體悟到這點，就是法界一片，不論在修行上或任何所作，都會產生不同的見地，及更殊勝的覺受。

「喂噫！目前五妖魔，汝等知我是誰否？我是達生嘎母子，最初住於母胎時，三力成就得圓滿；嬰孩時期臥搖籃，孺童時期守門戶，及長常年住雪山，風暴雖烈我何懼！峭崖雖險我何畏？」曹洞宗有所謂「五位君臣頌」，一開始是誕生王子，同樣的，密祖在這邊一開始劈頭便吼：「我是誰？我是法性生子呀！是佛性所生子呀！」也就是根本是法王子，我一出生就是法王子，因為我堅信、悟入、證得我與諸佛同體不二，我成就了這樣大手印的見地，我剎那間就變成法王子。雖然我現在是剛出生下來的幼子，還不能作用，但我具有大法王的權威。大家就是如此，大手印灌頂就是這樣子，剎那之間，你們現前就是法王子，而我已經跟你們灌頂完了，但是你們若要跑出去玩，不影響你們是法王子，只是你們會忘記你們是法王子而已。

「我乃禽王大鵬子，……海中巨鯨子……口傳上師子」，密勒日巴用這樣的比喻來清淨自己的心，來使自己憶起傳承。然而妖魔在外嗎？不在！所以這是在協調他內心的境界，讓王令所不及時內心能得到平衡。禪宗言：「普天之下，莫非王土」，遍法界都是的，但現在是王令所不及，所以現在我給你四十八小時最後通牒，馬上出離。「汝等知我是誰否？」即是把自己的煩惱嚇壞而降服了，而這些煩惱是什麼？是你本尊壇城的聖眾呀。

所有壇城的核心都是如來，如來法性在此，現在叫金剛薩埵法王子出來講話：「汝等知我是誰否？」這樣一呼百諾，眾皆降服，從中脈這樣慢慢穿透出去，而所有在外面的這些脈輪都是諸天守護，整個法界壇城就在你自心中展開，整個法界就是你的壇城，如此完全具足就叫三世間佛。毘盧遮那佛成佛的時候，整個器世間都是他的身體，成佛時具足三世間，即智正覺世間、眾生世間，及器世間，整個法界都是他自身。日本奈良東大寺毘盧遮那佛的佛身上，畫滿了整個宇宙諸相，即是代表整個法界都是他自身。所以，講三脈七輪或講整個法界，都是整個你的大曼荼羅。而經過這樣解說之後，你們對密法自然會有更深的理解了。

從現在開始，密祖不再用打的，改用威嚇的：「煩惱，你要不要行正法？」煩惱昇華，貪的煩惱化成慈悲相，嗔的煩惱化成智慧相，心中的這二分悲智雙運，也就是這裡頭其實是在處理他內心的不平衡點，因為法王子現在尚未長大，沒辦法遍滿，所以他用這種方式來調和整個宇宙相、整個心相，心相即宇宙相，所謂「心內真如還遍外」，整個遍滿一切。

「雄住雪山之雪豹，其爪不為冰雪凍，雪豹之爪如凍損，三力圓滿有何用？」這代表我的信心堅固，我對法性見解的不變、不壞，沒有絲毫的錯謬，這樣子，心跟力才能穿透出去，即使火輪頂上旋，心絕不動搖，「將頭臨白刃，猶如斬春風」。任何境界當中，心鏡清清明明，跟大手印完全相應，什麼是大印？就是法界體性印，如來的心印。「雪豹之爪如凍損，三力圓滿有何用？」如你的大手印見不鞏固而破了，那就沒有了。所以見地是第一，見地具足你就是法王子，如果見地不具足，你雖然是法王子卻變成乞丐兒了，變成《法華經》上所講的：「如子逃逝」。如此你雖然力氣很大，什麼方法都會，但沒有用的，因為你信心不堅定，心不鞏固矣，正如：「大鵬翱翔天空時，豈懼其身墜地谷？大鵬飛翔若失墜，翅翮朋碩有何用？」

所以，要自信而專注，完全自信，完全放下、放空，自然專注，猶如大鵬翔空般廣大、獨一。「魚遊海中不窒息，魚若窒息於江海，生於水中有何用？巨石不能碎鐵器，鐵器若為石所碎，溶火鍊鋼有何用？」見地要淬煉、清淨、安住，如同金剛不壞，所謂「般若如金剛，見處永不退」，安住於此，則自然的智慧，自然的定力，自然的威力，就自然顯現了。此時，「汝等障法妖魔眾，此番來此甚希奇！你我暢論生平事，多留片刻莫急離！」以後碰到魔擾時，可以請他們喝普洱茶，而他們如果要竄離時，不要追逐他們，因為他們比你會跑，須知法界盡是你心，他們不論怎麼跑，你都永遠在他們前面看著他，並且永遠比他們大一倍，這是處理魔擾的方法，但是沒有自信，你有辦法嗎？你會被境所轉。你必須具足不壞的見地和完全的自信，才能讓魔隨你轉。

我記得以前念大學的時候，有一次我閉了一個短期的關，結果在睡覺的時候，人家暗算我，就是夢中我在山上散步看風景時，正欣賞著斷崖旁美麗的風景，冷不防背後就有人忽然把我推下山崖，這時怎麼辦？基本上任何處理這種情況的方法是有成千上百種的，但只要用一種方法就可以，此時我的方法是一被推下去，整座山就變成一個小台階，那我也不往後看是誰暗算我的（管它幹什麼？你要找它打架嘛？這不是很差勁嗎？），只是一步踏下去就走了，我不管它的，很自在、很方便的放下。

「事忙今宵亦莫去，黑白兩道試競力，身口意力來比試，孰優孰劣釋汝疑！」這其實是把你體性中黑白力量拿來鍛鍊，是從離戲到一味。雖然大手印修證有四個次第境界，但它們在見地、作用上是互相有勾連的，因此，把身口意黑白力量透過現前這個境界來調鍊真妄分別，把真妄力量混融為一就是一味。

「汝等來此誓毀我，為作法障中斷魔，若今未成即離去，豈非終生大羞恥？」這還不是在究竟一味或無修的說法。

「密勒日巴唱完此歌後，即生起佛慢『心住空性』，向洞中急速的衝了進去，那幾個阿咱馬魔一見尊者進來，驚駭萬狀，嚇得全身發抖，眼睛東張西望，找尋逃處，慌亂中四個妖魔都消融於一個主魔身中，這個主魔旋即變成一股旋風，消失於無形。」「心住空性」是心住大手印見裡，即住於無畏境中。佛法的憤怒是安住於空性的大悲空忿，世間忿怒是有限的，空性的忿怒是無涯的，所以面對任何的憤怒境，你安住在空性，就永遠比它大。大悲空忿即安住空性，心中無所執著，整個悲忿的背後，最究竟的是眾生未成佛故。忿怒本尊即是悲念眾生未成佛故，起大悲忿怒身，天神若生起忿怒身，還不是這樣的究竟，本尊若現起忿怒身則一定安住於同體大悲。心住空性並生起佛慢時，威力是很大的，能降伏一切魔障。佛慢乃堅住自己是佛，並且是空性的。但其實降魔很簡單，你把它們想成是佛它們也受不了，即你安住空性，然後把魔觀想成佛，它們就不知麼辦才好了。

佛慢的背後一定是空性，沒有空性的佛慢，絕對不是佛慢，空性的威力是絕對巨大的。「光輪守寂，魔自撲倒」，即是安住空性，無所執著，你沒有畏懼，對方如果要跟你對抗，那它就會畏懼，而對方如果不跟你對抗，當然不會感覺畏懼。你安住空性而現佛慢，佛有威德故，所以它會感覺恐懼。前面密祖所遇到的魔擾，如果是我的話，或許會化成忿怒本尊，然後進洞作勢要把它們吃掉，但也不一定如此，可能我會進去把它們觀想成佛，然後跟它們頂禮，這樣的話，它們可能就很辛苦了。為什麼？有個故事，有一個魔化成一尊三十二相具足的佛，結果騙了很多的人，有一天，遇到一位阿羅漢，阿羅漢一看便知道它是假的，而魔一看到阿羅漢心裡就很害怕了，不敢妄動，但那阿羅漢因為很思念佛陀，就叫那魔現起佛陀的身相，魔就對他說：「我可以為你現起佛的身相，但你千萬不要向我頂禮！」阿羅漢答應了，於是魔就現起佛的三十二妙相，結果阿羅漢因為太思念佛陀了，一看到佛身相就直覺向他頂禮，魔就瞬間爆掉了，因為阿羅漢的福德太大了，魔無法承受其頂禮。

心住空性，無所執著，才能如實生起佛慢。

第二章　無間流水三摩地，空明法性諸妄息

〈善河降魔記〉也是降魔的故事。大家可以發現：西藏的鬼神好像特別厲害，為什麼？人太少了，人文不發達，所以原始力量就相對性的增強了。一個原始森林密布的地區，它本身就是奇幻多變的，而且具有一定的力量，此時若有外在鬼神的作用跟它相結合，那展現出來的力量是很驚人的，這力量裡面，有一部分是它自身的作用及力量，同時也有些神識的勾連。若文明的力量開展，則這些原始的力量是會被沖散的，像在漢地的原始力量就比在藏地被限縮許多了。以符咒來講，它的力量大小可能牽涉到二個，一個是純粹度，一個是究竟度，像道家的太極觀點是很高明的，所以道家的法或符咒

力量會很大，涵蓋面也很廣；另外，原始民族的符咒力量通常會很驚人，為什麼？因為他們比較單純，他們的心既確信又單純，雖然他們的符咒力量涵蓋面不會很廣，但是力量很直接、很強。比如非洲、海地的原始巫術，東南亞的降頭，力量都很強，越原始，力量越大，因為他們都很單純，而且它們力量的背後也有文化或傳承的力量在支持。但是當這些原始土著的身心生活開始受到外界五花十色的複雜影響時，他們的法力就降低了，而且也不精純了。

很多的法跟自然環境的緣起，及文化的因緣都有關係，它們之間會有很複雜的互動不斷在進行著。所以你若跟西藏苯教法師鬥神通，不一定能鬥得過它們，一般的仁波切不見得能贏過它們，如果會贏則多是靠傳承的力量，人多勢眾，諸多護法護持的結果，除非你已修證到像密祖的般若神通。

「瑜伽自在主密勒日巴尊者在寶嚴崖靜坐之時。一天想到：『現在我應遵照上師的付囑到拉息雪山去修行。』（中略）當尊者行抵拉息雪山山麓的時候，許多非人妖魔立即幻現各種神變向尊者攻擊，尊者就作起一個降魔的姿勢，各種妖魔的神通幻變皆立時煙消雲散。尊者繼續向前走了不多時，天空忽然大放晴朗，尊者不覺心懷開暢，就憩坐一個崖石的上面，對一切有情油然生起大悲心，其心自然趨入慈心三昧而入定良久。」密祖碰到的是神鬼幻變的境界，同樣的事發生在六祖身上，則是顯現為被惠明追擊的境況，場景不同，但其實都是法界的力量，法界力量透過自然的系統，或文明的系統，來對一個修道人進行檢驗。修道人要怎麼面對？降伏它之後，後面的心是不是慈悲呢？這是重點！是不是反過來把它化入光明的境界才是重點，才是自心能夠遍滿，即清淨心遍滿，大手印的見地遍滿。否則，僅僅是住執於那邊，就玩不下去了，上不了離戲，也入不了一味。

「密勒日巴繼續前行來到善河之邊，即在河邊結跏趺坐，心入流水三摩地。」「流水三摩地」是心像流水一樣無間，這「流水三摩地」跟大手印是很有關係的，大手印中最重要的一個傳承是「恆河大手印」，心如流水無間。「於火虎年孟秋月初十之夕，尼泊爾八若地區的大妖魔率領萬千魔軍魔卒來到了善河谷。天上天下，魔影遍佈，向尊者發動攻擊。」以前我會把這些當作是外在的攻擊，但是現在在我的見地裡面，這種想法已經不足了，因為這其實是自心的影像，是自心要圓滿自身的顯現。所以各位要記得，在《維摩詰經》裡講，十方世界中作魔王者，多是十地菩薩的示現，但是各位要了解，這其實是自心相對境界的顯現。

「於是他就對這些魔軍說法，唱了一首『因果不爽曲』：「敬禮一切諸上師，皈依大恩父師前。」因果不爽曲裡蘊含了很多殊勝的見地。首先，「敬禮一切諸上師，皈依大恩父師前」，這是因為他的法門是來自上師的加持，所以他先是在皈命他的自心如來。

「眩惑眼識變幻境，妖魔仗此迷眾生，嗟乎妖魔阿咱馬！汝等餓鬼實可憫！小丑妖魔之鼠輩，汝等何力侵害我？汝等往昔造惡業，今生得此惡報身，奔竄虛空意生身」，意生身是由意識所成的身，一般而言，八地菩薩以上才有意生身，所以這裡若翻譯成「識生身」會比較好一點，即意識所生的身，乃胎、卵、濕、化四生中的化身，所以「常為惡心煩惱使，口出惡毒瞋恨語，殺之！剮之！成碎塊！」

「我乃布衣瑜伽士，已離妄念無分別。心亦寂滅不可得，此見堅固無動搖；諸根行用如獅子，我身一似諸佛身，我語一似諸佛語，我心光明照大千，六聚體性赤裸見，瑜伽行者如我者，豈懼妖魔之侵擾？」我現在要傳講究竟的本尊觀。生起次第的本尊觀修持，首先觀想自身是如來，全身如水晶般透明，很清楚，很明白，眉毛、鬚髮畢現，是三十二相、八十種好的本尊身，隨時隨地都能安住而且堅固、明顯，這是本尊觀生起次第最重要的境界。

但是你如果安住在殊勝究竟的見地，不管是大手印或大圓滿的見地時，什麼是本尊呢？現成就是！現成即佛不待觀！所以說：「我乃布衣瑜伽士！」心是清淨堅固的，這句「我乃布衣瑜伽士」是多麼響亮的鐘聲啊！多麼自在！因此，全身放下、放空，當下即佛！是佛陀的話，佛陀要觀想自己是佛嗎？不用，當下即佛也。非過去、非現在、非未來，一切現成，現成即佛！現前即佛，一切現成！

「六聚體性赤裸見」，「六聚」是指六根；赤裸者，赤裸體性，童瓶之身，是明空童瓶。體性赤裸，六根體性赤裸，乃法身所顯。

「善惡因果實不爽，如影隨形成異熟，現世多造諸惡業，墮入三途實可憫！煩惱熾盛阿咱馬，不見實相身可悲！面容瘦瘠我密勒，為汝歌唱說正法。一切依食諸有情，無非自己之父母，有恩不報反作仇，損惱相加深可哀！汝今若能棄惡念，觀察因果不壞律，學十善法豈不佳？我此金玉之良言，善自思維應守持！」「異熟」乃指今生之善惡業力，能感受來生之苦樂各種果報。此異時、異地、異生而成之業果極為堅強，不易轉變，如生而聾、啞、瞎、跛，乃至墮入惡趣之生，皆為異熟。

「魔軍大眾齊聲說道：『你的花言巧語決騙不了我們，我們也不會收攝神變輕易的鐃了你！』說畢，魔軍突然倍增，用各種可怕的妖術加緊進犯。尊者當即悠然的沉思了片刻，說道：『妖魔們聽了！由於上師的恩德，我已成為通達實相的瑜伽士，一切妖魔的幻變和魔障，都成了我心地的莊嚴和光榮。對我來說，魔障越厲害越能增益我的菩提勝行！』」所以沒有把一切化成自心的話，代表心境相對，就不能成佛。因此，如來在菩提樹下，當諸魔的箭射向他時，到他面前就變成花朵片片開，自心遍滿。

於是尊者就唱了「七種莊嚴歌」、「七種真實歌」、「知因果曲」及「確信證解歌」，其中「確信證解歌」是密祖那時的證量之歌。

「敬禮圓滿馬爾巴足，現證實相我密勒，於無生境不動搖，地道障礙自然消」，請大家注意，這是在無生境界，心、境都完全不動搖，是在自然道，這時候一切菩薩諸地及王道之障礙自然全消，為什麼？這時候的無生境不動搖，是所有境界裡面都現前無生，所以不會對任何地道產生執著，也不會對自己產生有般若的見解。所以般若生起，般若即無執，般若即無住，無住生心，生心無住，地地道道，隨時隨地是不可得心，任何境界現起，甚至有智慧來降伏外境，也不執於智慧，這是不執於般若，而能具足無邊的方便力，就是無住道。於無生境，絕不動搖，這時候一切的地道障礙才會全消。

初地為什麼不能入二地？有初地的智慧執著故；二地為什麼不能趣入三地？因為有二地的執著故。若一地一地皆不執著，則一切地道障礙自消。其實初地到十地根本是幻境，甚至佛境也是幻境，你有執就無法入這個境。所以直顯佛境，究竟實相，而佛境亦不可得，名為成佛。

「機用法爾得圓滿，事上能與大悲力，理上法性自圓成。」理事雙圓，悲智雙全，一切妙用法爾已經得到圓滿。為什麼機用能法爾得圓滿？因為法爾無障礙故，通達一切。所以說，機用、大悲、法性三者全都成就。

「罪重愚蒙妖魔眾，我適所說實相法，汝等亦能了解否？為破爾等之愚痴，再說易解之權法；我佛無垢經典中，處處演說因果法；眾生同體本一家，此理真實不動搖，如此慈訓應謹持！」權法是方便法；眾生同體本一家，及一切因果法相雖不能透徹通達，但是要謹持這樣的見解。

「瑜伽行者我密勒，勤觀自心生覺證，通達外顯諸障礙，皆是無生之遊戲」，所有觀照是迴觀自心，自然能夠通達一切外顯的諸障礙，而這些心跟境都是法爾如一的無生遊戲，一切無生無滅。

「內觀明朗自心時，澈見心性本無根！」心性為什麼清淨？本然無根也。

「此乃上師加持力，傳承師恩之所賜。」這是上師的指示、加持所見。

「如此證解之功德，乃由勤修累積生，那諾傳承之教法，三世諸佛之密意，赤裸現前得親見！」一切赤裸，一切不可得，現前現證。

「希有續部方便道，甚深密意極難解，惟依上師之口訣，乃能善解此密意。進修生圓二次第，生圓瑜伽堅固力，洞見內脈之緣起，了達身內氣脈相，即是大千之境界」，生起次第修本尊觀，圓滿次第修見氣、脈、明點。內脈即法界，所以說：「了達身內氣脈相，即是大千之境界」，修無上瑜伽部圓滿次第的人若不了解這個的話，是不通的，若老是說我體內這個是什麼佛、什麼本尊……，殊不知不是這樣的，那只是外境的顯現，要真正了解整個法界是你心的倒影，你的身心是整個法界的倒影，所以五輪塔正依二報圖相，有互為水中倒影的造像。洞山禪師見水中倒影而悟：「渠今正是我，我今不是渠」，整個法界就是我的倒影，我亦當然是法界的倒影，但如果滯在這邊的話，就不得諸佛的自在力，所以「渠今正是我，我今不是渠」，於中可以得證塵塵三昧，超彼聲色外，這邊能自在作主的。

「通達此理我密勒，豈懼外顯之魔障？那諾清淨傳承中，出生萬千瑜伽士，其量遍滿等虛空，心契本來如是體，數數修持不棄捨！外顯迷亂諸妄念，自然消溶法性中！何有能障與所障？三藏聖教之精華，盡在此矣勿少疑！」

「本來如是體」是本如，即本然真如。努力修持，但是修而無修，證而無證，亦不捨修證。

第三章 拙火成就大手印，當下現空不可得

〈雪山之歌〉：「單衣一襲降風雪，開顯拙火成就量」，得到拙火成就，能在雪山之中自在修行。拙火修行法在西藏確是一個恰如其分的修證方便，因為外在的風雪及寒凍更能夠讓內在的證量與之相稱。外在的挑戰對一個修行人而言，其實往往是一個成就的最好資糧。

「身內四大細稱量，內無錯謬得決定。」外顯的境界，內在的境界，一切都得到絕無錯謬的決定。「冷熱二氣成精華，自在驅使如僕從，身內氣脈自在故，降伏風雪如反掌。」這邊彰顯了內在氣脈的自在，及內在四大的自在，並跟外在境界的相應，即要降伏外在的風雪，當修得內在自在的氣脈，

當身內壇城得決定，整個法界壇城也能夠得到決定，身內四大無錯謬，法界六大常瑜伽，故轉四大或六大的境界為自性的功德。

密勒日巴尊者於雪山修行時，遇大雪不停的下了十八個晝夜，但尊者看起來較以前更為容光煥發，且精神爽朗，弟子來賽朋不解的請問其中的緣故，密祖唱歌答其所問。我們可以發覺密祖以歌說法答問的最開始部分，都是先頂禮上師，這是因為對法源的一種尊重，我們讀密祖歌集時，每一個偈頌都有無上的加持力，你們當下一念能夠具足，就悟入大手印了。答覆來賽朋的詢問，密勒日巴唱道：

「恭敬頂禮上師足，成就加持空行賜，三昧甘露利無窮，以信供佛身根利，徒眾善行獲吉祥。當下一念顯空性」，空性無別念，就是只有當下一念。過去一念不存在，未來一念不存在，現在一念也是不存在，因此，念念會相續只是我們虛幻的認知。而當下這一念就是空性，當下這一念也是無始，當下一念隨於流轉，就是無明一念，而當下一念證悟了，即是修證成就。所修與修證成就這當下一念，豁然一切現空，始覺本覺無不同。什麼是始覺呢？始悟與本覺無不同也，根本上不離，一切不可得。一切不可得，一切無染污，一切現成清淨，名為本覺。你始悟如此，名為始覺。始覺本覺子母光明相會，在此沒有分別，這裡面言詮就是當下一念，自生自顯，空性！

「少物微塵不可得，頓超能觀與所觀」，無有少法可得，在這裡面頓超。大圓滿講立斷跟頓超，「當下一念顯空性，少物微塵不可得」即是立斷，能觀、所觀，三際頓空，能所俱泯，三輪現空，當下一念顯空性而無物可得，故能觀與所觀，當下完全頓超。

「我得如量之見地」，如量者，現量，如現前之量。我們當下的境界是現觀，這當下現觀的境界就是現量的境界。（師倏一擊掌）東壁打倒西壁，能所頓超，一念當下，現成俱斷，一切無分別，即得如量之見地。

我跟各位隨口所述，都是甚深究竟法，希望各位能夠得到我如量的口訣，都是決定無錯謬，現成如實如來之見地，在無分別當中，各位一定能夠現前成就大手印。岡波巴大師為人說法時，任何人來親近他，他都先示以最究竟的大手印教法，當你沒辦法如量現成時，他才給你較淺之法，又沒辦法時，他再給你作一些加行，更沒辦法時，他才給你作基本的皈依。同樣的，我視各位為現成的如來，無庸分別，所以講現成如佛的教法，各位無法承受並不是體性無法承受，因為體性不增不減，沒有什麼可承受或不可承受的分別。沒辦法承受是如幻，是幻化的虛妄心。因為用積聚的虛妄心去分別時，虛妄心會越大，所以只好講更多的法，更多的法的意思是什麼？意思是各位心中沒有得到決定。而心中沒辦法決定並不是體性，體性本然已經決定是佛，所以也只是跟各位作一場遊戲而已，所有的話都是一場遊戲！在這種生離死別，一切種種無盡的教法當中，為的是什麼？一念得以決定！決定怎麼樣？一切不可得，一切現空，一切現成如來。何名為如來？無所從來，無所從去，無有少法可得。

講到這裡，請注意一下密勒日巴祖師所賜予的無上教誨：「當下一念顯空性，少物微塵不可得，頓超能觀與所觀」，這是現量如量的見地，這如量的見地是什麼？見、修、行、果，現成同圓，是即見、即修、即行、即果。

「光明相續如流水」，一念現成的空性，現成光明相續也。頓然現空會顯光明，光明自生自顯，是自生自顯的光明；一念現空，光明自生自顯，即是空明不二也。明空不二之境乃空而有力，大乘佛法講的是現空有力，有力具明，而不是現空無力。佛法不是無可奈何，一切皆苦，一切皆苦是了解苦的現象，苦不可得，眾苦頓斷，現前空寂，究竟寂滅。究竟寂滅處，還有轉處，這就叫作「扭轉鼻頭」，能發光、能出應、能自在，這裡面隨緣處處，處處成究竟，這叫作「遍照光明」、「毘盧遮那」。

所以說，現前光明，自生自顯，無中無邊。無盡的宇由，它的核心處在那裡？隨拈處處，都是它的核心，隨拈處處，都是它的邊際，一切平等平等。平等而有力名為佛，平等無力而寂滅，就落入小乘的境界了。平等、現空、不具悲，小乘聖者寂滅處；平等、具力、同體悲，則究竟如來所行處也，兩者是不同的。

當下一念顯空性，才有光明相續如流水，即光明流水三摩地。光明流水三摩地乃處處現空，處處不可得，處處寂滅，處處有力。

「修觀無間亦無得，能修所修一時消，我得堅毅之修觀。」能修所修，能觀所觀俱無處，修觀乃是無間修觀，為什麼？當下修觀，離過去、現在、未來三心。如是離三心，如是現成不可得，而無住生心，此生心即是修觀無間。離過去、現在、未來三心，三際俱斷、現空；三際俱斷、現空，光明自生自顯。全部現空，自生自顯，何以名無間？現空名無間，當下、現空，就是究竟無間之處，當下自在生心，就是修觀無間，一切修觀、現成不可得處，就是如來，所以「修觀無間亦無得」。

「能修所修一時消」，修與無修，同體不二，所以修而無修，無修而修。是故如來是精進者，何以故？是精進修！精進修而無修無事，無可得，是名金剛不壞的修觀，故曰：「我得堅毅之修觀」。

「能作所作皆光明，緣起皆空決無疑」，光明必定滙合於現空，「決無疑」是決定無錯謬。

「能行所行無罣礙，我獲最勝之行持。」前面「如量之見地」是見，光明相續的修觀是修，能作所作皆光明及能行所行無罣礙是行。

「方分妄念法爾消」，方分的註解是有形體，有性相，佔有空間（方所），及有質量（分）者也。但廣義，即任何心識對任何境法所產生之任何形相及性質皆為方分所攝，亦即一切有為法。依佛法來講，方分就是指一切物質，包括可見可對、不可見可對，及不可見不可對（即一切物質的觀念），而不可見不可對的物質觀念對佛法來講，乃是出生物質的根本。而想把方分色相的妄念消除，乃是不究竟之觀，真正究竟之觀是方分妄念無根，無根不可得，法爾現消融，此究竟處也。究竟處無我、無我所，無能觀、無所觀，無形、無對。既然無形、無對，我們怎麼會視妄念為實，而去滅它呢？怎麼會視一切眾色相為實，而去滅它呢？須知方分妄念本然無實無根，本然不可得，是故方分妄念法爾自消融。

「希懼貪瞋盡寂滅」，盡寂滅不是將它消滅，而是體性寂滅，是體性清淨處，一切色性清淨，一切眾相清淨，何以故？眾色無根、不可得。各位真了解這個，一切經典都可以盡拋卻，法爾一切藏，現成一念中。一切經藏只有現成無可得的這一念，全部具足，這才叫作恒持法眼！恒持法華！一切不可得，名為無盡，不可量，不可稱，是究竟，能出生一切萬法。

是故「希懼貪瞋盡寂滅」，即希懼貪瞋體性寂滅，這叫作體性清淨，心本清淨，何以故？心不可得！心不可得，名為清淨，不是有物名為清淨，若有清淨可得，名為不淨處。因此，所謂清淨處，乃是清淨中無清淨可得，無淨相，亦無不淨相，名為究竟清淨。有淨相則名為染，名為雜，名為不淨。

「頓超戒律能所持，我守最勝之持戒」，最殊勝的持戒是究竟戒，即是禪戒，也是心戒，也是不可得戒。若於十方三世一切不可得法當中，生起一念生滅之見，名為殺生；起一念可得之念，名為偷盜，此達磨一心戒文中所說，最殊勝持戒是這樣。

「法身自心無少別，悟此二利自然成，能得所得皆超脫，我獲殊勝之成就。」一切法身，一切決定清淨處，決定無有少法可得。世間、出世間，一切廣大究竟法界之利益，盡在其中矣。

「為答信徒之詢問，老密唱此歡喜歌，大雪替我圍茅蓬，空行為我供食物；夏日雪水最勝飲，無勤諸事自然成，勿勞耕種稼禾結，無須收藏倉庫滿」，這是無功用行，一切是無功用而自成就。

「觀察自心自一切！居於低下至高位，圓滿勝願上師恩。徒兒施主與會眾，汝等信心誠可感，為報般誠供養德，我今答汝此法歌，你我皆應大歡喜！」

「釋迦古那向尊者恭敬頂禮後說道：「這一次，這樣大的空前雪災，尊者未受絲毫的損傷，並且與我們徒眾都能平安的回到家中，我們師徒及村民父老大家能再次會面，真是令人慶幸，借著這個機會，請您慈悲向我們開示一些法要，作為您對我們此次回村的禮物，好嗎？我想最好請您把此次嚴冬雪山修行時所得到的禪定經驗和覺受，為我們講一講吧！」密勒日巴於是就唱了一首「六種心要歌」」，略說自悟境：

「敬禮三種圓滿之上師。」「三種圓滿」是身、口、意功德圓滿。

「去年冬季歲末時，我觀輪迴世間法，此心深處生厭離，哀感世事無實義，逕往雪山修禪定。密勒日巴瑜伽士，獨棲無人降魔崖，勤修禪觀經六月，覺受證解浩然生；為酬施主之盛意，為汝歌此六要曲。初取外境六譬喻，二取內境六障礙，三喻六種繫縛法，四顯六種勝方便，五示六種法爾性，末說六種大樂境。」六要每一種都有六種喻示，所以總共有三十六種教導。

「若不誦習此六要，此歌精義難入心，且聽老密為汝釋：若有障礙非虛空，若有定數非星辰，若有動搖非山嶽，若有增減非大海，若需橋樑非泳者，若可觸摸非彩虹，此是外境六譬喻。」虛空若有障礙，就不是虛空了。

從外顯到心所生，這一切都是緣起之妙。再來，你內境是怎麼樣？「若有執滯非正見」，你心中有執著，有留滯，即不是正見；「若有沉掉非禪定」，禪定是離於沉掉；「若有取捨非勝行，若有妄念非瑜伽」，有妄念即不是真正一心相應的瑜伽；「若有方所非智慧」，你執著一個方所境界的話，就不是智慧；「若有生死非佛陀，此是六障六誤謬。」。

「瞋恨將為地獄縛，慳吝將為餓鬼縛，愚痴縛汝變畜生，貪心熾盛變人類，嫉妒心重變修羅，我慢貢高生天道，此是煩惱六繫縛，解脫生死之障礙。」一般講貪會變成餓鬼，但這裡說貪熾會變人類，所以密祖此處乃隨口所唱之比喻，不必一定僵化成有個標準答案。

「信心堅固得解脫，依善知識得解脫，戒律清淨得解脫，常住茅蓬得解脫，時常獨居得解脫，真實修行得解脫，此是六種解脫因。」接下來，密祖開示六種法爾體性：

「俱生妙智本來性」，俱生妙智是我們本來的體性，即我們本來就俱生如佛之妙智。

「無內無外明體性」，明體是光明遍照，是法爾體性，無內無外，乃法身佛境。

「無遮無顯智慧性」，沒有遮障，亦無特別的一個顯示，而能消融一切的障礙，此是智慧性也。

「廣大遍滿佛法性，無有轉變明點性」，密法修氣、脈、明點，而明點乃由悲、智空性所修鍊出來的。一般的說法認為舍利子是由戒、定、慧所熏修，明點亦是由戒、定、慧所熏修。

「無有間斷覺受性，法爾六性應受持」，覺受無間無斷。

「體內拙火熾然樂」，前面跟大家講了殊勝的拙火修法，即讓千百億日自然匯聚中脈底部海底輪針尖上，讓拙火熱量自然生起如量之樂。

「二脈業氣入中樂」，我們現在的呼吸在脈中走的是業氣，當了悟一切生死眾業如幻不可得，業氣轉成智慧氣，入於中脈，生起智慧。

以前我教過各位喝水、呼吸都是打開中脈的方法，其實各位要知道，有時候我講的教法都是在一個沒有儀式中最大的灌頂，因為我不需要儀式，真正法性的灌頂沒有什麼儀式，但世間總是需要一個樣子。我的教法你了解而承受了，就能夠產生自然的境界。最近我的母親往生了（註：二〇〇三年），上星期送入零下八度的冰凍庫，到今天已經六天了，頂輪還是熱的，而且昨天比前天還熱，這是不是違反了所有的常理？各位聽過這樣的事嗎？在冷凍庫會這樣子嗎？其實這由我來講我也不大願意講。所以，很多法，講了就是了。「體內拙火熾燃熱」，我已經教過各位方法，我的母親也沒學過密法，但不就是這樣子嗎？話已講白了，每一個人受用這法，就能這樣了。她沒有受過灌頂，但她這樣算不算修密法？什麼叫世間傳承的灌頂？什麼叫自心真實的受用？所以什麼叫密法？她這樣有沒有修密法？她這樣有沒有受灌頂？一般我不常說自己親人之事，但不跟各位講這個是對不起各位。

「上身菩提下身樂」，頂輪菩提下降。

「下淨明點遍滿樂，紅白交會於中樂」，很多人以為紅白明點的交會必須有外在的對象，其實我們自身的每一個細胞都有紅白菩提，它自己會相會。所以究竟的大圓滿或禪的方法，它可以自身顯虹光，不待外緣。

「無漏之身常自樂，此乃六種覺受樂。六月禪觀之覺受，為應會眾之勸請，我今摘要試宣說，與會大眾應歡喜，且飲法露此瓊漿，法喜充滿樂雀躍。老密今日唱老歌，徒兒豎聽笑呵呵，此是老密見面禮，獻身佛法普天喜！」這是密祖為會眾勸請所說「無漏之身常自樂」勝法。

第四章　法性瑜伽法性空，大印寬坦無修整

〈崖魔女的挑戰〉也是降魔的故事，密勒日巴祖師在許多地方都降伏該地的魔障，透過降魔來彰顯及成就他的行持。我講這篇是要讓大家了解，未來在邁向修證圓滿成就的過程裡面，會經歷的一個歷程。

「我乃棄世修行士，勝妙上師之法子，心貯口訣如寶藏，誠心一意習禪者；法性瑜伽我現證」，瑜伽是相應義，一念相應即瑜伽，故一念瑜伽就是一念相應，而與法性相應叫作法性瑜伽。

「為諸有情之慈母」，佛母能出生諸佛故。

「堅毅精進之模範，持守釋迦宗風者。我乃菩提心精髓，圓滿無邊慈悲

者，我以慈悲消瞋恨」，崖魔女代表宇宙中瞋恨的力量，故以悲懷消瞋恨。

「住此修禪嶺巴崖，專心一意無散亂。汝心喜我是迷惑，汝不喜我乃惡瞋，噫戲！鬼魅妖魔女！汝之我執大於己！汝之分別多於己！汝之惡念勝於己！妄念使汝常掉舉，習氣使汝難自主！『我今與汝略談鬼』：執鬼為實成損害，了鬼為空趨大道，知鬼法性即解脫，若知鬼魅即父母，是能善持佛陀教，若知鬼魅即自心，一切所顯成莊嚴，知此一切得解脫。」鬼之一字，能使人直成佛果，了鬼實性即成佛。不要被鬼嚇壞了，你心中認為鬼是鬼，那你就成鬼了，所以講鬼是鬼，是你們心中有鬼，當你了解心中的鬼與佛平等，無二無別，就成了佛。為什麼鬼魅即自心？文殊菩薩說他是出佛身血者，是五逆重罪者，而五逆重罪者是空，佛是空，惡業是空，三輪體空。故鬼魅是空，父母是空，一切現空。此乃展現一切不可得，一切不可執，是一個很大的方便，用文殊的方便法。

對崖魔女這樣的女鬼而言，她對鬼魅這二個字會歡喜嗎？她不歡喜，但她是，所以她就會以瞋作意：「你們說我是鬼，我就鬼給你們看！」更壞一些給你們看。然鬼是什麼？鬼是不可得，鬼是空，鬼與佛不二，鬼即父母，鬼即解脫實相，鬼即無自性，一切不可得，所以一切鬼境不就是莊嚴境嗎？因此，大黑天瑪哈嘎拉為什麼要顯憤怒相？憤怒相不就是鬼相，而法身顯現是骷髏頭，又為什麼要用骨灰塗身來作為身莊嚴？生死不二呀！如果沒有把自心中那個鬼真正浮現出來，你就永遠成為鬼，當你認識心中的鬼的時候，就沒有鬼了。什麼是鬼？你心中的黑暗呀！不肯面對它，那就是鬼。

（學人問：你心認為而以它為鬼，它就是鬼，但這只是表層的意義，最終來講，是不是鬼跟你的心其實是不可得？

師答：知鬼法性即解脫，鬼的法性跟佛的法性無有差別，但是我們聽到鬼這個字就自心起分別，為鬼所縛。）

「女鬼我今訓示汝，攝受於汝為我徒，命汝堅守密宗戒，汝應依誓而行持，慎莫違我三昧耶，金剛大持之戒律。勿擾具大悲心士，於彼身口意三業，不得損惱作障礙，汝若違反此誓言，必墮金剛地獄中，此三昧誓極要故，汝應至心誦三次，思惟其義如律行。你我今日之善會，乃由昔願所感召，以此善因願來生，相會大樂淨土中，究竟廣大不思議。彼時汝具菩提心，為我徒眾之首座，金剛薩埵之淑女。」

崖魔女受了尊者的三昧耶戒後，向尊者頂禮及繞行多次，發誓以後決定依從尊者的一切訓示。崖魔女兄妹眷屬發下重誓，把身心生命全部交付尊者，發誓今後聽從尊者的訓示，並為一切學佛者作護法和助緣。尊者應彼之請，就唱了下面這首「了義消融法二十七喻歌」：

「秘密諸佛示現身，難可言詮大譯師，具恩父師前頂禮。我非誇耀善歌者，而汝魔女勤勸請，唱兮！唱兮！勤勸請，無奈我今為汝歌，試唱法性實相曲：

雷震電閃與雲靄，此三皆由虛空生，亦皆消滅虛空中；虹彩濛氣與蒸霧，此三皆由蒼穹生，亦皆消融蒼穹中；蜜漿鮮果與稼禾，此三皆由大地出，終亦消融大地中；森林樹葉與花薇，此三皆由山巒出，終亦消融山巒中；水漩水流與水湖，此三皆由大海出，終亦消融大海中；習氣貪慾與執著，此三皆由賴耶生，終亦消融賴耶中」，這一段是在講大手印最重要的根本見地，一切融於法性中。

「自證自明自解脫，皆由法爾心性生，終亦消融心性中」，如何自證自明自解脫？能所相對泯，現空即是自證明、自解脫也。「法爾心性」是離於一切相對性，離一切能證、所證，能得、所得。一切相對性，心與心所，率皆泯滅，消融於法爾心性，從法爾心性生，也消融於心性中。這偈頌裡的每一句都是重點，都是心要，都是究竟之法。

「無生無滅與無言，皆由本然法性生，終亦消融法性中；見鬼執鬼鬼妄念，皆由修士自己生，終亦消融自身中」，所以見鬼會不開悟？當然會開悟！所以以後不要怕鬼，怕鬼的話，每天見鬼，而見鬼就看不到鬼了，見鬼就跟看到阿閦佛的淨土一樣，一見即不再見，一切永滅。

「一切障礙心所變，自現幻境本虛寂，修士若不了彼空，執有實鬼成迷惑」，所以鬼不能執自己為鬼，鬼若執自己為鬼就名為鬼，若不執自己為鬼，就能於鬼得自在。

「迷惑根本源於心，若能洞見心體性，即見光明無來去！」名為如來也。

「一切外境所顯現，皆由迷亂心所生，若能深觀外顯體，即證現空不二理。」講到這邊，各位有沒有感覺到現在的修行人好辛苦，以前密勒日巴唱一首歌就把所有的灌頂都灌頂完了，但我們現在要唱密勒日巴這首歌之前，要先唱很多歌，而且要先讚頌這首歌很好、很好，極好，接著要謝謝密勒日巴一百零八遍，然後完了之後就完了，這首歌卻沒有教，也就是教大手印祈請文，祈請大手印會跑出來，但大手印卻沒有教。殊不知自心本然不二之理即在此，無有錯謬，不待修整，不待扭曲，不待迂迴，這個就是。

各位，沒有誰不能受，沒有只有誰能得，沒有一定要先拜十萬八千拜才可以（但我沒有說不能拜十萬八千拜）。其實我可以說不急，而卻又急，什麼是不急呢？「法爾體性中，誰爾不成佛」，我急個什麼？然而為什麼又要急呢？當各位把所有歌唱完的時候，已經死了，來不及了。

千萬不要用儀軌害人，我不是說儀軌不好，而是不要用儀軌害人，自心沒有儀軌！密勒日巴祖師連衣服都沒有了，他那有什麼鼓？那有什麼鈴？但是我沒有說鈴、鼓不好。各位呀，直心來見！

「修行本來是妄念，不修亦是大妄念，修與無修本不二。能所二見迷亂本，若達究竟離諸見，萬法畢竟不離心，心如虛空不可得，窮究法性理如是。汝應一心勤觀察，超離分別之正見，安住無整無散境，行住坐臥一切時，蕩蕩無執無滯礙，如是行持必得果，遠離言詮與希懼。」無整是不整治，但亦不散亂。這每一句都是密勒日巴祖師現前的灌頂加持，及現前的教誨，不必假手他人，也不必假手於我，我只是一個方便，一切都是你的自心呀。能見到這個就是你的自心，不是其它事兒。

「汝應如是修正法，我無多暇唱空言，魔女汝應息妄念，寂默無言寬坦住！」寬是法界相，坦是平等相，法界平等無二，是無住相，無住相是寬坦住相。

「為酬汝請歌此歌，我此瘋人之狂語，魔女如能勤受持，餓時必享大樂食，渴飲無漏勝甘露，為瑜伽士作助伴。」

崖魔女和她的眷屬都對尊者生起了最勝的信心，頂禮繞行尊者多次，對尊者誠心表示感激後，如虹彩般的消失於無形。以後崖魔女果然如誓護衛住在嶺巴崖修行的瑜伽士，如法予以種種助緣，無復作任何障礙或損惱。

第五章　善合惡轉法性融，大印導引中陰淨

〈密勒日巴於繞馬〉：「善妙具相之上師，除我愚蒙之嚮導；冷暖平等此單衣，令我離貪之嚮導；合轉消融三口訣，除遣中陰之嚮導；」什麼是合？臨終中陰的時候，善境現起，此時我們安住此善境，即與善境相合。比如我們平等修本尊，壇城觀，或道場觀，或者修極樂世界觀而觀阿彌陀佛，當我們臨終的時候，這平常所觀的觀力現起，例如阿彌陀佛現起，此時我們即與此善境相合而安住；或如阿彌陀佛壇城極樂世界光明現起，我們心覺喜悅，即安住那個境界，此名為「合」！

什麼是轉呢？臨終時一般最常見的是惡境現起。去年我母親摔倒了，後

來腸子也清掉，你們有沒有發覺到一個事情，這叫作業障清淨，是清淨業障的過程，因為她是腸子開完刀才走的，腸道的積物已經完全淨除，並且洗完澡，那天身體也很好，十二點多時，我給她吃東西，跟她講說：「一個修行人最重要的是這個時候，生病是一個修行人最重要的莊嚴，魔障也是。」修行人不要怕生病，不要希望無病。其實我不大喜歡講自己的親人，也不大想講這些，但是不跟你們講也不對。修行人一生的修行，最重要的是這時候，他如何處理他生病的問題，這是一種莊嚴。我母親是怎麼樣走的？她是開完刀之後，回到普通病房，身體狀況越來越好，並且把體內的大便完全排淨，整個床單全部換好，我十二點多走時，跟她說要好好的唸佛修行，她說：「好！」這是最後的交待，當然其間還有很多的徵兆，但基本上我是要超越這個。後來我去買東西，買了四本黑色的畫冊，買了兩個地方剛好買齊四本，這是徵兆。我母親走時是完全沒有掙扎，沒有痛苦，只聽到像關機一樣：「咔！」一聲就安詳自在的走了，這很像打坐時一念斷的樣子，呼吸也沒有急促，或抽緊等等的狀況。

我母親走的時候並沒有什麼奇怪的景像或業障現象，一般而言是會的，為什麼她走的時候沒有呢？因為前面都清了，她日夜都在唸十句延命觀音經：「觀世音，南無佛，與佛有因，與佛有緣，佛法僧緣，常樂我淨，朝念觀世音，暮念觀世音，念念從心起，念念不離心。」所以不見得一定要經過「轉」這個階段，但是如果自心沒有信心就不行了，各位自心要有決定！

然而一般人會有冤親債主的惡境現起，這時候要「轉」，把惡境轉為善境，臨終的人若不能自己轉，旁邊的人就要幫忙，所以平常我們就要先訓練，到時候才能自助助人。怎麼轉呢？若看到臨終者驚懼莫名，或皺眉頭之類的，大概就是惡境現起了。此時把惡境轉成善境，把惡的對象轉成善的對象，例如看到各種鬼魅現起時，全部把它們觀想成宿修本尊，如阿彌陀佛、觀世音菩薩……等等，或者風、火等惡境現起時，全部把它們轉成清淨的淨土，如極樂淨土或妙喜淨土……等，這是「轉」！

什麼是融？不管是惡境或善境，它的體性都是清淨，都是體性不可得，是性淨本明，一切體性是清淨的；故不管是惡境或善境，這時都轉成一味光明，但這不是把它想成光明，而是它本身即是法性一味，也就是惡境來你也不用去轉，善境來你不用去合，善惡皆是法性一味，這是「融」，你心得決定即是如此。

所以在這樣一個心念決定當中，什麼是冤親債主？他們也是現前的法性清淨；什麼是本尊？也是法性清淨。人、我、能、所俱空，現成光明，明空不二。以上「合」、「轉」、「融」三者，即除遣中陰最究竟之三口訣也。

合、轉、融三口訣在日常生活裡就要訓練，即平日惡境現起時就轉，比如人家罵你、打你時，你就把對方想成是觀世音菩薩，現前境界即是淨土；而如果是善境，比如看到壇城、淨土或清淨世界，則與它相合而安住，尤其平常家裡就是一個壇城，周圍所有的人就是淨土裡面的眷屬聖眾；融則是融為法性一味，善、惡境界，體性是空，人本無根，一切言語亦皆如幻，無可得，無可取，名為融也。

另外，此三口訣在什麼地方可以修呢？在夢中最好修，合、轉、融可以作為夢觀修持的主要方法。若能平常即訓練得很堅實，它會產生很大的力量，你夢中修的很好的話，將來在幫助別人的時候，力量會很強大。我們超度別人時，最怕自己的心不鞏固，若心不鞏固而疑想自己到底是否能觀想起來……等等，那就一定觀想不起來，所以，要心得決定！

我那一天最後跟我母親說，她就是觀世音菩薩！很決定的在她耳邊講她是觀世音菩薩！

而如果我們幫助的對象是往生者的時候，可以叫他一切放下，這是虛幻，你不可得，彼不可得，這是「融」！惡相現起，可以教他觀想這裡面是極樂世界，他就是觀世音菩薩或阿彌陀佛，而且你可以幫他觀想，這是「轉」！超度時我們可以幫亡者觀想，觀想亡者所在的處所就是清淨的極樂淨土，這是最大的力量，亡者此時很容易受我們心念的導引，尤其當你是他的親人時。你觀想成就，就是亡者的現實，這裡面沒有從誰的角度看的問題。另外，惡境現起中的冤親魔障也得到幫助，其實也在度它們，並且決定有幫助，是決定性的幫助。我為臨終者修造的《極樂世界光明導引》CD，除了佛號誦念之外，也有觀想的引導，可以日夜不斷的播放，尤其此時他們心中無主，最容易被洗腦，所以是由幫助的人決定，不是他們決定。更且，魔的心力本來就比菩提心弱，菩提心名為金剛不壞，我沒聽過魔是金剛不壞的。

「心氣自在無有礙，周遊山川之嚮導；拋棄此身如殘飧，降服我執之嚮導；無人深山修禪定，成就佛果之嚮導；我有如斯六嚮導，住菩提坳亦樂哉！」

修行是親親切切的事，不是空口白話，是很事實的東西，所以合、轉、融三口訣，各位平常在夢中也可以這樣修，生活中所有事情都可以這樣修，碰到善境、惡境都是這樣子。

第六章 大印明空無分別，見修行果無迷惑

密勒日巴住在獨利虛空堡時，有信眾來拜訪供養，其中有位密乘修行者請求開示法要，於是密祖應機開示見、行、修的法要。修密乘的人要看，心要就是這樣子，儀軌裡也有心要，但是現在大家把心要都是用唱的。我寫的偈頌本身，裡面都是有心要的，修法的時候就可以了悟心要。我不是不贊成修法，但是把心要變成唱頌，而忘記裡面的心要，那就不對了。

〈密勒日巴在獨利虛空堡〉：「上師加持入我心，加持令我見空性。為答信主之請問，作歌取悅本尊佛。」什麼是上師加持？上師決定的指示！指示見性，上師決定的證量。為什麼這個極重要？因為你對所謂上師，你對他

產生決定的信心，所以他決定的指示你會受持！你受持的那一剎那，你就具足了加持功德，故「上師加持入我心」的意義即在此。

加持是什麼？整個決定的見解，決定的加持，不管是上師身、語、意的各種形象，各種音貌，他加持你，讓你無所執著，令你見得空性，所以「加持令我見空性」。

「顯現空寂及無別，此三見地之精要；」一切是自生自顯！何以故？一切是體性空寂。體性空寂，自生自顯！自生自顯，無主之處，體性現前空性，一切無有能所對立，三輪體空，現成無別平等。

一切顯現來自體性空寂，對這個境界心中無分別念。顯現是什麼？一切現成眾境。真正見空的人，他看到一切境界會更明晰，而一個執著的心念，他看到境界是迷矇的。所以，你們現在眼根放空，想像把兩顆眼睛抓起來，然後丟掉，現在眼睛看外境，有沒有比較清楚？為什麼？因為你執著於眼根去看外境，這個執著對我們眼根產生障礙，所以看外境不清楚了；而去掉眼根的執著看外境會更清楚。但這只是個試驗，因為大家還沒有真正去除眼根的執著。

本尊觀乃是以空性為中心，而顯現出極為明顯，又明顯又明晰，越明顯越明晰，這才是空性的赤裸顯現，所以叫「明空不二」。空故顯其明也，體性本空寂，而這中間是一切平等，意即妙有、真空、無分別這三個是見地之精要。

「明朗無散與無念，此三修行之精要；」在修行時，一切透透澄澄的，完全無分別、無障礙，此是明朗；又心中不散亂、無念，此時修境即明朗現前。故明朗無散與無心，三者須同時具足。

「無貪無執無罣礙，此三密行之精要；無欲無懼無迷惑，此三成就之精要；」很多修行人最怕人家講他沒有成就，你一講他沒有成就他馬上變臉，那你可以給他貼二個字：「NoNo」。有些人要跟你講話時要先帶徒弟在旁邊，否則他會很害怕，那一定是沒有成就。所以，「無欲無懼無迷惑，此三成就之精要。」

最後，「無諂無隱無矯作，此三密戒之精要！」密祖講法在每個不同的地方開示的不會一樣，而且有些地方跟其他祖師指示的不同，這不是不對，大家不必執者，那只是解說的方便不同，大家只要依此心要修持皆可成就。

第七章　顯境心體鬆無執，明空無對本來佛

密祖修行的依據主要有二個，一個是大手印，一個是拙火瑜伽。而大手印是他最主要的見地根本，其中，他又融攝了拙火瑜伽的修證方便。我們要了解，整個佛法有它內在的一貫性，緣起上則在不同的時空因緣，會產生在表相上看起來差別很大的修證方便。但就世間習於表相的眾生而言，他對於佛法內在一貫的意義未必理解，比如如果把大手印或大圓滿的教法放在中國，它展現的方式是禪宗的，但放在西藏的話，展現的因緣面貌卻又不同了。

我們知道，中國佛教是印度爸爸跟西域媽媽所生的，早期佛法傳入中國

是從中央亞細亞的絲路過來的，但現在中央亞細亞這些地方都是屬於阿拉的地方，所以世界上最不會打架的宗教就是佛教，雖然說它有很多忿怒尊，但它就是不會打架，而且被打的話，最多只是用修法把你罵一罵，基本上都不會回手。現在回教在亞洲大部分的地方，原來其實都是屬於佛教弘化的區域，而歷史中回教認為殘殺佛教徒是有功德的。

一二〇二年，回教將領瑪穆德率軍殺入超戒寺，超戒寺規模遠大於那爛陀寺，那爛陀寺大小是三里乘以七里，大約二十一平方公里的地方，牆厚三公尺，超戒寺更厚，裡面有無盡的莊嚴，圖書無數，寺破之日，數萬僧眾全部被殺，圖書全部燒燬，整寺夷為平地。回教教條不拜偶像，雖繼承猶太教，但偶像（Bud）這個名詞是從Buddha而來，所以偶像即是源於毀佛。現在印度的佛像遺跡如果臉部被砍掉了，那大概是回教徒的毀佛遺作，而他們毀佛的謬論是：你搶了多少異教徒的土地財寶，你在天上就能享有多少的福德，你殺了多少異教徒，你就有多少的榮耀，這是他們當時的戒律，各位如果要仔細了解這段歷史，可以參閱我撰寫的：「蓮花與彎刀」一文。

但在這裡，佛教徒的看法是什麼？釋迦牟尼佛的看法會是如何？我認為我們佛教徒在這裡是無嗔無怨，但不是沒有感覺，不是不知道。

如前所述，中國佛教一開始來自西域，後來再跟從印度傳來的結合一起而發展。西藏佛教則是來自中國跟印度，西藏除了有很多經典譯自中國之外，中國祖師很多著作也被傳入西藏，其中有很大部分是屬於禪經，尤其是北宗禪。西藏曾經發生大乘和尚摩訶衍和印度蓮花戒大師的辯論，蓮花戒大師在印度當時是第一流的大師，而摩訶衍在中國北宗禪裡不算是代表性人物，但他們卻辯了三年。中國原來並沒有辯經的風氣，但辯經在印度卻有悠久的傳統，據《拉薩僧諍記》記載，蓮花戒並沒有獲得真正的上風，但後來摩訶衍一方卻被逐出了拉薩，有些人認為是因為政治的理由才被逐出的；然而雖然被驅離了西藏的政治中心，西藏的禪宗教法並沒有消失，仍在許多地方傳續。

各位，現在許多的歷史看法，基本上是不完整的，其實古代許多文明彼此間相互的交會，遠超乎想像，比如大黑天瑪哈嘎拉在西藏是蓮花生大師進入西藏之後才有的，但雲南卻在東漢佛教傳入中國時就有大黑天廟了，比西藏早了六、七百年。禪宗在中國唐代極為發達，但其根源卻是來自印度的達摩，而蓮花生大師的大圓滿法上師吉祥獅子，極可能是一位北宗禪的禪師，他的二十五大弟子中，有二位也是中國禪宗的傳人，所以這裡的交涉很深。

以上說明是讓各位了解，在唐代的西藏有這樣的變化，在蓮花生大士那時代，無上瑜伽部還沒有很明顯，在六、七世紀的胎藏界、金剛界之後，無上瑜伽部才真正大量的發展出來。所以很多人一直很奇怪，為什麼中國密法有胎藏界教法，但在印度卻找不到這樣的痕跡，因為這中間差了差不多半世紀，意即胎藏界跟金剛界的發展，兩者差距大約五十年左右，後來密法是以金剛界的教法為主，胎藏界的教法幾乎不傳了。後來在歐利薩的地方卻找到很多胎藏界諸尊的遺跡；而胎藏界諸尊在西藏也有，像不動明王在西藏即有三種造像。事實上，紅教普賢王如來的體性即是近於胎藏界的。

就歷史的現象看，在中國，金剛界跟胎藏界是平等的，後來傳到日本，金、胎二界也是平等的。但是後來的無上瑜伽部重新判教，四部灌頂中無上瑜伽部最高，金剛界判為瑜伽部，胎藏界則判為行部，但是在中國，金、胎二部是平等的。所以並不是最後發展出來的才最圓滿，因為最後的最圓滿是後來者自己的觀點，何況最先出現的也不必然就沒辦法發展，若僵化的判定它是不對的，因為佛法講的是法性跟緣起。

其實歷史上密教在中國佛教裡，曾經跟北宗禪作了很深的交涉，像北宗禪的普寂義福、敬賢等皆有學習密法；另外，普寂弟子一行禪師更是遊涉於禪、密之間，並且留下一本中國密教史上最重要的著作《大日經疏》，將來有機會應該把《大日經疏》標點出來。《大日經疏》跟《大日經義釋》都是大日經的解說，這二本我甚至認為應該把它們翻成藏文，而這二本《大日經》的解說在日本非常重要。一行禪師的學問極好，修證亦高，本身又是科學家，他曾經創造「大衍曆」，修改「渾天儀」，《大日經疏》跟《大日經義釋》後來成為日本台密跟東密最主要的灌頂依據。

中國有幾本漢譯經論是西藏應該翻譯過去的，第一本是《大智度論》，《大智度論》是屬於中觀行證上面最重要的著作，很可惜西藏沒有這部論著，這樣龍樹菩薩、提婆菩薩等中觀行者到底是如何實踐其中論的教法，便無法得到正確的解讀了，因此，中觀就會落入很理論的思辨範疇。

其實究竟空性的中觀行者必然也是一位大悲行者，但是在西藏因為缺少這部《大智度論》的傳承，所以在中觀的解釋上面，就變成憑空臆想的用中論去推論，這是很可惜的。從《大智度論》當中，我們可以看出龍樹菩薩是怎麼來實踐中觀的，《大智度論》是解釋《大品般若經》的，然般若一向是實證，所以中論並不是單純的理論演述，而是現證。佛法是以現證為基礎，理論只是用世間語言，把所現證的實相，解說給大眾聽聞悟入的方便而已。意即先有現證，乃有理論的開闡，就如同先有禪證，才有教說，依禪而出教。本末如果倒置的話，佛法就變成義理的推臆，落入世間的哲學體系，此與佛法初衷大違，是究竟佛法所不容，因為如果這樣的話，佛法就變成像法。

佛陀乃依禪出教，是依證量而說般若，故般若乃如來證量的直接顯說，如何顯說？用譬喻或用世間理趣等，種種方便，然一切方便無非歸於如來自證。同理，龍樹講四種悉檀：第一義悉檀、世界悉檀、各各為人悉檀、對治悉檀，後三悉檀乃以第一義悉檀為中心而宣說出來的，「三悉檀可破可壞，第一義悉檀不可壞」。佛法在每一個時代裡面，因為因緣不同，人心不同，而施以不同的教化方便，因此，禪宗的源頭，大手印乃至大圓滿的根本源頭，其實都一樣，皆是證悟現空的境界，然後在不同的因緣裡面，展現出不同的教法風貌，所以是教授方便不同，不是內容不同；如果太偏於教授的文字或表相去看，那麼便會得筌忘魚，遺失重點了。比如說本尊觀的觀察一定是來自念佛法門，念佛即是憶念，憶念即是觀，有一本經叫作《觀佛三昧海經》，觀佛跟觀本尊是同樣的體系，而觀佛的前提是空性，你沒有現空的話，就沒有觀佛，因為沒有現空而觀佛是落於有邊，把佛當作實有的內容去觀察，這是同於外道。所以要作本尊觀一定要學習五相成身觀，五相成身觀開始即是觀空。對空性理解之後，從佛的體性他所悟的法，即是種子字；一般我們觀月輪時，這月輪是代表空性，是空所顯現出的清淨光明，必須從月輪十喻中去觀察，而月輪十喻即是法身十喻。悟入空性，從究竟無相瑜伽裡面，以方便而顯現有相瑜伽，若不悟無相而修有相，便會落入《大日經》所說：「劣慧所不堪，兼存有相說」。

我常跟大家講觀察，空何用觀？空是一種現實，它不是觀察所得，空如果是觀察所得，便落入思惟對象，就是分別心，空乃是現成！所以密勒日巴祖師教導岡波巴祖師時，曾指出空性有四種誤途：「第一、是誤以空性來印一切法。第二、是誤以空性作為一切所知法之體。第三、是誤以空性作為對治之工具。第四、是於空性起貪著。」誤以空性來印一切法是這樣的：把能知所知一切諸法皆觀為空，不是的，空是現成，名為現空，現空即實相，你了解這個實相現前即是般若，故現空、實相、般若三者，實是無二，只是表達不同，而你若不能現前證空，只好給你個方便，叫你觀空，故觀空只是種方便。然而空可觀耶？能觀、所觀俱空，怎麼有空可觀呢？空只是實相耳。

若觀空方便亦不行，那就教你解析空，解析空再不行，那就再教你唸觀空咒，你不斷的專一唸觀空咒，到最後你明白裡面的義理，知道這念也是空嘛，這是一步、一步退下來的方便。然而，真實的實相就是現空，離於語言，離於方所，離於一切。但是不得已，教你一個次第，一個方便的建構，而你雖然這樣的建構，仍然不能離於真理。因此，我們觀想時，先從空性中出生代表法性清淨光明的月輪，接著，在月輪中出生種子字，種子字代表你所觀的法性義，即你所觀的真實之義；再來，種子字裡，因為你是個大悲者，你是個大菩提心行者，你所行乃你的誓願、誓句，所以再現起三昧耶，有三昧耶才能成就因緣之身，即成就三昧耶具相之身，這就如同假如你沒有一個理想，沒有一個誓約，沒有一個根本的見地，你如何去成就一個有品質的企業文化呢？對一位菩薩行者而言，他這個身體並不是無明而來，而是悟空之後，斬斷無明，離於無明而現觀法義，即從空裡面現觀法義，不離法義；不離法義之後，我有誓願、誓句，雖然我是要離於紅塵，要斷一切輪迴，但是「翻將覺海作紅塵」，了解一切如幻，依大悲心行於世間，此身即誓句身也。從而乃能成就金剛身，才能成就金剛薩埵，什麼是金剛薩埵？金剛乃是不壞，是不壞薩埵之義，即是不壞菩薩，金剛薩埵代表一切菩薩，密教中叫金剛薩埵，顯教中稱為普賢菩薩，是不斷的菩提心實踐者，是不壞的金剛心實踐者，然後乃成為圓滿佛身。

從空性→月輪→種子字→三昧耶形→本尊圓滿佛身，即「五相成身觀」，必定是如理生起，所有的觀想必須依於此次第。

中國唐代，北宗禪和密宗的交涉極為深遠，這個交涉遠及四川、重慶、瓜州（敦煌）等地，最後，也影響了西藏。所以西藏早期要修五台山圖，因為西藏佛法，尤其是大圓滿教法與五台山的關係是很深遠的。禪密的交涉，到了元代忽必烈的帝師八思巴眼中，他作了這樣的評語，他說：「禪宗是大般若！」這跟宗喀巴的判教是不同的，宗喀巴並沒有實際接觸中國的禪者，而八思巴卻直接接觸中國的禪者，宗喀巴是從書上接觸中國禪宗的，而且他看到的是已經被改造過的中國禪宗見地。大圓滿祖師中，除了蓮花生大士之外，另外一位很重要的祖師是龍欽巴上師，龍欽巴大圓滿心中心「仰的」裡，有「嗡、啊、吽」（身、口、意）及「嗡、啊、吽、梭、哈」（身、口、意、功德、事業）兩套修法，古密只有身、口、意的修法，無上瑜伽密才有身、口、意、功德、事業的修法，這代表大圓滿是兩套系統合在一起，修完前者，再修後者。很多人乍看可能會覺得這有點矛盾，但在我看來卻一點也不矛盾，因為這表示原來蓮花生大士那時候，根本不必談到五輪就能成就虹光身。所以後來研究大圓滿法的郭元興先生才會講說，其實開元三大士所講的密宗，跟蓮花生大士所講的密宗是類似的，即有大圓滿的教法在裡面，他看到了這一點。

因此，你如果把禪宗加上無上瑜伽部的教法合起來一看，不就是西藏密宗嗎？大手印原本是直顯心性的方法。後來有所謂的空樂大手印，它這個即是把前面及後面加上去，即大圓滿跟無上瑜伽部加上去。

以上所述，即是教法因於緣起而有種種分別，它牽涉到時空，牽涉到印度後期密法流行的事實。密勒日巴祖師的教法即是大手印跟屬於無上瑜伽部的拙火修法，兩個合在一起。

〈修人的快樂〉是講密勒日巴祖師到藥磨雪山修行。某日由蒙境來了五個年青之尼眾，前來請問法要，對尊者說道：「聽說這個地方極端恐怖，能作修行之逆增上緣，對定慧之助益極大」。密勒日巴祖師修行上有一個很重要特色，即他常常以魔勢很盛的地方作為降伏自心之境來修法，而作為定慧的增上緣起。這是合理的，因為一切外顯境界即是自心之顯現，而他選擇外顯之極惡境界作為降伏對象，其實是降伏自心中最深沉的障礙。五小尼供養

秘密守護功德不思議

「大圓滿真言養生被」的真言，包含「淨除一切惡道佛頂尊勝陀羅尼」、「一切如來身秘密寶篋印陀羅尼」、「千手千眼觀世音大悲陀羅尼」（大悲咒）等三大神咒，及金剛界、胎藏兩界真言、八大明王、十二天等百餘位本尊護法真言，威力守護，不可思議！

- ◆ 健康守護：深層解壓療癒，轉化身心磁場，永保長壽長春喜樂人生。
- ◆ 疾病守護：幫助病人清淨業障，安定情緒，平穩身心，早日康復。
- ◆ 睡夢守護：遠離失眠、惡夢，有效改善睡眠品質，每天長達數小時的睡眠時間，都受到諸佛本尊灌頂加持。
- ◆ 消除業障：消除有形、無形一切業障，消解冤結，最佳秘寶。
- ◆ 修行守護：增益自身修行，幫助家人、親友，即身成佛最佳法寶。

大圓滿真言養生被的特色

- ◆ 國際禪學大師洪啓嵩上師所書梵字真言：「佛頂尊勝陀羅尼」、「寶篋印陀羅尼」及「大悲咒」等三大神咒，及百餘尊佛菩薩、明王護法之真言神咒。
- ◆ 國際視覺藝術大師朝陽科技大學王桂沰教授藝術設計，型制尊榮富貴，媲美皇族御用。
- ◆ 含鋪、蓋兩件，雙面真言密佈，完整包覆守護。

修行養生「大圓滿真言養生被」每套（2件4面）迎請功德金 NT$13000。

另有臨終守護「大圓滿真言淨土被」，歡迎來電洽詢。

TEL：(02) 2219-8189

給尊者一個金製的曼荼羅，請尊者講說見、行、修之精要修法。密勒日巴說道：「金器你們自己留著作修行的資糧吧！見、行、修的精要是這樣的。」對這五位小尼而言，密祖這一生可能只會見到他們這一次。就如我常跟大家講：「一生一會」，所以密祖傳給他們的這個總攝口訣，就是他們從此時直到成佛為止都能用的口訣，而我們聽受時就要有這種心境。

「祈請上師賜加持，令我法爾能常行，如尊示範見、行、修。」就密法行者而言，他最重要的根本就是他的上師，所以一開頭就「祈請上師賜加持」，然而上師的意思是什麼？這上師就是法爾，就是法身，就是自心之清淨體性，就是本覺，行者以修而成就本然之體性，即我生始覺，始覺同於本覺，子母光明會。但是在這邊他為什麼一定要祈請上師，這個就是念佛法門的一種方便，因為這上師代表佛，代表如來。我們為什麼要念佛？念佛是憶念佛之功德，憶念佛之法身，憶念佛之法性，也就是憶念一切的實相。

念佛法門有散心持名、定心持名、觀相念佛、觀想念佛、實相念佛、功德法身念佛，而其實一切法門都要趨入真實，是以佛為一切加持教法的根源，這是一個進入法性的方便，故曰：「祈請上師賜加持」。

「見之精髓有三要，行之精髓具三要，修之精髓亦有三，果之精華三訣攝。」見、修、行、果都各有三要，你依止這三要修持即能成就。

「外顯諸境皆是心，心即明顯之體性，明體無相無可執，此三見訣應受持。」這是依大手印所設的三種見訣，所謂萬法唯心，諸相唯識，一切眾相都是識所成就。然而不管用什麼說法，它這邊所要講的，就是外顯一切境界都是自心的顯現，離心外境不可得，這是大手印見的根本。而自心就是明顯的體性，但明顯體性它體性是空，是不可執的體性。然空若無力是墮於小乘，空而有力乃是如來，大乘之空是能作用，是現空有力的廣大作用，而為了顯現法身這樣境界，叫作「明空不二」，是現空現明。

你若有明而成執，則落於色界諸天；空而不明、空而無力則若非墮於頑空，就是墮入小乘的灰身滅智。

「外顯諸境皆是心，心即明顯之體性」，此體性是清淨，就如六祖惠能所講：「何期自性本自清淨，何期自性本不動搖，何期自性能生萬法」，乃從內在的完全清淨，到外在一切眾法的顯現，都是不離於自性。此皆覺者依於不同因緣而說，故有時候用心來表現，有時候用自性來顯示，但所指涉的皆是其所悟的境界。

「明體無相無可執」，一切現成不可得。三見訣如是受持之後，法界內外一切同成一性，即是無性。見地總持之後，當如何而修呢？

「妄念解脫於法身，明空任運自安樂，無整寬坦舒鬆定，此三修訣應受持。」修要脫於一切對待，「妄念解脫於法身」乃大手印最重要的見地。雖然最後究竟是一樣，但大圓滿或禪宗的表現手法和大手印是不同的。而在這裡，一切妄念是虛妄的，在法身中完全消融，所以「妄念解脫於法身」。因此，不必去除妄念，而是妄念放下，它自然消融於法身。故於妄念，莫對治，莫放任，無修無整，亦即於妄念不整治，不整治即妄念隨它去，但妄念隨它去不是自心隨它去。一切妄念不可得，是空，你不造作，它就不會隨你起舞，你不把它當真，它就不能成實，不能成實，就不能成妄作用。

所以妄念也不是故意忽略它，故意忽略它是無知，而你隨它造作是妄造，是妄上生妄。因此，你既不能落入無知，也不能落入隨妄，這兩者統統放下，心清淨不可得，法身清淨，法身清淨即有大作用，有大解脫，能自然融一切妄，所以妄念會解脫於法身。

「明空任運自安樂」，明境跟空境二者，消融任運而安樂，即明空任運，自顯安樂，是空樂不二也。在修證上，你能以明空法身任運，自在作用，這時候能出生大樂，但大樂無執而現空，所以空樂不二，是報身境，是自受用境。

「無整寬坦舒鬆定」，無整是不整治，一切寬坦是法身，舒鬆是完全放下。法性大空是大鬆相，至鬆、無執、無可得，是大空相，全體放下才能全體放鬆。所以我常常用至鬆、至柔來讓沒辦法直接了解什麼是空的人，作為一種悟空方便。「無整寬坦」，一切寬坦，自心完全寬坦，豁然還得本心，一切無整無治，亦無可得，自然一切放下，自然入定，自然之定。

見地有了，修訣有了，自心已是平等無對待，住於清淨無染，這時候要行，如何而行？

「十善法性力中增，十惡法爾自性盡，明空無需諸對治，此三行訣應受持。」法性者，自淨其意也，即要依無可得的心，行一切善法，則所行十善是清淨的，所謂「諸惡莫作，眾善奉行，自淨其意」。現在所行即是要你自淨其意，然後行一切善。見、修之後，必乃更行清淨的十善，你的成就即增加了，就如同《金剛經》所講的二道五菩提一樣，先是般若道，般若道行於究竟，即是悟入真實的般若—明心菩提；悟入明心菩提是悟入法性，現得法身。現得法身入於初地菩薩之後，乃是真行六波羅密。初地之前是假行，初地乃真行布施波羅密；初地菩薩以布施波羅密為主，其它不是不行，隨緣力行，但仍以布施為主。初地之前亦修六度，但是乃在行願菩提心中行，即先修願菩提心，其次修行菩提心，然後才悟入真實菩提心（明心菩提）；真實菩提心次第行，到最後變成三摩地菩提心。然三摩地菩提心不是用定力來攝菩提心，而是用菩提心來攝定力，是剎剎那那，一切時中，不離菩提心，才叫三摩地菩提心。又三摩地菩提心乃以菩提心攝定力故，所以不是世間定，而是真實菩提心定，即以悟道來攝定。

從初地到十地，由布施、持戒、忍、精進……等十波羅密，次第上行，故曰：「十善法性力中增」。

「十惡法爾自性盡」者，雖然見惡如虛幻，但惡習猶在，然惡習實不可得，故曰：「十惡法爾自性盡」。修至七地或八地才是罪性淨盡，什麼是罪性淨盡？你這時候才了解一切罪性真實不可得。七地之前，你雖然已經得到法身了，但法身有時候如雲遮月，心裡會生起忐忑不安，所以為什麼說二地到七地中間會位不定。初地跟八地是不退轉位，中間是會退的，會退是因這個境現起，你或退。總之，依於諸經說法不同，七地或八地以上就是位不退，初地也不會退，但中間會退。而在七地時常常會有個問題，即會墮入想進涅槃的境界，這是一個菩薩的險處，名為「七地沉空難」。

「十惡法爾自性盡」裡所講的十惡，不一定是說你會去行惡，而是說你知道你心中有惡念，有分別心產生，比如你會想：「我過去怎麼作了這些壞事！」這念頭起來即是。所以你要消融於自性中盡，這是很細膩的東西，到七地、八地菩薩在這邊仍要處理。

「明空無需諸對治」，這時候以「自淨其意」攝「眾善奉行」，攝「諸惡莫作」，從「諸惡莫作，眾善奉行，自淨其意，是諸佛教」修行上去，你成就了，再反射回來，圓滿了才是成佛。很多人以為菩薩行是行到最後清淨了，就沒有了，不是這樣子，因為如果清淨了就沒有，那你就沒辦法現起無盡的法身，無盡的報、化之身，無盡攝受眾生了。所以，一折，反折，用清淨反射法界，這才是如來清淨身，而不是只有淨那邊，是以淨攝染、淨，染、淨不可得，輪、涅不可得，諸佛、眾生亦不可得，這樣子反射回來。

這時，我們在這樣狀況裡面，「明空無需諸對治」，沒有任何對治，一切現明、明空，自心念念清淨，何以念念清淨？無善、無惡，而行一切善，斷一切惡。行一切善圓即證入果位。

「無有輪迴之可斷，無有涅槃之可證，自心本來原是佛，此三果訣應受持。此即法性本來空，惟師能令悟此要，三要攝內成一要，繁行多求終無益，悟卻俱生即到家。」見、修、行、果各三口訣攝成一種心要，來指導自己行、住、坐、臥，隨時隨地，從現在直至佛地的修持。一切俱生現成，本來清淨。

「我適所說諸訣要，實為修行之法寶，由我證境所流出，汝等珍重善受持。」密祖告訴我們，以上所說的口訣心要，都是由其親證境界宣流而出，大家應當珍重善自受持。

第八章　無生法爾心境等，觸事無作皆解脫

〈八天女供食的故事〉：「至尊密勒日巴依照在藥磨所得到的本尊授記，向西藏行去。他行至古通地區，就居住在一所像犀牛形狀的山洞中，心入光明大手印定。」什麼是光明大手印定？心契本然，無可分別，法爾入定，即心契實相所入之定。

一天，飛來了一隻大灰鴿，耳朵上穿有金製的環飾，向著尊者不住的點頭，鞠躬，抖身，繞行尊者多次（表示恭敬歡迎的樣子），那隻灰鴿含著米飛向尊者作供養狀，同時又作出繞行和禮拜尊者的樣子。尊者看了非常歡喜，高興的唱道：

「依馬火！奇哉！深念大恩馬爾巴師，常觀師尊住我心，恆常護佑莫捨離！我心師心合一故」，「我心師心合一」是代表法性一如。

「法爾生起俱生樂，通達萬千外顯境，無非本體自性故，即見無生之法身。」密勒日巴祖師在這邊這樣的顯現，也是告訴我們一個很特別的觀察法身之法，（師一彈指）我們眼根所觀一切外顯諸境，乃至耳、鼻、舌、身、意所攝的色、聲、香、味、觸、法六塵顯境，在這一剎那裡面你體會它無非本體自心故，這一切就是無生法身。一般來講，我們常說內觀自心，但其實什麼是內觀自心？一切境界都是你的自心！所以，禪師為什麼說：「十方諸佛都在這個茶杯裡，都在這邊喝茶。」曹洞宗也講：「超彼聲色外」，眼不見色，耳不聞聲，眼不見色而見色，耳不聞聲而聞聲，眼見色聞聲，耳聞聲見色，眼不執於色境，耳不著於聲境，所以超彼聲色外，此謂見法身之流行也，而法身之流行即是無生之法身。這在臨濟宗來講，其實他們所悟的是一樣，但因為入手處不同，所以教授方便有異，馬祖是性在作用，所以人家問他什麼是佛？什麼是法身？他用眨眼，用性的作用面來展現出法性。但曹洞所顯現的是法身流行，是用法身的普遍相來展現法身，所以說，我拍桌你痛，「露柱燈籠」、「東山水上行」，裡面所講的就是法身流行的境界。

然則為什麼悟處是這樣子呢？馬祖是磨磚悟道，石頭是悟「會萬物為己者，其為聖人乎」，體悟法界林林總總，法界眾相悉是平等之相，即是處處三昧，即是法身三昧。洞山禪師見水中的倒影而悟，百丈是被捏鼻子而悟，兩者作用不同，一個是文藝派，一個是動作派。很多禪師都是大作家，像鄧隱峰遠遠推車過來，看到師父馬祖腳伸在那邊，叱道：「腳收回去」，師父不收回去，他就直接輾過去。其實這裡面是他們作略上的悟入方便，所以會有這樣的顯現。

因此，現觀法界眾相即悟法身實相之理可以這樣了解。

「安住於彼無造作，遠離高下計度見，此無作心甚樂哉！心之自性即明空，親見空明明體故，不加整治住本然，如是安住離造作，不計好壞諸覺受，此無作心甚樂哉！」為什麼心之自性即明空？因為心即空明明體，空明明體即自心。「不加整治住本然」是遠離一切整治，遠離六根、六塵、六識的造作，安住於本然法爾體性。

「六聚消融於自體，則見能所二取空，一切苦樂成一味，不加整治住本然。」「六聚」是代表六根、六塵及六識，「六聚消融於自體」是指六根消融於法性（或體性、自性），能所二取，現前即空。

「心契法性平等故，我已超離是非行，無作之心甚樂哉！親見萬千應化身，即是菩提法身故，應物接觸皆解脫，此心融合成一味，我無願求生淨土！無作之心甚樂哉！」「應物接觸皆解脫」者，觸處即真，禪師所謂「觸處成真」也，而這是安住大手印定裡所顯現的大手印境界，是密祖自描述的大手印境界。

第九章 如知自心現成空，善明大印四瑜伽

〈密勒日巴於灰崖金剛堡〉的故事，是敍述一位密乘行者，請求尊者為他開示一些修行精要的口訣。我們後代人常常要背許多祖師的口訣，但其實一切口訣只有一個，就是你心的覺悟。

「心之所顯億萬千，多於日光映微塵，應於彼體如實知，如王自心確了知」，這是善觀法界的口訣。「如王自心」是心王，心之王也，心王法界王，但若執著有一個心王的話，反而離道日遠了。

很多人以為禪者喜歡看山看水，喜歡或遊山玩水，其實他看外境不離自心，事實上是在觀自心。禪者他也學習如來悟道的方便，如來是怎麼悟道

的？他看到曉星升起，心中豁然悟道，但是當你執者那顆曉星的時候，大概就悟道無緣了。釋迦牟尼佛見曉星悟道，有些禪者是聽竹枝相打之聲悟道，所以一向諸根、諸境，外顯眾境，不離自心，如是了知，是悟道因緣。

「萬法實相之本體，任何因緣不能生，唯一實相得決定，如王自心確了知。」萬法實相之體性是離於一切因緣的，為什麼？萬法實相的體性是自心不落入無明分別，所以說，怎麼會在因緣中出生呢。若在因緣中悟道，不屬家珍，何以故？不是自心如意寶也。

有一個故事，雪峰跟巖頭行腳，在澧州鼇山鎮遇雪，結果雪峰禪師每天端身正坐，努力修行，而巖頭卻每天睡覺，睡到最後讓雪峰禪師很不安，就罵他：「一天到晚睡覺，一點也不精進！」巖頭感覺很奇怪，就問雪峰：「你在搞什麼鬼呀，每天坐的像七家村的土地公一樣。」雪峰其實根器是很深厚的，被巖頭這麼一擊，只好自己老實招來，告訴巖頭：「看你每天這麼自在安穩的睡覺，我心裡實在不安，我這裡未穩住，實不敢自欺自謾。」

他們二人原本即是師兄弟，都是德山的徒弟，這時巖頭就對雪峰說：「你現在把你過去所有的悟境跟我講，對的我就幫你保留下來，不對的我就幫你丟掉。」雪峰於是一一陳具，巖頭一一檢證。雪峰說：過去在某某地、某某人處，得個什麼悟境。巖頭答：「這悟境三十年內不能再講，太丟臉了。」雪峰於是再講個什麼境界，巖頭又掃卻：「唉，這個境界更不行，千萬不要講。」這樣一直講、一直講，講到最後，什麼境界都不行，所有境界都被巖頭丟光了，贜下就是不知道怎麼辦才好。巖頭這時候便跟雪峰講：「你不曾聞說：『從門入者，不是家珍？』」即從因緣中所悟的，不是真實境界。雪峰這時十分沮喪的說：「那怎麼辦？沒有了。」巖頭於是告訴雪峰：「一個修行人他真實的作處是：『自胸中瀰天蓋地，遍一切處！』那裡還靠這個、靠那個？靠一一因緣才進去的是不行的，必是自胸中瀰天蓋地而出。」結果雪峰言下大悟，便起身跟巖頭頂禮而道：「今日始是在鼇山成道！」雪峰跟巖頭二人都是師事德山，但雪峰最後是在他師兄巖頭手下徹悟的，而且德山後來還被這二個徒弟修理才有最後的境界。

巖頭根器最利，但是一生倒霉無比，沒有法緣，在三武滅佛時還被迫還俗，轉業當漁夫去摸蛤。他曾預示自己將來要走時，會大叫一聲而亡，為什麼？因為當時正是唐末天下大亂，盜匪搶劫搶到他的廟裡去了，結果搶完之後認為所獲不夠，於是指責巖頭或有隱匿，更將他斬首，當賊兵大刀落下之時，巖頭大叫一聲而入滅，聲聞數十里嚇得賊人肝膽俱裂。巖頭雖然境界高，然而法緣不足，沒有法嗣，但雪峰卻有雲門、法眼二嗣系傳下。

從前面的故事，我們回到：「萬法實相之本體，任何因緣不能生」，即前面所講：「從緣入者，不是家珍」。

「洞澈真如之證智，雖逢百刃無退卻，由此自然斷貪著，如王自心確了知。妄念奔馳如潮湧，鐵閘銅池不能容，念由心現非外境，如王自心確了知。」

那位密乘行者又問道：「這樣的覺受悟境是漸次生起的呢？還是頓然生

起的？」尊者答道：「上根利器的人，這些悟境頓然生起。中根和下根則由四種瑜伽（或四步境界）次第生起。」大手印若頓悟頓證，則跟禪及大圓滿的證境是完全一樣的，然若不能頓悟頓證，那就依四瑜伽次第生起，這跟禪者若不能頓然開悟，就用三關或五位君臣頌次第而證是一樣的。

「『真實』的悟境，和『相似但被誤以為真』的各種徵兆是這樣的。」於是尊者就為他唱了一首抉擇分別真偽大手印四瑜伽的歌：

「頂禮至尊上師足。執心實有輪迴因，明而無執自明體，本來圓成確了知，此是專一究竟相；」執心實有是無明起行，故為輪迴之因；光明而無執是明而空，自明之體，本來圓成。確了知是見其明體，這是專一瑜伽，專一瑜伽時是見到明而無執的自明體，見到圓成自心。

「口說雙融修有相，口說因果作惡行，煩惱愚癡盲修鍊，專一瑜伽無此失。」「修有相」是心中執著有相。若有此等缺失，絕對不是專一瑜伽，絕對沒有悟道。

「明而無執之自心，離諸戲論具大樂，體如虛空極明朗，此是離戲究竟相。」專一瑜伽是見到明而無執的自心，並且決定了知，決定專一，但若你執住於此明而無執之自心，則是住於真。然此真是遍法界一切處，何有妄？若你住於真，則有真妄的對立，就不是離戲，而是戲論，所以要遠離一切真妄對立的戲論。離諸戲論，空有雙執放下，則有大樂相現起。一切分別對待決定放下，體如虛空極明朗，此是離戲究竟相。

「口云離戲葛藤多，口說離言話不絕，愚蒙執我而修觀，離戲瑜伽無此失。」

「於現空無二之法身，得輪涅一味之覺受，佛陀眾生融一味，紛云此是一味相；」於法身究竟境中，輪迴涅槃本不二，真俗二諦完全消融而成一味，佛陀眾生也融為一味，這是一味相。

「雖說一味分別多，愚癡之中又愚癡，一味瑜伽無此失。」

「妄念即是智慧體，本來圓成因即果，三身自己本具足，此是無修究竟相；口說無修仍作意，口說光明修愚癡，愚茫無知亂瞎說，無修瑜伽無此失。」

以上為密祖宣說專一、離戲、一味、無修等四瑜伽，真偽境界抉擇修證。

第十章 心舒體空常安樂，契合法性無生樂

〈惹瓊巴初遇尊者〉的故事，講述密祖在山羊峰地區的彩絲洞修行，他的心子惹瓊巴是當地非常受歡迎的青年，惹瓊巴少年喪父，由母親和叔叔養大。長大後，因聰明閱讀經教，常受當地人請他講故事，並獲得不少收入和禮物，起初供養母親和叔叔，因與密祖相遇，即生起不可動搖的信心，從此跟隨密祖修行，並將他講故事得到的收入和禮物，全數供養密祖，引來母親和叔叔的惱怒。

惹瓊巴的母親和叔叔，因為非常氣惱的緣故，就在一個食罐內裝了咒詛過的毒蠱送給惹瓊巴，因此惹瓊巴竟染上了麻瘋病。於是惹瓊巴就請求尊者

的許可到印度去，尊者答應了他的請求，即於洞中安住。惹瓊巴就用泥土將洞門封閉，隨著行者們前往印度，見到了上師瓦那真達。惹瓊巴依法修持，病即痊癒，隨即回返西藏，看見洞口仍然被泥土完全封閉著，進入洞內，卻看見尊者正在座上垂然入定。惹瓊巴不覺狂喜萬狀，立即向尊者叩頭問安，密勒日巴以歌答曰：「

敬禮恩師馬爾巴足，斷絕親屬關係故，此心舒怡常安樂；無有家園眷戀故，

身心自在常安樂；不爭僧伽資財故，我心坦蕩常安樂；不做一家舍宅主，

心無牽掛常安樂；無需此彼任何物，心無慾求常安樂；富有佛法聖財故，

此心滿足常安樂；不必守護財富故，心無憂慮常安樂；得失與我不相關，

心離牽掛常安樂；無有匱乏之恐懼，永離憂患常安樂；徹悟自心究竟故，

一切圓成常安樂；無需取悅施主故，直心直語常安樂；無有勞累與懊惱，

亦無寂寞常安樂；不做矯揉或詭詐，行住坦坦常安樂；所有一切諸行為，

皆歸於法常安樂；心無遊玩旅行欲，離諸疲累常安樂；此身縱遭砍殺死，

心無畏懼常安樂；小偷大盜不來找，找亦無懼常安樂；善行順緣自然至，因緣殊勝常安樂；捨棄一切惡行故，清淨解脫常安樂；精進積聚福資糧，所行有義常安樂；無有瞋恨損惱心，自然慈悲常安樂；斷絕我慢妒嫉故，心自調柔常安樂；世間八法之過患，恆常觀察自安樂；於一切法平等觀，遠離愛憎自安樂；常以自心觀自心，心光透脫自安樂；心離憂懼與希冀，怡然自在常安樂；離執光明之本體，廣大寬闊常安樂；無有分別之智慧，契合法性常安樂；不離法爾本來境，心契逍遙常安樂；六識境念隨他去，即幻即空常安樂；五根五識顯光明，妙境無窮常安樂；心意已斷來和去，法爾常定常安樂；噫戲！我之快樂多！快樂太多難盡說！別人之樂我不羨，我今高唱自樂歌。無有罪業死亦樂，常行善法生亦樂，修行之樂多如是，我今為汝歌此曲。施主供養我衣食，此乃上師三寶恩。噫戲！吾子惹瓊巴，此行安泰如意否？」

修行到一定的境界，見解跟看法差不多都會一樣，只是因緣方便不同。

一個修行人所知所見，除了因緣上的教法會有差異，內在的證境不會有差別。

第十一章 深觀無見大手印，定慧善辨法性身

〈牧牛童覓心的故事〉講述密祖安住繞馬的菩提坳時，有牧童來禮敬供養，並問心是一是多，密祖囑其回家自己觀察，引起牧童修道之心，於是密祖傳心地入門之法，並接受他皈依，要他回家觀察：求皈依者是身還是心？牧童回家專注觀察，覓身心不得求皈依者，隔天請求密祖慈悲開示。

「通達無我實相之上師，我以三門殷重敬祈請，加持我及我之諸弟子，令皆通達無我之實相！祈以大悲攝受令彼等，皆從我執境中得解脫！」這一段是祈請，祈請之後，密祖對牧童便給予如下的教誨：

「護畜牧童聽我言，執持吾我此心識，深觀於彼不見『我』」，我們執

著有一個「我」，這是俱生而來，叫「俱生我執」。佛法修行人要注意，我們通常在修行的過程裡面，對於法相都是過猶不及，很多人學了佛之後，不管是學中觀、唯識、顯宗，或是密法，尤其是密法，學的越多的人，他們通常會有一個狀況產生，他對於自己所學的這些名相，對於無關於己的法的執著，會比自身在生命中自然所產生的覺受，認為更加真實；特別學了很多法的人，或是他認為他學了很多的人，他對於法相及各種法門的執著是很深的。所以他往往去聽一個法門，或聽到一個法相之後，便在這樣的思惟薰染當中，不知不覺遠離了自身的生活，而當他所聽聞的這些法，跟他的生活以及他的實際覺受不同的時候，他不管是如理或不如理，他便馬上否定自身所有的經驗，或自身原來所有的知識，這是一個常見的狀況，很多人應當都有犯過這樣的錯誤，尤其修學久的人，或是法相知道的多的人，這問題很嚴重。最後的結果就是，他法相修成就了，就是他自己沒有成就，他的說法解脫了，就是他自己沒有解脫。是不是這樣子？我們看看自己及很多老修行是不是這樣子？

這在禪宗也常有這樣子，比如有的人參話頭參久了，就變成牛皮參，他參這個也通，參那個也通，就是自己不通。這要小心哦！所有的修證經驗是來自自身的，一個真正證悟的人，是佛陀在你面前對你說：「你所悟為假！」他也是不為所動的。而不為所動是什麼？不為所動不是說我堅持己見不為所動，而是知道諸法空，自心空，佛陀亦空，無可執著，自己所證悟的也沒有什麼可得處。

一個真正證悟的人，他可以為了幫助眾生而對他宣講法的實相，但是他不必為了證明自己有開悟，而跟他講我證得什麼法。除非這個話是幫助他的，是因緣上特別的需要，為了顯正破邪，或為了予以對方的教化。而你也不必去追問他：「你的證悟是怎麼樣？」除非你要拜他作師父，或是說有抉擇上的需要。

其實就一般來講，如果你自心所了悟是真實的話，那你可清楚的很。所以大家對於前面所提出的問題要特別的小心，這是我執的顯現，還談不上法執。而各位也不要以為說，我執著法叫作法執，真正的法執是無我，但是對所成就真實的教法，或者是真實的教法與否，或是外相，他會有一種堅持。有一種說法是這樣的，阿羅漢為了護法的緣故，有時候甚至會傷害人。但是這種說法是否真如此呢？對我而言，我沒有興趣去了解，然而我們可以了解，一個阿羅漢他可以為了法被污衊而生起忿怒破邪，這是合理的。阿羅漢不是從我的立場來看事情，也不是從我所相信的法來看事情，能談到這個才是法執，否則就是我執。很多人說他有法執，他哪有法執，大部分根本是從「我」出生的。當然，有我執的人必然有法執，這不用說，但是在這邊若把我執誤為法執，那是往自己臉上貼金。

很多人常常在比說誰的上師比較大，誰的上師比較好，那一個仁波切坐的位置比較高，這是沒有意義的。我問各位：帝洛巴是誰的轉世？那洛巴是誰的轉世？馬爾巴是誰的轉世？密勒日巴是誰的轉世？密勒日巴祖師自己說：「恐怕是三惡道吧！」很多的因緣是世法，不是出世法。我請問大家：「阿彌陀佛是觀世音菩薩的老師，但就現在的西藏來講，達賴喇嘛（觀音化身）為什麼比班禪（阿彌陀佛化身）大？」所以，比大比小是世法，這種世法在傳承的維護上有其現實的必要性，不這樣作整個傳承上會產生問題。因此，對於這些事情要有深刻的了解，即你是在修法？還是修大小？千萬不要落入世法而不自知。

所有的傳承都有其殊勝處，但這種殊勝傳承長期間在人類的習慣中運作之後，也有其沉重處。在佛教界浸淫久了，很多人就會用他所了解佛教界更多的祕辛，更多的知識，更多的法，或更多的什麼，來證明「你看！我比較厲害。」但這跟解脫無關，而佛法是講解脫的，所以要小心。其實這還是小事，最主要是，你會以你所了解佛法的理論、法相，用那個來取代你真實的修證，這是第一個要小心的事。

第二個剛好相反，他不依循如理的教法，如理的思惟，如理的證量，而一味的自以為是。只是以自己狹隘而沒有智慧、沒有慈悲的經驗，加上自己的詮釋，自己的想像以及對名詞的自由演譯，把慈悲跟智慧，以及許多佛教的名相，演譯成不知所云，創造出許莫名其妙的語言，混淆正智，從而否定許多偉大修行者的經驗及證量，並詆譭這些成就者，而這個現象現在正流行。這類人罵人來賺錢，罵人能賺錢，罵人可以出書，一本書裡面從頭到尾都在罵人，問題是很多人喜歡看，這要小心。前面第一個問題是因為太多路標了，結果他又沒研究清楚，他只研究地圖而不實際走路，這種人是佛教地圖收藏家；而後面第二種人是瞎子，而且這瞎子很勇猛精進，到處亂闖，誰撞到誰倒霉。

佛法講正信，講正思惟，講正修。什麼是「正」？「正」就是清淨，就是遠離執著，遠離我、人及一切法的執著；不執著、無可住。而不執著，無可住，見一切眾相名之曰空。因為我們現在還沒有悟道，但是在面對事情的時候，想想看能不能把我執拿開多少來作意，這樣才是傾向於正確的思惟。

各位，修行人真的要小心，修行不是小事，特別是現在，用罵人來得到利益的情況很多。為什麼？因為很多人雖然學佛，但他心裡面總想罵人，所以看到有人在罵人，越罵他越過癮，表象上看起來他很溫和，但是心就跟著走了。修行佛法雖然是依止佛陀，依止佛的教法，但它背後是什麼？是無可依止，它是無依處呀！所以依止只是一種方便，真正是要自己站起來。但是芸芸眾生怎麼那麼容易站起來？無明作處就讓你站不起來。無明作處就讓你緊靠著愚癡，緊靠著我執，他不靠東西是沒辦法交代的。他自己生命沒辦法超越，所以怎麼辦？只要有人能夠很強烈的告訴他：「你只要眼睛閉起來，跟著我就好了。」他就歡喜的跟了。但佛法正好相反，佛陀告訴他：「把眼睛睜開，我扶你起來，你自己走路，你不要只靠著，你跟我是平等的！」眾生就會想：「既然你跟我是平等的，那我不必信你！」所以眾生是很可悲的，可悲處是他沒辦法自主，他要靠東西來麻木而得到心安，而這種心安的背後仍然是心不安。

其實自古以來都是如此，並不是現在才特別。現在為什麼我們會感覺更強呢？媒體的推波助瀾，會讓我們的心更緊繃，更緊繃的心更需要依靠，所以現在的人心放不下來，活的很辛苦，也因此無法理解很多的事情，比如像影星張國榮所寫的東西，你們能理解嗎？他是一個很好的人，但是什麼讓他活得那麼辛苦？我們聽起來很困惑，會想：「身家十五億？怎麼會辛苦呢？」對張國榮來講，這是真實苦迫。這代表什麼？代表所有事情都是自己想的，雖然有客觀的因緣在，但真正的覺受還是在你的心。

日本知名的文學家三島由紀夫，他寫過一本很有名的小說《天人五衰》。這是他切腹自殺當天，早上才完成的巨著。因為他渴愛肉體之美，面對自己的肉體開始年華老去時，他受不了，於是選擇一個最壯烈的方式來自殺。「天人五衰」頗合乎他的心境，他面臨的是生命的困境。所以各位，修行人要能自行作主。

「執持吾我此心識，深觀於彼不見『我』」，很多人「不見『我』」是用我去不見『我』，我不見『我』故，所以就變成顛狂、恐怖，有些人是這樣子的，所以要注意。

「若能修持大手印，無見之見必能得。」見者為空，所見為空，利根者在這邊其實是直觀下去的。但鈍根者則非如此，因此六妙門怎麼修？「數、隨、止、觀、還、淨。」為什麼？因為當他觀析一切都是無我，但這能觀之心他破不掉，很多外道就是這樣子。他們具足各種方法，很犀利的見地，很敏銳的覺受，能破一切，但自我沒辦法破，所以往往夜半驚恐，白天能破萬人，獨處時卻自驚恐。

對修行人而言，見地是用來破自己的，要深破自我，深破自心，破至無可破處，即成一如法界。千萬不要破一千，卻提捻著自我，這很辛苦的。很多人都參加過佛學社，我觀察其中有些同修，尤其是最精進的同修，往往都有一個共同特質，就是一參加佛學社時就勇猛精進，很努力，也很用功，他們聲稱要脫生死海。念佛的念佛，參禪的參禪，下了座就是廣度眾生，而當沒有眾生給他們度時怎麼辦？自然就回過頭去度自己的爸爸媽媽。於是拿了一串念珠給他爸爸：「你一定要念佛！」爸爸說：「我現在很忙，而且在工作場合一天到晚拿串念珠像個什麼樣呢？」他就說：「唉，我對你太失望了，你根本沒有出離的決心！」接著，他跟媽媽這樣說：「我們家裡從今天開始每天要吃素！不吃素，你不曉得你每天業障會多重呀！」很多學佛的人都是這樣子。緊接著，他每天就開始穿著最破舊的衣服，儼然像個苦行僧的樣子，踽踽道途之上，那種孤蒼的美感，令人不禁惘然。如此悽愴的日子經過幾個月之後，他自己受不了了，於是便開始找一個轉移依託的理由，把所有要求自己的部分，全部轉移到別人身上，用來要求別人。這時候他所有的眼光，他所學的見地，所有訓練出來的東西都是在看別人。但是佛法的深觀是什麼？「如實知自心！」是自己的起心動念要了了分明。然而切記：不要去打自己！很多人都搞錯了，以為深觀自心就是打自己，不是的，是弄清楚，看明白，深觀無我，而深觀無我跟打自己無關，有我才會打擊。佛法第一件事就是把心念看清楚。

「若欲修持大手印，需植深厚之法基，誠信善慈必具足，努力培植諸善根。」法基是法的基礎，也就是廣大的善根。很多人不清楚，以為法的基礎是去讀佛法概論，學唯識，學中觀；或者有人認為說，沒有讀過《菩提道次第廣論》就沒有辦法成佛。如果真是這樣的話，那釋迦牟尼佛第一個就有問題，因為他沒讀過《菩提道次第廣論》。若是說《菩提道次第廣論》這本書看了很好，可以幫助我們了悟深刻的佛法，那不是很好嗎？所以真正法的基礎是在我們自心的慈柔，自心的放鬆，自心的坦然。心無住、無執、具慈悲，這才是法的基礎，而佛法的種種經驗法則是能幫助我們迅速達到成就。

修行人千萬不要以為：「我還沒聽到什麼法，所以不能成就。」這句話是搪塞之言，你能聽到什麼法是你的福報，這法能幫助你更快的成就。但是你若沒因緣聽到這法的時候，你解脫成就的基礎還是在你的自心，最重要的法基是植於自心。佛法不離自心，佛陀即是具足大智、大悲、大定而成就的。

「大手印道之先件，需信輪迴因果法；若欲出現大印果，應求上師傳灌頂，以及口訣並引導，先使自身成良器，乃能容受深口訣。」你們現在就是密勒日巴祖師給你灌頂了，那這些是口訣引導，而你要先使自身成為良器，才能容受深口訣。

「修大手印之弟子，必需廣積道資糧」，什麼是道資糧？「苦樂皆適斷貪慾，死亦無懼真大勇。」在緣起中，是苦是樂，你都能安適如意。比如SARS來時就盡力去防護，但是因緣難知，不要怕死亡，而是在這因緣裡面我們要防護，這是我們生命存有的一個因緣，就是如此。

現在外在的因緣很亂，今年（二〇〇三年，羊年）這隻羊似乎不大吉祥，又是SARS，又是打仗，又是空難，今年不好過。希望大家盡量修法。而且布希這一打，千年恩怨又重新再翻起來，所以可能有些不好的能量會浮動，而這種瞋恨的力量開始浮動時，很多攻擊性的力量會產生。所以大家有空的時候，比如走路或搭捷運時，持持藥師咒、大悲咒等，多迴向給這個世界。我跟大家講這些是什麼意思呢？就是讓各位成為良器的口訣，而且讓各位廣積道資糧。

我為什麼特別要選這篇來講？要讓各位落實在實際的生活當中。大手印是一種見地，也是一種生活。大手印行者如何生活？很多人以為法就是一種修的東西，不是的，所謂修持就是生活，大手印就是一種生活。但是現在有很多人卻把大手印變成祈禱，成就一個圓滿果德，所以到處有人每天都在修大手印甚深祈禱文之類的前行。

殊不知大手印是一種生活。什麼是大手印的生活呢？隨時隨地不壞大手印見，法界一性，所行一切隨行大手印。那什麼是大手印行呢？一切無可得，一切無可住，一切現成皆佛陀，二六時中即是如是行，所以大手印是一種生活。若把修行當作一個特別的事情，這是修行的退轉，因為真正的修行就是生活。

「牧童小友汝應知，如是準備需具足。若能如此具善根，你我亦有法因緣；若不堪能如是行，我亦不能傳口授，汝應思惟善稱量。」這邊很有意思的一點就是，如果是命定論者的話，就會這樣講：「你一定是我的弟子，我一定要傳你口訣。」但密祖卻講：「若能如此具善根」，我可以傳你口訣，你若不具善根，我不能傳你口訣。所以不是可以或不可以，而是一定可以。在此我是命定論的，因為各位都是無上菩提命，我若不這樣認定的話，我也成不了佛，現在每天想起來，都有跟地藏菩薩同樣的苦處。

「昨夜尋『我』不可得，此為觀修人無我，若欲續觀法無我，做我修行十二年，然後乃得知心性。幼小牧童聽我言，汝應如是安汝心。」人無我，法無我，現知心之體性。

「於是對他說道：『你先啟請三寶，然後在自己鼻頭前面觀想一個佛像。你就這樣去修吧！』這樣傳受了習定的方法。從此以後，這位牧童常常失去了蹤跡。於是他父親就把他送到尊者的居處，尊者隨即傳授他開顯俱生智之口訣。牧童依之修持後產生了頗為殊勝的覺受。」

大學時，我大一就想去閉關，到了大二決定閉關，結果二個月沒去上課，幾乎引發家庭革命。後來還在圓山大飯店召開家族會議，請了各路人馬來勸我回去讀書，因為我那時候想這書沒什麼好讀的，我已經讀完了。結果我是期末考前一天晚上才決定回去考試，不是回去讀書哦，而是考了期末考就可以回去讀了。這是年輕時候的瘋狂行為。那時我母親對我說：「你大學讀完，我支持你去閉關。」所以我是大學畢業後，當完兵就去閉關。

（為了抉擇分別相似和真實的悟境），密勒日巴（鄭重的）對牧童唱了下面這首歌：

「親蒙那諾梅紀之加持，至尊譯師馬爾巴前敬禮。以口說法之法師，講授精采似廣博，一旦臨終捨軀時，口說無用拋虛空。臨終光明顯現時，由無明障成迷矇，驚懼法身死光明，百般逃避作鼠竄。雖然終身習三藏，死時竟無絲毫用！」那諾巴跟梅紀巴是馬爾巴的上師。臨終光明是死有光明，是無邊無際的遍照光明，此時自心感受極為強烈，是因為自他相離。死有光明是法界光明、法性光明，但因為有我執的緣故，你跟它相隔，這中間隔的就是無明。

法身光明是如許亮，這般亮。亮不亮？沒有亮，也沒有不亮，全部一相，所以沒有光明或不光明的問題。但是因為有無明隔障，就會產生對立，因而驚懼法身那種強烈光明，此時就會像老鼠碰到強光一樣的跑來跑去。而終身所習的三藏若沒有一句打入心中，那就沒有一句能起作用。

「精進禪定諸行者，覺受光明顯現時，其心竟生增上慢，誤將定光作慧光，沾沾自喜以為是。」什麼是定光？什麼是慧光？有分別的是定光，無分別的是慧光。很多人解釋了半天，其實只是增加你們誤將定光作慧光的機會。一般世間的定光是有分別心的，若是大定之光則非如此，光明生起時你心無所分別，融成一味，即是慧光；以無分別心，俱生現起，就是慧光。

更詳而說之，什麼是慧光？話頭是慧光，即參到話頭是慧光，就是無分別心。六祖跟慧明講；「不思善，不思惡，正與麼時，那個是明上座本來面目？」這個就是慧光！心念分別之先是慧光，心意作起是定光（即你心意作起入這個定），無分別心是慧光。

「錯過死時法身境，子母光明未得合。」什麼是子光明？什麼是母光明？母光明是本覺光，子光明是始覺光，而始覺光跟本覺光如何相合？始覺同本覺！始悟始覺本然覺，離於前、中、後分際。

「昔日所修之禪定，死時亦無大利益，仍未根拔惡趣因！」即隨定光而去，修成禪定中陰了。

「吾子牧童聽我歌，謹持身要習定時」，身要指七支坐法。

「妄念寂滅無分別，如是恆常持正念，振發精神堅毅修，忽覺自心頓光明」，「妄念寂滅無分別」是見地，依此見地恆常相續而修是「持正念」，「光明」指禪定光明，而不是真正豁然還得本心。

「猶似燈光燦煜煜，心似花開極清朗，此時心境似以眼，觀前廣大晴空然，明空赤裸兀惺惺」，此時定光的心境猶如眼觀無雲晴空，還有能、所的對立。

「明徹無念此心境，不過禪定覺受耳！以此定境做基礎，至誠懇請三寶尊，起用聞思之慧觀，通徹明了幽微法；再以觀察之妙慧，於無我境作深觀，配合善巧禪定力，運大慈悲及宏願，發心利益眾有情，以此功德悲願力，則能向上得突破。」三寶、上師代表母光明（法界光明），跟自己所修相會，即修生跟本具相會。

「現量證取真見道，洞見無見之正觀！此時方能心自覺，一切希懼極愚癡！無行自然至佛地，無見自然見法身，無作所欲自然成。吾子牧童小居士，汝應如是安汝心！無行自然至佛地，無見自然見法身，無作所欲自然成」，這是密祖最後的一個決定，是無功用行，無作妙行，即無見之見，無行之行，無作之作也。

第十二章　無生輪涅心體空，妄念寂滅三身圓

這篇是講法師釋迦古那產生斷滅空的邪見，密祖於是為他傳授「指示心性」的口訣。斷滅空（頑空）的邪見是很多人都有的，修行人應該避開。比如像我母親去世了，有人跟我講這孝順是世間道，也是空的。當然是空的，成佛也是空的，那要不要成佛？當然要成佛！所以要不要孝順？要孝順！所以要注意，一個修行人一切能夠放下，但是要積極護持一切善法，積極斷一切惡，何況要上報四重恩（佛恩、父母恩、眾生恩、國土恩）。如果一切皆空的話，那菩薩就不必行一切世間法了。但菩薩有世間法、出世間法的差別嗎？所以要謹護細行。一個大修行人呀，護于細行！

各位，我們要成為世間的莊嚴，以出世間的心來成為世間的莊嚴。

「顯有之性本無生，雖現生相無可執，輪迴體空無實根，心體法爾本雙融，若有方所起愛執。」一切顯有之性是無生的，雖然示現這樣的生相，卻是無可執持的，輪迴體空根本沒有實根，心體在法爾中本來就是雙融一味的。但為什麼會有分別呢？因為生起了方所，生起了對待，就起了愛執，而愛執是什麼？是虛幻！你生愛執的時候是虛幻，心有愛執的時候是虛幻，愛執不可得。

「如量上師具傳承，自創『上師』是愚行。心性猶如大虛空，偶被妄念烏雲遮；如量上師之口訣，恰如狂飆捲陰雲，妄念自滅光明顯；此時心中之覺受，一似日月朗晴空，十方三世皆寂滅！」當心性被妄念烏雲所遮時，當憶起如量上師之口訣，這時妄念自銷自滅，何以故？妄念本無生。所以妄念銷滅，光明顯現，心中覺受如無雲晴空，十方三世，剎那之間，同時寂滅。

「無可執取離言詮，決定證悟如星現，於一切境樂融融；法身之體離戲論，六識境顯空幻中，自然離勤住勝義，超越自他一切境，無執智慧常相續，三身不離甚奇哉！」無可執取，遠離一切言詮而決定證悟，這樣的決定證悟呈現的時候，一切境界都是樂融融。此時法身之體者，是遠離一切分別戲論，六識境界的顯現是你現觀一切都是現空現幻、不可得。這樣你自然離於一切的妄動而住於勝義，超越自他分別的境界，沒有執著的智慧恆常相續，三身不離於自身，所以不落於頑空。

第十三章 現空傳承法報化，圓具三身大手印

〈女弟子——巴達朋的故事〉是密勒日巴對女弟子巴達朋講述他的傳承，以及什麼叫上師。

「法身普賢王如來，報身莊嚴金剛持，化身釋迦牟尼佛，我此傳承具三佛；何處有緣之弟子，前來皈依我傳承？」這裡的法、報、化三身是用紅教的說法，一般白教的法身是金剛持，所以密祖的法、報、化三身並不是用很嚴格的說法。法身本來是無相的，但在密法裡為了展現它特別的莊嚴，所以有時法身也畫一個相（比如普賢王如來）來表示。有時不得已再加上一個名詞叫法報身，而這是什麼意思呢？即法身本來是無相的，但法報身則是你

看的到的，雖然它本來是看不到的，然而你看到的是法身嗎？當然不是法身，但是不讓你看到的話，你又不知道它是法身，所以只好叫「法報身」。

三身在不同傳承裡的說法不同，但根源是一。比如法身是毘盧遮那佛，報身是盧舍那佛，但《華嚴經》舊譯裡的法身是盧舍那佛，新譯裡法身是毘盧遮那佛，而毘盧遮那佛又稱為釋迦牟尼。但是各位以後的傳承就是「法身普賢王如來，報身莊嚴金剛持，化身釋迦牟尼佛」這三佛。或者我這樣講好了，「法身釋迦牟尼佛，報身釋迦牟尼佛，化身釋迦牟尼佛，我此傳承具三佛，何處有緣之弟子，前來皈依我傳承？」又或「法身毘盧遮那佛，報身盧舍那佛，化身釋迦牟尼佛，我此傳承具三佛，何處有緣之弟子，前來皈依傳承？」亦可。更且可為「法身阿彌陀佛，報身無量壽佛，化身無量光佛」，因為你總不能跑去極樂世界跟阿彌陀佛規定：「你只能夠當報身佛，不能當法身及化身佛。」所以要會得其意，不要落入文字裡面。

巴達朋說道：「你的傳承真是十分稀有，好似雪山為一切眾水之源『流出所有善法』。請問您自己所依止的根本上師是怎樣的一個人？」密勒日巴說道：「我的根本上師是這樣的。」於是唱道：

「由外方便示正見，是為我之外上師」，外上師是由外方便來開示正見。

「由內指示內明體，是為我之內上師」，明體是心的體性明朗而空寂，明體即法界體性。但明體是在內嗎？當然不是在內。

「指示心體如實性，是為真實之上師」，實性即實相。

「三種上師我皆具，何處有緣之弟子，前來皈依我上師？」所以你們知道你們的三種上師了吧，就是這三種。

巴達朋說道：「您的這些上師，真是稀有殊勝！就像在一條金練上穿著一串明珠一般。但請問在您問法以前，他們傳授您什麼灌頂呢？」密勒日巴答道：

「置瓶於頂傳瓶灌」，把瓶子放在你頭頂上是初灌的瓶灌。

「指示自身即佛身，二無差別是內灌；開顯心性本來面，是為真實無上灌；此三灌頂我全具，何處有緣之弟子，前來請授此三灌？」這裡只有三灌而已，沒有四灌。外傳承是給你頂傳瓶罐，而指示你自身跟佛身二無差別其實是二、三灌都含在裡面；再者，開顯你心性的本來面可說是四灌。其實這不是很重要，但在修行上你能依據這樣修法而成就。

「巴達朋說道：「這些灌頂實在非常深奧，如獅王出現，群獸懾伏。但請問得了灌頂以後，聽說還有一個名叫『引導光明入道』之口訣。那口訣如何去求呢？」密勒日巴尊者道：

「聞思修是外引導；徹澄明體至究竟，如是指示內引導；覺受證解無離合，水乳融一真引導；此三引導我皆具，何處有緣之弟子，前來請授此引導？」覺受跟證解無離而合和一如，水乳融一，這是真實引導。這些引導其實都是指示你怎麼修法。

巴達朋說道：「您的這些引導法就像明鏡一般，反映影像歷歷如真。但是聽說在得到這些引導以後，尚需要到山中去住茅蓬修行，這些修行又是怎麼回事呢？」密勒日巴答道：

「深山險地無人處，獨居茅蓬是外修；不顧此身如棄物，了無牽掛是內修；惟一實相之底蘊，深觀決斷最勝修；三種修持我全具，何處有緣之弟子，前來請問此法要？」這三種修持你們有沒有具足呢？

巴達朋說道：「這些修持就像翱翔於天空中的大鵬一樣，懾伏一切鳥禽之屬，實在是稀有難得！但我聽說瑜伽行者們，在修持時於適當之時機，會用一種『呸』字訣來入道。請您把『呸』字訣替我講述一下吧！」這「呸」字訣很好用，我也常教大家用，「呸」字的梵文是「吽吒（phaṭ）」，一般忿怒咒的結尾都是phaṭ。密勒日巴答道：

「妄念洶湧紛沓時，攔腰斬斷用外呸；自心昏昏闇暗時，明朗震醒用內呸」，前者是「呸！」一聲切斷妄念紛湧，後者是自心昏沉用內「呸！」「安住實相無修整，是為真實最勝呸」，這是從實相中「呸！」密宗的

「呸！」很像禪宗的獅子吼「喝！」胡思亂想的時候，「喝！」一聲把你嚇斷，昏沉時「喝！」一聲讓你醒朗過來。

「此三口訣我全具，何處有緣之弟子，前來請問此法要？」

巴達朋問道：「這個『呸』字訣真正非常殊勝，就如像國王的諭敕和軍令一樣，速能成辦各種大事。但這樣修行又會發生什麼覺受呢？』

密勒日巴道：「無有整治大寬廣，能生遍滿之覺受，此為修行之根因；無有整治惺惺去，出生光明之覺受，此為修行之道相；」惺惺是十分清楚之意。

「無有整治法爾性，出生現量大手印，此為修行之果德；此三覺受我全具，何處有緣之弟子，前來請問此法要？」

巴達朋道：「你說的這些覺受像皓日在無雲晴空中遍照天下，使一切物體都明亮了，實在很了不起！但這些覺受生起後，你又得到些什麼決定的信解呢？」

密勒日巴道：「通達無神亦無鬼，我於見地得決信；現證無緣無散亂，我於修道得決信；心無希求及疑懼，我於果地得決信；見、修、果訣我全具，何處有緣之弟子，前來請問此法要？」巴達朋聽到這裡，突然心中對尊者生起了極大的信心，立刻雙膝跪下，全身伏地，作大禮拜，頭觸尊者之足，請尊者收她作一徒僕，並慈悲傳授她法要和口訣。巴達朋依照指示而修，深觀自心法性之實相，終於即生得大成就，在密勒日巴的眾大弟子中，她是領袖女眾的四大姐妹之一。

第十四章 無整明體具三寶，鬆坦識念皆法身

〈旅店中的開示〉：尊者密勒日巴到寫日地區去修行。行至中途的耶汝酔鎮，止息於該處的一所旅店中。那時，有一位名叫約如唐巴的格西（博士學者），帶領著許多和尚也住在該店中；此時，格西約如唐巴在旅舍中說法。密勒日巴則現密乘行者像同時住於該舍。格西的和尚徒眾們晚間講法念經頻繁，忙碌萬狀；黃昏時以蹲坐狀修習禪定，連清晨一大早他們也不停的在說法和念經。某日中午，尊者到眾和尚處乞化一點食物，和尚們怨憤地說道：「表面上看起來像是一個瑜伽行者的樣子，但既不能修行，又不能學法，更不會打坐習禪，連一個咒子都不會念！卻要來分享出家人的食糧，真

是極堪憐憫的人啊！」

密勒日巴回答道：「我能在同一時間觀想本尊，持誦真言，修道學法，入三摩地，此心十分安樂，汝等稍安勿燥，聽我歌來！」隨即唱道：

「諸法所依之三寶，本來圓成光明中，無整明體自然住，何需祈禱外三寶？」心心念念不離三寶，無整明體為自然之體性。

「遠離念誦及言詮，如是瑜伽甚樂哉！」瑜伽者，相應義，相應於實相也。

「二種成就之寶藏，本尊諸佛全具足，不必作意本尊觀，一切光明中圓滿，何需起分之修觀？」二種成就是共成就及不共成就。「不必作意本尊觀」是不必作意起現觀，此乃真實本尊觀。我教過各位生起次第本尊觀修，觀想自己是本尊時必須是明顯、堅固、念念不離，隨時隨地，行、住、坐臥都是本尊，連指甲及全身每一根毛髮都要觀修的很清楚，而且是透明的顯現。所謂「不必作意本尊觀」者，你就是本尊呀！而本尊像什麼樣子？這樣子啊！那裡是淨土？這裡就是淨土！

我母親的告別式中，我題了幾幅幅聯供養她老人家，其中有一幅是「涅槃時證無上菩提，寂滅處現光明佛土」，什麼是涅槃時？什麼是寂滅處？當下！現成！

這邊「不必作意本尊觀」是密祖教我們不必作意去作本尊觀，而我的意思是教你不必作意就有本尊觀，意思跟密祖不一樣，但結論一樣。

「自身佛陀常顯現，如是瑜伽甚樂哉！」不必作意本尊觀，但能不能起本尊觀？當然可以。

「除遣障礙空行眾，圓成本來自性中，朵馬供食我不需，六識鬆緩坦然住，如是瑜伽甚樂哉！」既然「除遣障礙空行眾，圓成本來自性中」，所以你自性中有沒有瑪哈嘎拉？有！有沒有吉祥天母？有！有沒有大威德金剛？有！所以十方三世一切眾在那裡？在這裡！因此，你的眼、耳、鼻、舌、身、意六識，就是六如來。

「魔障根本是妄念，法性光中罩諸魔，打鼓驅魔我不需，妄念遊戲皆法身，如是瑜伽甚樂哉！言詮詞句聖理量，光明覺受自圓滿，學法看經我不需，一切心顯皆經教，如是瑜伽甚樂哉！」

六識鬆緩，坦然安住，與法性相應，我所創發之〈放鬆禪法〉法源即源於此。透過眼、耳、鼻、舌、身、意六根，及地、水、火、風、空、識六大的放鬆導引，坦然安住，與法性相應。

第十五章 六識法爾自解脫，行住坐臥飲明空

佛法其實是一種生活中的修行之道。所以《華嚴經．淨行品》講的是我們日常生活中，從晨起、沐浴，行、住、坐、臥，一切的工作，乃至睡眠等等，所有任何時地，都跟無上菩提心相應。任何時候，作任何行止，或見任何一種情境，他都迴向於無上菩提。所以不管是洗手、盥浴，各種作止都一樣，即以無上菩提心相應於日常生活中的每一個部分，隨時隨地的發願，這在《華嚴經》裡稱之為〈淨行品〉。

在〈淨行品〉中，我們發覺他碰到任何一種情境，都發起無上菩提的願，都發起各種妙願，而這其實跟《金剛經》是一樣的。《金剛經》講發

心、修行及伏心菩提，這樣的發心，這樣的修持，這樣的降伏自心，這個心即是無上菩提心；而這在〈淨行品〉裡面則是隨時隨地，相應於生活中的每個部分，都發起清淨菩提心。所以我們看經典要攝其精要，發起清淨菩提心，發起無上菩提願，此即是兩經共通之處。在《金剛經》裡，隨時隨地發起菩提心，安住在菩提心，當你的心跟無上菩提心不相應時，須立即降伏它的障礙，這是《金剛經》所謂的發心、修行跟伏心三個修證次第的要旨，這就是《金剛經》所謂的「淨行」。而《華嚴經》裡面的〈淨行品〉，則是落實在生活中的每一個狀況，每一個片斷，每一個部分，都是跟無上菩提心相應的修行，這叫作淨行。

這樣的一個觀點在經典中是很廣泛的，像《維摩詰經》，以及許多大乘經典裡，都應用這樣一個體例。後世的祖師們很多也應用這樣一個體例，如藏傳無著賢菩薩的《佛子行三十七頌》，也都從這個觀點來展現。

而密勒日巴祖師也是依於這樣的觀點展現在行、住、坐、臥當中，他是用大手印見來展現這無上菩提行。如下〈學道需及時的開示〉所講的偈頌，讓各位應能更深刻理解在生活中修行之義。

「來此聚會諸信徒，聽我歌此心要曲；當汝起步行路時，應攝外顯歸道用，六識法爾自解脫，此乃行路心要也」，當我們開始要行路時，應該攝一切法界總顯的外境，整個山河大地，歸於道用，道者，即菩提也。整個《華嚴經》即用三世間（器世間、眾生世間、智正覺世間）來展示這樣的道理。我們應該把這三世間一切外顯盡攝歸於菩提，而這菩提不管是講心，講自性，或講究竟的無上之道，都是一樣的。

一切外顯都攝，則「六識法爾自解脫」，這就是《楞嚴經》所講的「都攝六根」。若不能從根本上掌握佛法，只是在名相上飄飄浮浮的，就不能了解到禪是這樣講，楞嚴是這樣講，密法也是這樣講，一切諸大心要都這樣講，為什麼？在佛法的修行裡面，像《楞嚴經》系統是以六根（眼、耳、鼻、舌、身、意）、六塵（色、聲、香、味、觸、法）、六識（眼、耳、鼻、舌、身、意識）、七大（地、水、火、風、空、識、見）為修持要旨，總約二十五圓通，即二十五種趨入方便，總攝圓通。因為它是一如的，會歸一心圓滿，這是《楞嚴經》的修法。

整個《法華經》系統，以《觀普賢菩薩行法經》來說，它趨入的方便是六根清淨，它是以眼、耳、鼻、舌、身、意這六根的修持為中心。所以這是一個大套的系統，是以人類的六根、六塵、六識為修行的一套方法。

另外一套是以人的身、語、意為修行的系統，此系統以調伏人的身、語、意而趨入。

所以修行方法，乃是把以人為中心的身心法界，作出邏輯而合理的分類，然後用一種方法趨入。

現在密祖在這個偈頌裡，也是以六根都攝來趨入。因為我們無明起行之後，顯化在作用上就是六根，而六根執著六塵，這一執著就產生六識。由於貪、瞋、癡心的推動，六根外馳去執著外六塵，根塵兩相結合就出生了六識，六識即成為無明的輪迴主體。六根執六塵而生六識，六根執著六塵，生出六識這個兒子，兒子又生六根、六塵、六識。所以六根是父，六塵是母，父母兩個結合所生出的賊兒子就是六識，我們的生命體就是這樣子來的，就是這樣不斷的輪迴著。

對於我們而言，六根、六塵是染污的根本。但對於一個成就者而言，他是明行系統，是光明之行；而我們輪迴的眾生卻是染污行，無明行，是無明系統。破無明才是明行系統，反逆無明的就是明行，明行系統的你成就了，此時你六根就是普賢王如來，六塵是普賢王佛母，六識就是金剛薩埵，而金剛薩埵又叫金剛心，為什麼？他中間沒有染執而悲智雙運。

所以，同樣的東西，你染污就是輪迴系統，你開悟了就是大覺的系統。

我這樣講，各位聽了，信受了，中間不產生任何的疑惑，當下信受，當下成就，就是現前普賢王父母的灌頂！這是大圓滿教誡的核心。說這是大手印或大圓滿心中心，都可以的，主要是看體悟的層次到哪裡。

然而整個法界的法裡面，哪有什麼大手印、大圓滿，又哪有什麼禪宗之分？沒有這些！就只是普賢王如來的法界流行。所以看你是什麼，而不是看法是什麼，法是要有人用，因為對法界來講，各位，法界無法！為什麼法界無法？對法界來講，沒有佛，也沒有眾生的差別，沒有什麼法不法的？會成佛是因為有眾生才有佛成就呀，沒有眾生有佛可成嗎？沒有這個事情。對法界而言，無佛無眾生，若說有什麼眾生煩惱，或說有什麼諸佛成就，根本沒有這回事。

對法這個事情而言，不是法，而是我們悟了什麼法。所以說，洞山禪師在這邊講，能自在、能作用，他見水中倒影而開悟：「渠今正是我，我今不是渠」，乃奪普賢王如來父母為己之用也。什麼叫究竟的奪舍？奪普賢王如來為自身嘛！這是極核心的。什麼叫三密相應？很多人以為這個很基礎，三密相應是平等相，我的三密跟佛的三密平等無二，這才是真正的三密相應，有出入相還不是究竟的三密相應。三密相應叫瑜伽，瑜伽是相應義，就是

「我此道場如帝珠，一切如來影現中」，十方如來在我心珠當中，我自成毘盧遮那佛，這才是呀！

其次，什麼叫「入我我入」？佛入我，我入佛。佛入我是佛入我身，現前身、語、意清淨，六根清淨，六根即是六如來；我入佛是我入於佛，我奪毘盧遮那佛之身、語、意。又即相互清淨故，沒有奪與不奪也，是平等義，是有力之義，是大威德義。佛法是有大力、有大用的！

修行佛法有力故，所以這邊是毘盧遮那如來顯金剛薩埵，毘盧遮那如來顯阿閦如來，故這邊五佛互攝、五佛平等，五佛即一，一即五佛，完全平等，完全自在，周遍法界，入藏於密，密不可得，這是普賢王如來的心要，密而又密，是密密義。

所以什麼叫都攝六根？六根不染於外境。眼根不貪於色塵，六根無著於六塵，而能清清明明的見諸六塵，即是「超彼聲色外」，曹洞宗所言：「觸事而真」，「塵塵三昧」。總曰而言，即是一行三昧，即是般若三昧，是自在處。故眼不著於色塵而能見色，而且六根互用，宛然自在，六識就能自在顯現，六識即不墮入輪迴中，六識法爾自解脫。耳根圓通法門之旨，亦在斯焉。

「六根都攝」的義理如前所述，我現在再教各位實際的修法。你們看我手中拿著的這個，為什麼禪者會講十方諸佛聚在這邊說法，各位是盯著它看？還是眼根放下看？放下一切，眼根放下，不執著，能看到它嗎？各位現在眼睛放空，眼根放空不執著也能看到的。所以請大家注意，眼睛不要盯著東西看就能看，盯著東西看的話，第一個是看不清楚，增加眼壓，第二個是執著作意。眼根之執放下叫作都攝眼根，不是眼睛閉起來不看東西叫都攝眼根呀。而是眼沒有執著，看東西不盯著東西看，叫都攝眼根。

同樣的，聽東西不黏著東西聽，六根不黏滯，六根不外放。六根不外放，萬象自顯中。

眼根不外放，你們現在看這枝筆，你們不要盯著這枝筆，而是讓這枝筆來看你，眼睛只是作鏡子，這枝筆一定看的更清楚，而且更輕鬆。眼根一鬆開，你的眼脈就鬆開了，眉心輪也會鬆開，六根不外放，整個輪脈都鬆開了。但是眼根只要一盯著東西看，東西就變成黑洞，萬象都變成黑洞，心力、智慧力就被它奪走了，這叫作「奪舍」，把你的身心皆奪。現在最厲害的奪舍之物就是電腦，盯著電腦看，你的身心就被齊奪；耳朵盯著東西聽，耳根就被奪走；六根外放，六根就都被奪。

六根不外放而六根都攝，六根返源，不執於六根，六根就放下。耳根放下不盯著東西聽，聲音就跑到耳朵裡面，清清楚楚，明明白白，但是你不隨它去。

這是始覺跟本覺，子母光明會，你也可以說這是體性雙運，此時識的作用是清明而無分別，故曰「轉識成智」。

各位看我的眼睛，我的眼睛可說是沒有什麼焦距，因為我不盯著東西看；你們可以慢慢訓練，比如看山時，不要去看山，而讓山來讓你看，讓萬物來讓你看。或者，也可以用另外一個方法來練習，即往內看，往內聽，各位現在眼睛往後看，看自己的後腦勺，練習時眼睛閉起來也可以；耳朵也往裡面聽，慢慢把六根收回來，如是六根都攝，六塵不染，身心放下，六識法爾自解脫。以上所講的是行路的心要，方法也都教你們了。

「有事無事坐下時，應將身心齊放鬆，」你們現在就這樣作，把身心放鬆，六根放鬆，放下，也放空，全部放鬆、放下、放空。

「無整寬坦安適住，此乃坐時心要也，」不整治！為什麼？因為已經徹底放空了，有什麼好整治的。是徹底現成、無整、寬坦、安適而住也，亦乃為佛住也。這是坐時的心要。

「當汝臥倒入睡時，將心契入平等性，於光明中而安眠，此乃睡時心要也。」平等者，法爾平等，究竟平等是一切都不可得；諸佛不可得，眾生不可得。一切現空，是真平等性。故心入平等性至空，至空是至明。什麼是明空？什麼是明空不二？什麼是法性光明？從至空中生起的光明才是法性光明，一切放下，一切不可得，一切無染、無執，絕無所得，這種至空的境界裡面，（師一彈指而示）法爾現明，這叫明空不二之境。心契至空平等性，於光明中而眠，這是睡時的心要。

「當汝食物用餐時，應住空性離能所，捨二取境而服食，此乃食之精要也」，我們吃食物是什麼？是自體的雙運！法界萬物跟我們不離，一切同體。在《華嚴經》裡講，當毘盧遮那佛成佛的時候，他具足三世間：器世間、眾生世間、智正覺世間，所以在《華嚴經》經開頭的部分，講到一切的世主、諸天、菩薩等的讚嘆，這是自心讚自心，整個法界一切處都是毘盧遮那佛，一切器世間，一切眾生世間，都是如此。所以食物用餐時，要遠離能所，同體一如，法界一相，捨掉能取、所取的分別境界，你這樣的受用食物，這叫大樂食，空樂不二之究竟食也。何以故？這是如來自受用食！什麼叫自受用？以自受用自身！此如來自受用食乃食之精要也。

「當汝舉杯飲水時，應吸方便智慧露，汩汩不斷而飲之，此乃飲時心要也。」怎麼作的方法及口訣，甚至很多細密的修法，我都已經教導大家了，所以當我們舉杯飲水時是飲法界淨水。而什麼是法界淨水？毘盧遮那如來叫法界淨水。毘盧遮那如來的種子字是「𑖪𑖽」，一般作早晚課念的一字水輪真言「唵　鑁　鑁　鑁　鑁鑁」，就是這個字，此字乃金剛界大日如來的種子字。而「𑖝𑖿𑖨𑖯𑖾」則是南方寶生佛的種子字，至於胎藏界大日如來的種子字是「𑖀」（阿字本不生）。這「𑖪𑖽」（鑁）字是水大，即大智海、大智水，故觀法界一切水即是毘盧遮那如來的現行，都是方便智慧的甘露，是一切悲智的究極。

我們加持水時，並不是把什麼力量加進去，而是它就是毘盧遮那如來，是用這樣的智慧來相應而加持的。我持咒加持水是觀想它在持咒，我也在持，但觀想它是本尊，水即是本尊，本尊自持。你們會覺得奇怪，為什麼我加持水好像很快，但它們（水）本來就是本尊呀，心要是：它們（水）就是呀！你決定的信心：它們（水）就是呀！信心決定，加持即決定！但若你不決定，那當然不是了。

所以很多人覺得，為什麼別人加持水時，唸咒要唸很多遍，但老師好像很輕鬆就加持完成，因為我看它們都是佛，所以很自然就加持完成。

那麼「方便智慧露」要怎麼喝？密法中有所謂的修寶瓶氣，道家則是飲唾液，但現代人火氣太大，唾液太少，所以我教各位用中脈喝水的口訣及方法。現在的人脈輪像乾涸的蓮花瓣，全部壓扁了，擠在一起，為什麼？因為你心的慈悲及智慧一斷絕，就進入無明系統，心一入無明行，明行系統就消失了。氣是以慈悲智慧氣來趨入中脈的，慈悲智慧沒有了，氣不行了，氣就斷了。脈者通也，脈者中也，中脈若通，則如蓮花開展，能源源不斷的產生通達的智慧。但是現在中脈不通，裡面沒有智慧氣，連明點也乾掉了，屬於智慧成分的心、氣、脈、身都沒有了，所以現在整個身心的運作是在無明系統裡面。無明系統的運作是以貪、瞋、癡為主體，貫穿諸脈，因此我們現在整個身體是諸魔攝持。魔者，障礙義；有漏五蘊的身體就是五蘊魔，何以故？有漏五蘊是有煩惱的，故你的身就是魔，你心就是魔，不用怕人家是魔，你自己就是魔呀！

六根執六塵生六識，我們就是無明的父母。而當我們開悟的時候，完全無所染，完全無所執，就變成普賢王父母，此時的心是大覺之心，氣是智慧之氣，脈是圓滿通達，明點是悲智雙運，身是圓滿佛身，境是淨土。所以當你整個心、氣、脈、身都圓滿的時候，整個無明系統就馬上變成明行系統，所有諸魔馬上變成壇城聖眾，你心輪中本為種種諸魔所盤據，現在一轉，就轉成中台八葉院，你的心輪就是五方佛，八瓣蓮花及四大菩薩在其中。為什麼中陰救度密法裡面，有忿怒尊跟寂靜尊的顯現？因為這是心氣血分的問題，本體上是清淨，但是由於無明障隔，明行不動，而無明系統啟動的結果，它有作用，但沒有智慧，就變成諸魔。在無明破除，慈悲系統啟動，明行系統啟動的時候，這兩個合在一起，變成三條脈；中脈開發，變成有智慧的系統，種種諸魔就變成壇城聖眾，而我們身體就變成普賢王如來壇城，也就是法界壇城，一切十方諸佛就在我們的身體裡面。

這就像一個強大的軍隊，若沒有指揮系統，裡面的成員便單獨亂來，胡作非為，但現在有一位具足智慧的指揮官來統率（即由心王統攝指揮），這個團隊就變成有紀律、有效能，能夠利益一切眾生，變成明行系統，這個身體就變成法界壇城。

所以我們現在怎麼作？首先，心要放空，氣要放鬆，即「心如、氣鬆、脈柔、身空、境幻」五口訣；現在修行是「境幻」，成就之後則是「境圓滿」，而你的明點則是悲智雙運所成。心如是心要放下，氣鬆是氣要完全鬆開。「當汝舉杯飲水時」，心要放下，法界一如，氣要放鬆，此時脈要如何調柔呢？妙定功的練習就是要讓我們把中脈位置先假修出來，先空出來。一般人身體的脈輪都是壓扁偏移，為什麼？頭一抬，喉輪就偏；眼睛一瞪，眉心輪也偏；胡思亂想，頂輪偏了；心有取捨，心輪也偏了；情欲啟動，海底輪及密輪全都擠壓在一起。妙定功的練習是讓你先具足三十二相的位置，就如同要種一棵樹之前，先把種樹的位置找出來。

回到前面「心如、氣鬆、脈柔」的「脈柔」，脈如何調柔？心放下，氣放鬆之後，把頂輪放到眉心輪，眉心輪放到喉輪，喉輪放到心輪，心輪放到臍輪，臍輪放到海底輪，把中脈位置假修空出來。喝水時，放鬆、放下、放空，水即沿著中脈而下，此是悲智甘露自飲自受用也。除了密祖的口訣之外，我把實作的方法都教各位了。

「行住坐臥觀自心，禪定無有出入也。」

眾人聽了說道：「我們不知道怎樣去修觀這種（深奧的）法要，那些能夠修持此法的人，真是幸運啊！」

密勒日巴說道：「你們說不會修觀此法，就表示自己先放棄了！這正是不堪修持的徵兆。只要自己肯去實際修持，鍥而不捨，絕對沒有不會的。」

深的法不一定困難，但大家認為很深的法一定很深奧，所以一聽到那麼簡單的教授時，心裡便想：「真的是這樣嗎？」然後就認為這個法一定不對。現在若有人講：「來！要免費傳你們法，而且還送你們東西。」各位會想說：「這法一定是假的！」然而若跟各位講：「修這個法要多少、多少供養，而且有多困難又多困難。」你們會相信這法一定是真的！為什麼會相信？因為困難就好，但又修得不困難。

不過我還是要講：「各位現在修的法是現生成就的法，各位願意的話，這輩子就可以成就無上的果德！」但是各位還是會擔心對不對？沒關係，就把擔心交給我好了，各位就可以不用擔心。

各位，眾生可憐啊，如果我們不成就，那對得起誰呢？我們不度眾生，又對得起誰呢？

如果能修持此法，就能得到這樣的功德和利益：

「於此聚會諸徒眾，聽我為汝釋法要：有為肉身似寶瓶，內藏俱生之佛身」，我們這身體就是如來的童瓶之身，跟如來沒有什麼兩樣。什麼叫「俱生佛身」呢？本不可得，名為俱生；一切不可得，是名俱生。此乃俱生之究竟義，何以故？無可污染處，本然清淨。

「若知點燃光明燈，內外齊明法身顯。」不落入無明，就是點燃光明之燈，內外齊明，無染無執，法身顯現。

「輪迴妄念之室中，內藏雛鷹菩提心，展開智慧方便翅，即能翱翔大覺天。」雖在輪迴妄念之中，你們還是具足菩提心的，現在雖然宛如雛鷹，將來會變成大老鷹，這是你們肉身所本具的功德。

「自身佛陀雪山中，內藏神識之幼獅，六識離執而修觀，即能超越輪涅道」，修觀是修智慧之觀。

「無明輪迴大海中，浮沉六道有行商，三身船筏若不舍，必於苦浪得解脫」，三身船筏是佛陀法、報、化三身之船筏。

「五毒妄念之房中，藏有惡盜障解脫，若能緊持方便繩，必能超離諸怖畏。廣大法身似虛空，內藏無價如意寶，若能修持不散亂，必得三身之佛果。三界輪迴城鎮中，藏有鎖練縛六道，依師法訣解彼結，必能解脫離生死。上師貴重過珍寶，口訣妙泉出生處，誠信無疲飲彼水，必解罪障之飢渴。」所以現在就是如此了，現成佛身，必不能棄捨，現成佛身，必無可棄捨；輪迴涅槃，本來無二，所有的煩惱妄念，絕不可得。

下面的偈頌是密勒日巴尊者關於見、修、行、果之決定了悟的開示：

「當我洞悉空見時，外顯諸相自解脫」，若用空見把外顯諸相融攝而來解脫，這叫執空。空見並不是王水，可以拿來把東西溶掉，這是不對的。真正空的體悟是徹見一切眾相，現成是空，不待銷融。若是想用空來蓋章，用空來看一切，這是錯謬的。真實見空是一切現空，空見現成，所以「外顯諸相自解脫」。

「自他二分無復存，見地無依亦無執」，真正見地是不依靠什麼的，故見空的時候是現空，見空即現空，現空見亦空。很多人有空的覺受之後就很害怕，拿著空到處看，看到什麼都空一下，執空就不空，不空又想空，這是不對的。見空是無依無執的，外顯諸境現空，有見無見皆空，一切現成空。

「能持修觀自體時，善惡諸相皆解脫，苦樂二者齊消滅，修觀遠離諸覺受。能持行之自體時，親疏愛怨自解脫，貪瞋法爾自寂滅，正行遠離諸貪著。果之自相解脫時，輪涅諸相亦解脫，取捨二者皆寂滅，果位無希亦無懼。」不執著果位，也不執著一切，一切皆不可得，名為無希無懼。證得果位時，亦無果位可得。若是帶一個「蘋果」到處亂走，看來辛苦哦，而且蘋果會爛掉。以上是密祖對於見、修、行、果的方便教授。

第十六章 實相法中無差別，大印自在因道果

〈笛色雪山降伏外道的故事〉中，尊者和笨波教首領那若笨瓊互鬥神通時，曾有一段對神通很重要的看法：

尊者於是對那若笨瓊說道：「你雖然得到世間神祇的加持，獲得了一些普通的神通，但我卻是現證本來智慧而證取了殊勝成就的人」，兩者神通的本性不一樣，尊者是由智慧所顯的般若神通，那若笨瓊是屬於世間神通。

而〈惹瓊巴的開悟〉中，密祖在為弟子惹瓊巴宣說修證內涵時，尊者說道：「真正的證悟境界應該是這樣的。」於是就唱了一首「八種自在歌」：「顯境空性若無別，則於見地得自在。」各位在見地上得到自在了嗎？

不要搖頭，一搖頭就麻煩大了，但不搖頭又好像是虛偽。怎麼樣顯境空性無別呢？現前即是，不現前也圓滿。

「睡夢醒覺若無別，則於修觀得自在。」多年前時報出版社委託我編一本「布達拉宮」的書，該書的工程很大，是由大陸學界花了幾十年的時間，把整個布達拉宮七百多張的建築透視圖全部畫了出來，時報拿到出版權，委託我協助編輯。

當時因為此案，我特別到印度一趟。在達拉頓停留的時候，睡覺法王剛好也在，同團成員希望順道去參訪。參訪不免要問有關法的問題，雖然我本身沒有問題，但同行的人不知道怎麼問問題，所以只好由我替他們問，我就問了一個關於睡夢光明的問題。睡覺法王不愧是一個很殊勝的大成就者，他說：「睡夢光明，白天也是一樣的！」所以，是隨時隨地相續，亦即「睡夢醒覺若無別，則於修觀得自在。」

各位知道自己什麼時候睡著的嗎？哪一念睡著的？開始睡著的那一念是

昏沉，還沒睡之前是散亂，若不入於散亂，也不落於昏沉，叫作睡夢光明。入睡時是斷妄念，還沒睡是斷昏沉，保持斷妄念，但又不落入昏沉的那一念即是睡夢光明。

禪師有很多方法讓人家睡不著覺，比如有人問于右任先生：「你睡著的時候，鬍子是掉在棉被外面？還是裡面？」或者問：「你睡覺的時候，到底是用左手或右手摸枕頭？」所以開悟的時候，白天開悟還不算數，你睡夢時能不能自在？睡夢時自在也還不算，無夢時如何？所以奉勸各位一句話，要什麼時候才能真正自在？當成為植物人的時候你都是解脫自在的話，那就沒問題了。我沒有什麼門派，假如有的話，這是我門中的基本要求，雖然現在還沒有人達到。

各位，千萬不要想什麼我死的時候能自在，等你死的時候才自在，那我們大家眾生不是可憐嗎？必須現在的死有境界你都能自在才行。夢中自在是基本，因為你夢中得到自在，能夠轉夢自在的話，臨終就無礙。

「空樂雙融無差別，則於行持得自在」，空樂完全雙融無差別，空樂不二，現空大樂。空越大，樂越大；樂越大，空越大。空樂雙融無差別，則於行持得自在。

「現在未來無差別，則於實相得自在。」現在未來無差別，答案是不是一定是實相得自在？這只是名詞的用法，不一定確然要這種解答，但展現是這樣子，你也可以講明空無差別，實相得自在。

「心與虛空無差別，則於法身得自在。苦樂二者無差別，則於口訣得自在。煩惱智慧無差別，則於證量得自在。自心佛陀無差別，則於果位得自在。」

密勒日巴說道：「我的一切善行和皈依處，是完全仰仗三寶。因為我勤持皈依，所以才能得到今天的快樂和滿足。所以你們也應該虔誠的皈依上師三寶。不僅只是口中念誦，而是要從心底深處把身心一切交付上師三寶，這樣的『全體交付』，才能算是真正的皈依！過去我所說的種種證悟功德亦與皈依相應，以皈依為因行，才得到今日所說的快樂與滿足。」「若欲脫離無邊苦，應以身心作皈依，全體交付三寶尊！」

以下是尊者解釋「皈依境」之差別：

「敬禮至尊諸上師。

佛陀正法與僧寶，此三外之皈依境，我亦皈依得庇護，汝等亦應誠皈依。

上師本尊與空行，此三內之皈依境，我亦皈依得滿願，汝等亦應誠皈依。

氣脈明點三精要，此三皈依密境也，我亦皈依得成就，汝等亦應誠皈依。

顯現空寂與無別，此三了義皈依境，我亦皈依得證悟，汝等亦應誠皈依。」

第十七章　執我無明惱病因，無執法性病自空

笨教是屬於薩滿教系統，是一種原始巫法的系統，現在的蒙古及西藏有部分地區還在流傳。笨教在西藏地區曾經跟佛教產生很嚴重的衝突，後來失敗了，其後又經過數次的反撲，但都沒有成功，於是他們之中有一部分系統就吸收了佛教教義，重新建構其教法，模仿佛教很多的觀點及教相，寫了很多自己的經典，比如白笨這一系。

這種佛笨對立，及吸收轉化的過程，在中國也曾經發生過，大家如果有興趣，可以到圖書館翻閱道藏，你會發現道藏裡頭，很多佛菩薩的名字都被改成天尊，除此之外，經的其他內容都一樣，比如觀音菩薩被改成觀音真

人。佛教的教法系統很完整，其他宗教在跟它抗衡的時候，常常把佛教的經典纂改成自己的經典，比如把妙法蓮華經的內容保留，但把經名改換掉。

其他宗教文化系統會學習佛教的觀點及教相，佛教也會學習其他宗教文化系統的東西，比如西藏有九宮八卦圖，圖的最下方畫有殊勝三族：文殊、觀音及金剛手，這是因為西藏人自認為是觀音菩薩的後裔，而且西藏是文殊菩薩及金剛手菩薩教化的地方。又如西藏人認為九宮八卦圖是佛教的東西，但在中國人看來，八卦不是佛教的東西，而是道家的東西，是文成公主帶入西藏的。所以九宮八卦圖是道、佛的混合，然而西藏人卻認為很多占卜的東西是文殊菩薩傳下的。文成公主最主要是帶著佛教及其典籍進去西藏的，但也同時帶入很多道家及儒家的典籍，所以西藏把這整個中國文化都一齊吸收。

這就像在中國，小乘及大乘佛法幾乎同時一齊傳入，所以中國人會認為佛法一開始即是小乘、大乘同時發展。在日本也有類似的情況，比如日本有一套很有名的「九字真言印」，所謂：「臨兵鬥者，皆陣列在前」，日本人認為這是密教的修法，因為這「九字真言手印」是配合大日如來的。但其實這九字印源自東晉葛洪的《抱朴子．登涉篇》：「臨兵鬥者，皆陣列在前，常當視之，無所不辟。」，是東密受到中國道家的影響而發展出來的，這在日本是屬於忍者上、中、下三忍人中的上忍工夫。一般所看到的是下忍的忍者，上忍是修法的忍者，是有法術的。日本阿含宗的桐山靖雄一開始也是修九字印的，所以九字印其實是佛道混合的一種修法，我們能分辨這個九字印訣是佛道混合，但他們的分辨力就不大行。西藏人不大能分辨九宮八卦圖中的佛道混合成分，同樣也是文化綜合的結果。

西藏笨教很像中國的茅山派，共同的特色就是法術很厲害，比如他們的降頭、放蠱之術都很高明。別看密勒日巴祖師能勝過他們，一般人跟他們比可能不堪一擊，比如他們有冰水術，拙火練的比你還厲害，所以你寧願跟喇嘛或仁波切鬥法，也千萬不要跟他們鬥法。基本上他們的法術都很厲害，而且他們有很多方法，須從小就專練。通常理論懂得多就不容易高明，理論不大通達卻從小一直精練就很厲害。不過神通法術真的要修到最高境界，就一定要理論通達，精博兼備，這方面可以參讀我的著作《佛教神通學大觀》。

神通的修習，專精者趨入快；但要究竟的話，通達者更快；而要圓滿的話，有智慧者最快。我常講一個關於神通的比喻，即孫悟空為什麼鬥不過楊戩？因為一個七十二變，一個七十三變，兩個人工夫一樣，接下來就是靠知識跟智慧了，所以密勒日巴就是透過智慧降伏那若笨瓊的法術。

有些仁波切有很特別的法術，但不見得是從佛教裡學來的，因為有可能他老爸就是笨教的法師。然而就如同一貫道也拜觀音，也信彌勒佛一樣，一貫道內在的體系跟佛教卻是大相逕庭，完全不同，對一貫道而言，釋迦牟尼佛是無極老母派下來的。正如我們去印度朝聖或旅行的時候，走進印度教的寺廟可能會充滿了感動，因為你看到一尊莊嚴的釋迦牟尼佛像就在那邊，你以為是釋尊教化降伏了它們，但是當你仔細一看，好像不大對，因為主尊不是他，他是印度教主尊的化身，被印度教主尊收服了。再如印度教有Kali神（吉祥天母），長得卻跟佛教的吉祥天母一模一樣，兩者拜的好像是同一尊，事實上卻不是，因為長期以來，修法不一樣，體性上已經不一樣了。很多佛教徒不清楚這個緣起，所以一走進印度教的寺廟，看到長的像釋尊或吉祥天母的，就一直拜，有人說這樣會得加持，是會加持，但是加持什麼不知道，就是怕它亂加持，所以還是希望它不要加持。

很多人說：「都一樣嘛！」一貫道也拜觀音，就如現在有很多的新宗派常講：「唉呀，一切宗教都一樣！」以前我遇過一些人，他們對我是又歡喜又煩惱，歡喜是因為他們覺得我好像很通達，能夠了解他們；但煩惱是又覺得我為什麼這麼頑冥不靈，為什麼老是堅持佛教的東西，他們就是認為：「不是一樣嗎？都一樣呀！」我說：「不一樣！」它們是梵，是以梵為中心，佛法是以空為中心。這個不一樣的地方他們很難理解，但不一樣就是不一樣，因為整個對實相的認知是不一樣的。

有很多在佛教裡受過很好訓練的學佛者，他們在看到某些蘊含大梵思想的書籍時，他們的反應是：「一樣呀，跟佛經講的都一樣呀。」但在我看起來，每一頁都不一樣，而他們看起來為什麼一樣？這很麻煩的，真的是很麻煩，為什麼？因為他們看不出來裡面有一個叫作「神我」的觀念藏在背後，卻說它們講的都一樣呀，它們也講：「放下呀！」比如印度德里有一個新的宗教，它們的教堂是白色的蓮花，很漂亮，它們就說：「所有宗教是一樣的！」所以它們為了把所有宗教的藩籬打破，便創立一個新宗教。殊不知任何要統一所有宗教的教派，其實就是要人家什麼都不要信了，就信它這個新的就好了。很多宗教都有這個特質，但佛法不是這樣，佛法不會講「所有宗教都一樣」這樣的話。

不過佛教徒比較好的是，如果因緣恰當的時候，他能扮演很好的外道，比如本章要講述的〈一個垂危笨教徒的復生〉，就是密勒日巴祖師扮演笨教法師，用笨教的儀軌跟方法度笨教徒。很多基督徒喜歡跟我對話，因為我會跟他們講《聖經》，而且講到他們感動得哭出來，我常跟他們講神從心中活出來的道理，人的心就是神的殿堂。我年輕的時候對《聖經》很熟稔，《聖經》跟《金剛經》齊讀，遇到騎腳踏車來傳教的摩門教徒，我跟他們談《聖經》是把《聖經》談成佛經的。跟他們談的結果是，他們也同意「神以前還有神，我們自己以後都要當神！」這個結論是我要講的，但基本上我比較擅長的是我把我要講的話，變成對方自己說出來，然後讓對方覺得是他在教我，意即讓對方把我的結論講給我聽，來教導我。以下我們回歸正傳。

話說有一個名叫那普的地方，那裡有一富人，這位富人原是一位極虔誠的笨教徒，他有許多兒女，此時正染上了一個極嚴重的疾病，他家中正在作廣大的法事。

尊者說道：「我既已來到此地，就請你們給我一點食物吧。」他們就選擇了一盆食物送給尊者。此時一大群親朋和醫生都圍繞在富人左右探視病況，病人一見密勒日巴的尊容，不由生起極大的淨信，他抓住尊者的衣服說道：「師傅啊！我是一個過不了今晚或明早的人，請您慈悲救我一下吧！」說著眼淚簌簌不住的滴了下來。

密勒日巴說道：「你能對我有這樣的誠信，緣起兆頭實在很好。我如果把你的病治好了，你能否捨棄今生的一切來專志學佛呢？」富人答道：「如果這一次我能痊癒，無論師傅怎樣吩咐，我都會遵行不誤的去修學佛法，我的兒子們也會皈依佛教。」

於是尊者說道：「既然如此，你應該知道這些牛羊縱然被宰殺去祭祀（笨教的神），但是對你的病不但毫無幫助，而且只有使病況增惡，所以你們要把這些牛羊全部放生！至於你的病，我有把握能夠治好。」病人說道：「作法事需要些什麼，請您吩咐。」

尊者道：「我作法事，根本不用任何供品。你現在且聽我唱誦這一曲笨教的儀軌吧。」於是尊者就仿傚笨波教的歌調和模樣，唱了下面這首「祭神歌」：

「索，雍雍，雍雍，雍雍哦……

（劫）初世界初成時，外顯諸有初顯時，此心執受外境故，諸大合成眾蘊聚，三界城堡得形成，由此而有輪迴事。執取內心諸相故，空明明體顯眾相。」這裡講世界初成，諸有初顯時，因為心去執著外境，而有三界城堡的成形，這是密祖借笨教的宇宙觀而講的。但在《楞嚴經》裡，對於心物到底如何互動，則有另外的觀點，即「性覺必明，妄為明覺」，由本來無分別，現空一如的體性裡面，妄想分別執著，這一分別執著，便切開自他，分別心會讓你去找一個自我來跟這個世界對立。意即當分別心生起時，它見到外境，這外境不是我，所以便找一個我來跟它對立，由此，法界本來空明的明體，便會顯起眾相。

「此為一切諸煩惱，各種業惑之根因。」這叫無始無明，而無明起始在何時呢？在無始！而無明者，一念也。故曰無始無明，無明無始，無明一念，一念無明。這一念即是分別心，有分別之照用，這一念是最根本的，在這之前，時間沒有開始，所以是無始；又在這之前，沒有明與無明的差別。所以這一念開始，有無明，無明切割明也。是以《楞嚴經》言：「性覺必明，妄為明覺」，「性覺必明」是明行系統（其實性覺必明，並沒有明行或不明行，所以這裡講明行系統也只是一個假名的說法），「妄為明覺」是無明系統，故「妄為明覺」之「明」乃是無明，而「性覺必明」的「明」是遍照光明（遍者，無分別義；明者，明空不二義）。「妄為明覺」是明與覺相對，是以明來見覺，然而「覺非所明，因明立所」，所以這個「所」乃是妄立的對象，何以故？覺非所明的對象，是妄立這個所，然後由所來立能，即「所既妄立，生汝妄能」，能（主體）所（對境）相對，一切分別遂紛起矣。

從十二因緣來說，其理亦同，所謂「無明緣行，行緣識，識緣名色，名色緣六入，六入緣觸，觸緣受，受緣愛，愛緣取，取緣有，有緣生，生緣老死」，什麼是無明？即一念無明也，就是分別心，由分別心產生絕對的生命意志，求生之必「行」。我以前講過「混沌理論」，這裡再講解一次，「混沌理論」有兩個基本特質，其一、是對初始條件的深刻依賴，以佛法來講，即是緣起法，也就是宇宙或法界中的一切現象都是因緣所生，一切法是因緣所生法，因緣生法是一切理則中的理則。我們生活在這世間裡面，因緣所生的理則，它是隨順於上一層的因緣法的，但我們會以為這些理則是一切的因緣，這是錯的。比如時間跟空間其實是我們這世界眾生所顯成的共業，而在他方另外一個宇宙來講，時間跟空間不一定是同樣方式在運作。男女的性別也一樣，是緣起的，所以無色界的生命只有四蘊：受、想、行、識，色界跟欲界的生命才有五蘊；又色界沒有男女相，欲界有男女相，欲界的男女相是我們自己分別出來，欲界眾生由於有欲的需求，所以把對象分成男女，是依欲而發展出來的。

又如一切生命本來不會死，像單細胞的生物只有分裂，沒有死亡。為什麼人類會老化？會死？老化本身就是一個因緣法的現象，生命複雜化以後會造成老化，會造成死亡，為什麼？因為生命複雜化的結果，會同時走向特殊化的僵局，用世間的經濟現象來比擬，就是一個東西被綁標之後，它的品質可能會比較差一點，這就如同機場工程被特定人士綁標之後，競爭者少了，裡面就會有弊端，而我們身體就是這樣一個弊端叢生的地方，否則SARS就不容易傷害我們了。

SARS本身就是因緣法最好的顯相，為什麼？我們現在心臟的細胞不能移植到屁股上，就是綁標的結果，即功能及型態都被特殊化、複雜化了，複雜化的結果，就不能像壁虎一樣，尾巴被切斷了還能重生。因為複雜化，特殊化，就會老化、死亡，而這一切都是為了某種需求。雖然欲望使人老化，但人類也用這種複雜化及特殊化來延續生命，不像單細胞生物它可以自體分裂。

SARS的事情也是這樣，第一，對初始條件深刻依賴。因此，不管初始條件的變異有多小，即使是極為微細的變異性，短時間內也許看不出來，但這種變異一旦達到某種範疇之外，就會產生完全絕然不同的狀況，現有的系統就全部崩潰，這個道理可以用在許多緣起現象的討論上面。比如同卵或異卵雙胞胎，他們後期的發展可能會很接近，也可能會很不一樣，因為只要他們的初始條件有些微不同，便會在某個時空點上，開始展現出彼此間巨大的歧異。

「混沌理論」的第二個特質是不斷的自我複製。什麼叫不斷的自我複製？一切生命都擁有根本我執！任何生命都有我執！生命的我執跟因緣法，形成了我們現在生存的這個世界。所以我們的心臟不是依於某種設計而來，而是我執發展出來的，它是這樣的緣起條件裡發展出來的。就如以兩棵種在同一地方的植物而言，每一顆植物都有要求自我存在的我執，現在互相碰在一起，互相又要存在，結果到最後產生突變，它們兩個合在一起，變成一個東西。所以為什麼我們人類的腦細胞裡頭，有植物性特質跟動物性特質？因為植物性細胞跟動物性細胞在人的腦細胞裡已經合在一起了。

SARS病毒亦復如是，它透過因緣法及自我尋求存在的本能，不斷產生突變，但是人類踏過那條它們生存領域的溝線，它們為了生存下去，經過無數次的嘗試，最後終於找到在人體內生下去的方法，SARS就跑出來了。剛開始這種病毒並不能生存在我們身上，但是當它們進入我們身體的系統裡面，只要一顆病毒活下去，就開始透過因緣法及自我生存的無明本能，不斷的進行複製，最後終於造成我們完全崩潰，因為我們無法與它共存。愛滋病不也是這樣子產生的嗎？

然而不管是SARS、愛滋病，或是伊波拉病毒引起的疾病，其實都是人類的我慢所造成的，因為人類自認為這些都沒問題，我們可以控制一切，所以那條界線人類就踏了過去。但是宇宙中沒有任何生命是會停下來等待死亡的，小至細菌、病毒，它們也會不斷要活下去。所以說，人類真的是要謙卑呀！抗生素若是這樣毫無忌殫的濫用下去，細菌總會找到生存下去的方法，人類有一天終會面臨無藥可用的困局。而土地不斷的以農藥去摧殘，土壤酸化而變質，病蟲害產生抗藥性，農藥越下越重，最終導致百果歉收，病害流行的後果。一切都是緣起法！人類的無明指導貪、瞋、癡心，使人類變得異常驕慢，現今世界種種光怪陸離顛倒錯雜的現象，豈不是人類內在驕慢狂妄的投射與顯像？各種層出不窮的流行凶疫，正是這種驕慢反射在外境所招來的挑戰。

「無明緣行！」無明是這一念分別心，行是絕對的生命意志。生命體都具有絕對的生命意志，要保護自我，讓自我生命延續，而不管是你要保護自我生命，或是轉換成保護下一代，都是自我在求生存。整個根本我執的最核心點就是無明一念，無明一念透過絕對的生命意志，由本我內層向外擴散出來，即由內層很無明的爬蟲類腦，向外一層層疊上去；到最後我們最聰明的部分是大腦外層的皮質，隨著皺紋越來越多，人越來越聰明，但是整個生命起始點還是來自根本無明的我執。

所以開悟是什麼？開悟是我執這一念沒有了。我執沒有了，一切運作就完全不一樣了，這時是以無我開始想的；若沒開悟的話，則是以我執開始想事情。

無明一發起，就啟動絕對的生命意志，分別心啟動就看到外界，內外切割就出現了。看到外界，進一步又啟動分別：「不對，這不是我！」所以要找一個我，但找不到時怎麼辦？這時候就像螟蛉一樣，去搶奪人家的孩子來作子了。也因此，人類一直不斷想要保護的那個自我，一開始就是個「假子」的意識，這個假子意識再不斷的跟外界產生互動，就產生了日益龐大的習慣積聚成的意識體，而這意識分別主體的核心是無明，根本沒有我，但是它假裝為「我」。

假我意識組裝完畢之後，它進一步轉成驅動程式，進入受精卵，催化轉型成名色，名是精神體，色是物質體；就欲界眾生而言，名色再進一步開發出六入，六入發展出六觸，觸有感受，感受出生分別心（愛），愛有喜歡、不喜歡、不在乎三種。愛故有執取，執取則生有，有故感生、老病死不絕，這就形成了三世輪迴，人類就是透過這個因緣模式不斷的落入輪迴。

無明一念開始，時間就開始了，這一念就是時間的開始，故名無始，它沒有開始，但這一念開始了。而自我是從外界找來的幽靈人頭戶，是無明一念發展的結果，不是真實有我。

「由於執著諸相故，有漏世間虛幻成。如是執著父母相；認取外境以為父，將此心意執為我；執受母相以為實，心動造作種種業。父母相合產兒女，生子號十二因緣，生女名為八識聚，二十兄妹如是出，家人老小廿二人。由於夫婦關係故，八萬四千煩惱生，三百六十疾病起，八萬魔鬼障礙生，內病四百零四生，此為我歌之初章，講說家人之種類。」這是講道理治病法，道理通了，病就沒有了。因為心扭曲，道理通了心就直了，智慧就打開了。同樣的，你們若把無明的心病治好了，很多事情就好了，也比較不容易染SARS。SARS在體性上跟你、我一樣，完全是佛，沒有分別的。你怕，它也怕，所以讓它昇華成光明的佛陀吧。況且，每一個人的身上都有癌細胞，你若每天觀想每個細胞都是佛，至少不染新業，但有些是過去的業緣，那是另外一個問題。

在SARS等疫病流行的期間，希望各位每天念經或講法給病毒聽，它聽得到的，迴向給它們。SARS流行期間，我也為此而持續修法。

尊者這樣揶揄的傚效笨波教的念誦腔調和祭儀方式，予病人以大力加持。富人的垂危重症，竟霍然不藥而癒。他的兒女親朋、奴僕和善知識等，大家都歡喜欲狂，雀躍萬狀，難以形容。大家因此對尊者生起了不動搖的信心。

（註：二〇〇三年，全球SARS疫情緊張，洪老師及弟子大眾，為迴向SARS疫情，發起「百億藥師陀羅尼運動」，聚合眾人持誦一百億遍藥師咒，為地球上的每一個人持誦一遍藥師咒，迴向一切疫疾平息，生者平安，人類與病毒傷亡皆能往生淨土。至二〇一六年止，此運動推動持誦藥師咒總數達四千多萬遍，其中洪老師個人持誦達二千三百萬遍，為台灣的每個人都持誦了一遍藥師咒。）

第十八章　無死瑜伽大手印，明空無魔無怖畏

五長壽女在蓮師進入西藏時就被降伏了，所以〈長壽女神之侵襲〉這篇可以把它當成示現。基本上，她們瞋恨的狀況還是會存在的。所以每一個人雖然都是佛，但是還是要時時調心，修行人的自心要隨時隨地照顧著。

「我懼無常死法故，來此專志習禪觀，勤修無死心本性，已證精要實相義，輪迴法爾自解脫，內心明體赤裸裸，無依無動極澄清，光明空寂（離言思），於此證悟得決信，已於生死離怖畏。」這是無死心性所現的，超越一切怖畏的智慧。

所以看看各位心中有沒有恐懼？對於生死，對於一切，心裡面有沒有恐

懼？是不是能夠布施你的身心、你的頭顱、你的知解，像密勒日巴尊者這樣子呢？現在可以把我們的頭顱、雙臂、心、肝、脾、肺、腎，我們的腸，所有的皮肉、骨髓、手腳，全部都供養給SARS，這就是修施身法，供養無畏大供養，希望它們都同證圓滿的心境，能夠幫助人類，人類也幫助它們。

為什麼我會說：「沒有敵者」？降魔者，無魔可得！

第十九章 實相大印中陰空，智道淨土依願行

〈中陰救度密法的開示〉：吉祥長壽女等五姊妹跟尊者講：「從前我們的上師蓮花生大師，初入西藏的時候，我們前往侵擾攻擊，但被他的神力手印壓於掌下。因此我們以後就立誓服從他的命令，把我們的命根精要心咒供奉了他。那時我們也聽聞了許多顯教的因果報應道理。在印度的孟巴札著屍林中，也曾從學幾果恰大師和禁行尊者學巴拿波，得大壇城灌頂，廣受金剛真言乘各種密法。依此因緣，我們已成為堪能的密乘法器。這一次我們害了嚴重的疾病，親自經驗到病苦的難忍，心中極為畏懼。因此推想到地獄眾生的極苦實在是剎那亦難忍受，因此懇祈尊者傳我們一個妙法，一方面能

遮除各種苦痛和怖畏，一方面能指示我們現證四身佛果之道。」什麼是四身佛果？法、報、化三身，加上法界體性身。法、報、化三身具足，名為法界體性身。這些山神、山鬼它們也很恐懼死，所以這是恐懼的心驅使修行的典範。

她們就用一個白色的銀鏡，內盛金色蓮花及珠寶，鑲以各種珍玉，以此作為曼荼羅供奉給尊者。尊者說道：「女郎們啊！你們對我如是恭敬誠信，般重求法，我當然要以傳承的力量來加持你們，現在就請你們準備薈供的供物吧！」於是當天夜晚，長壽女五姊妹就準備了六十種食物，堆聚在曼荼羅上作為供養。尊者就依瑜伽耳傳空行母的儀式為她們加持和灌頂。（於灌頂時）尊者即為宣說解脫中陰險道直示三身（佛果）之口訣，以及往生大樂淨土之法要。

尊者作此歌曰：「閻浮勝地天竺國，巍巍大寺毘紮馬，一切諸明出生處，（遐邇聞名大學府）。北門守護班智達，人中獅子難比倫，能摧諍者令腦裂，立破無礙大力士，明曉口傳四部續，已得共不共成就，此非那諾大師耶？那諾大師有長子，難行能行具堅毅，馬爾巴譯師是其名。父師羅札之盛名，如大雷震動四方。恩師對我叮囑言：『釋迦教法末濁時，人多短壽少福報，魔緣障礙難具說，人皆匆忙無暇故，智識無邊難決了！續部廣大難盡知，多學廣聞無利益，汝應一意專心修！修持精粹心要法。』我亦孜孜捨懈怠，如師訓示而行持，常依山居住茅蓬，身依苦行習禪觀，因此覺證少許生。」

「噫戲！夙根善女人，應觀心性明朗朗！吾輩六道諸有情，應知中陰六法根」，中陰六法根是指六種中陰。中陰本來是講死亡跟投胎這中間過程所現之身。然而到底有沒有中陰身呢？就早期佛教而言，部派的解說不同，有些部派不承認有中陰身，但後來在解說生命相續的過程裡面，中陰身被大部分部派認為是有。到了密教，尤其是所謂中陰救度密法，它發展成所謂六種中陰之說，即㈠死有中陰：人初死之時，入於法身境，但由於人死時是陷於昏迷，故未能認取此法身光明，這時候就叫死有中陰。㈡中有中陰：從昏迷醒起時至投胎前，這中間所存有之中陰身，叫中有中陰，即是一般所謂的中陰身。㈢投胎中陰：投入名色之中。㈣生有中陰：我們現在人身活著的這一階段。㈤禪定中陰（道之中陰）：這是修禪定時，由欲界中陰轉化而成。㈥睡眠中陰：它跟死有中陰（輪涅中陰）是很類似的，你睡中能自在，死的時候自然能自在。

又禪定中陰是會變異的，我們現在身體內是欲界中陰，當我們修得初禪時，欲界中陰就轉成初禪中陰，修到二禪就是二禪中陰。但有二種人沒有中陰身，佛與阿羅漢都沒有中陰身，若有人說釋迦牟尼佛是中陰成佛，這是不對的說法，他沒有中陰身，怎麼會中陰成佛？

但有些是不顯中陰就直接投胎，而不是說沒有中陰。另外，菩薩有沒有中陰？有，但說法不同，比如初地以上菩薩有法身，但也可以說它是不斷變異的身。

歌集後面對中陰六法根的註解是：「輪涅中陰」、「生死中陰」、「道之中陰」、「睡眠中陰」、「生有中陰」、及「投生中陰」。

「有情往返三有道，流轉輪迴三界中」，有是自我的存有；三有是欲有、色有、無色有；界是存有所存活的界區。

「險徑三處難可避，狹道險路三旅客，卻有至親來相迎。（如是至親是誰耶？）本來圓成大樂是，若未相遇此迎客，必為閻羅之奴僕」，三種旅客中，第一種是具有法訣又能修持的人；第二種是有法訣卻未曾修行的人；第三種是既無法訣又未曾修行的人。第一種人對生死之幽途，可怖之險徑，和魔鬼之埋伏可以全無怖畏，依修持之精要必能解脫。最後一種人就是普通的凡夫俗子，她們一旦陷入中陰險道，自然就會驚慌苦惱，為魔所乘，於三界輪迴中像水車一樣，無間歇的流轉生死。第二種人雖亦有前述之怖畏，及陷入險境之驚懼，但卻有法訣能除去這些驚怖，使諸魔障難變成順緣及僕從。

「東西尋找覓路途。若無三軍相伴隨，難避險境諸恐怖。埋伏暗處魔匪眾，將以繩索來縛汝。中陰幻境千萬億，惑人音語陷人迷，誘入錯誤之道路。」中陰幻境乃自心所顯境。中陰所顯的難避險道，就如同你夢中所顯的境界，夢中所顯的境界，就是你自心所顯的境界。你自心的業顯現出來了，恐懼、貪執也顯現出來了，它就會抓著你，即顯現成某種境界來蒙蔽你、欺騙你。所以我們在中陰境界最怕的是，不知自己在中陰境界，很多在中陰身境界的人根本不知道他自己已死掉了。

「『生死中陰』七七日，身受冷熱各苦痛，此後業力所使故，復墮輪迴之牢獄。若欲解脫生死獄，應於『輪涅中陰』時，認持實相大手印，深觀（佛性）根本見。」我請問你們，你法爾一念，你沒有冷的經驗，你知道冷嗎？所以冷熱是相對應的，是因緣法，這些相對境界都是輪迴道中你深沉的經驗，也是你的苦處，你的痛處呀，你業障所生。

「輪涅中陰」應是前面所講的「死有中陰」，而「實相大手印」則是法爾實相，即法身光明。光明的一念必須從那裡開始？在死前的時候！死前的那一念要清楚，死的那一念也要清楚，死後的念也要清楚，念念都相續的清楚。如果你能完全清楚，完全無念而明，這一念就入於法身當中，就不會落入後面的中陰輪迴，就直接在光明的境界裡面，安住於明空不二當中，入於法身。

但很多人以為這時所入的法身是成就法身佛，有這種道理嗎？難道死有中陰時他一念入於法身，就究竟成佛了嗎？很多的教授者在這裡講解不清，不是這樣的。在娑婆世界這一期裡面，只有一個釋迦牟尼佛完全成佛，證成虹光身亦不能說是成佛。所以有的說法這樣講：「我們這個佛能夠度三千人！」那有只度三千人的佛？

所以在死有光明時，若一念他入於涅槃，而沒有再現起大悲心度眾的話，那就等同於阿羅漢。初期禪宗的修行者，有誰說要去什麼淨土的？沒有！所以說，那也是這樣子的。因此，不管是密法或禪法，雖說是大乘道，但要小心，說是大乘，有時候它到最後是小乘，因為他入涅槃去了，不再起行了。我以前講過「七地沉空難」，即七地菩薩有一個難，會入於沉空，即入於法身，涅槃去了，他不再生起大悲。

有沒有進入金剛喻定的法身境界，然後就不顯報身的？有這樣的佛嗎？沒有！入金剛喻定還要再現海印三昧自受用大樂及他受用大樂的報身，並且還要以首楞嚴三昧現起無邊的化身，但佛他不是這種中陰境界，而是直接以法、報、化三身的狀況來顯現。

「『生死中陰』顯現時，心之明分與用故，應於起、正勤修觀。」「生死中陰」應是我們前面所講的「投胎中陰」。生起次第的觀法要很清楚，這時投胎的話會很準確。各位將來怎麼投胎，現在就要先投胎完畢將來投胎才不用選對象，選佛就好了，各位現在是佛，佛會決定的。不要等那個時候才做選擇，會手忙腳亂的，現在就先決定好。

現在就先決定好，要怎麼作？現在是佛！你現在是佛，相續是佛，而佛投胎一定是佛，所以是現在決定！

傳法給各位，各位如果沒有廣心供養，沒有大心供養，這不可以的。傳佛法給各位，各位卻不想成佛，那很頭痛的。各位的心要成為法器，因為這是傳大法，所謂「自心實相即是佛，從此決定無有二，此是究竟三昧耶！」什麼叫究竟三昧耶身？「決定是佛！」這叫佛身！就算SARS來恐嚇你的時候，你還是佛，而且要跟它講：「你也是佛！」

決定心起，決定成佛，決定三昧耶，即是灌頂。所以從此之後，要知道自己究竟是如來，此心決定！

因此，我們的生命在作什麼？就是來完成「決定如來！」這樣的一個圓滿的過程。已決定！每一個當下都在完成。

「自性『道之中陰』時，本性智慧堪認持，應依耳傳口訣觀。夢境『睡眠中陰』時，應攝習氣歸入道，應修光明及幻身。最後『生有中陰』時，三身現量顯現故，應住三種之淨土」，三種淨土可能指法、報及人天淨土。

「此時若未能證得，『投生中有』顯現時，依於清淨之願力，緣起因果不壞故，當獲暇滿之人身，從往昔業得醒覺，能於道證得究竟，無需長時之等候，必獲解脫無少疑。汝儕稀有五女郎，殷重再三求斯法，一心至誠恭敬故，感我說此中陰法。至尊馬爾巴若來此，難說較此更深法！」在中陰境界時，一定要現成大威德——閻魔敵！降伏閻魔王。一定要有這種決定，但是讓他也成佛吧。要有這種自信！這種決定！

第二十章　心朗明空法性會，如水注水聖讚聖

〈二大成就者之會晤〉是講大成就者相見的禮儀。

尊者密勒日巴帶領著惹瓊巴及其他徒眾，在雅龍的著普洞宣講心要密義，轉大法輪時，印、藏一帶共有五位得大成就的瑜伽士，那就是：那多的古汝彩清，亭日的當巴桑結，尼泊爾的洗那巴若，雅龍的密勒日巴和印度的達馬菩提。達馬菩提是法菩提，達馬是達摩（Dharma），法的意思。

洗那巴若特別迎請達馬菩提到巴波堡來說法，許多尼泊爾和西藏的人民都來朝禮達馬菩提。尊者的徒眾們也都想去朝謁，（尤其是）惹瓊巴對尊者說了許多理由，竭力勸請尊者去拜訪達馬菩提。惹瓊巴的個性比較外向好

奇，他自己想去看，但是又不好自己單獨去，只好推著密勒日巴祖師帶大家去，但密祖沒有興趣去湊熱鬧。這跟我慢無關，因為對密祖來講，他只是去走路，除了走路之外，沒什麼事情，一天到晚見法，大家見的都一樣，所以不用兩面相見，即使相見了，也是互相數對方有幾根白頭髮而已。何以故？尊者就唱了下面這首歌：

「至尊上師加持故，大成就者數數出，稀有佛法大弘傳，眾生安樂顯吉祥。」「皆見此心明朗朗，皆得禪觀之自在，自明心性皆證得，神通變化皆具足，空性大悲皆圓滿。渠等遊戲顯神變，出口成歌我最勝，忍苦斷貪我第一。彼等雖為成就者，未見特殊功德故」，「未見特殊功德」並不是看不起別人，而是指大家都是同樣的證德跟證量。所以「我今不欲往朝禮，子等確應往朝謁！非我見彼有過失，年邁衰朽難行故，願於來世得見彼，烏金剎土淨國中。（寄語吾子諸徒眾），應具決信莫生疑。」惹瓊巴說道：「如果他們並沒有什麼過失，而尊者不去拜訪，則人們一定會說密勒日巴是因為驕慢和妒忌的緣故而不去的。所以無論如何，您一定要前去才好！」尊者以歌答曰：

「祈請諸大成就士，加持罪、墮得清淨。他人閒話之是非，令己心亂生疑惑。專心一志習禪時，遊訪多處成障礙，依止上師尊者時，造作太多護法怒。修習深密方便道，心有二意難成就。大師雖然具加持，徒僕過多招煩惱，寄語吾子惹瓊巴，應隨弟兄朝大士！」

惹瓊巴道：「尊者若不前去，就會造致許多人的毀謗，使他們多造口業。所以您無論如何應該前去！」尊者道：「好吧！我們就同去參訪達馬菩提吧！」惹瓊巴提議道：「印度人都非常喜歡金子，尊者此番前去，最好准備一點金子。」密勒日巴以歌答曰：

「祈請諸大成就士，令我窮士捨貪欲，所為皆與佛法合！所為若不契佛法，修菩提心有何義？三昧生時無需伴，禪觀若能自解脫，自然無需伴相隨；此時若仍需伴侶，多年修觀有何義？密勒無需諸財寶，否則出離有何義？達馬菩提不需金，達馬若喜愛黃金，得大成就有何義？惹瓊多著莫重利，惹瓊若貪世間利，依止上師有何義？」

尊者對弟子們說道：「你們先行，我隨後就到。」當他們行近巴波堡的時候，尊者以神通力將身體變成一隻水晶寶塔，像流星一樣毫無滯礙的從空中飛掠而過，降落在眾弟子群中。尊者就同著眾弟子及朝拜的許多人們，走近達馬菩提的面前，印度的達馬菩提看見尊者行近，立即從法座上下來，向西藏的密勒日巴恭敬頂禮。因此大眾都覺得密勒日巴（的功德）比達馬菩提還勝一籌。說高說低，比勝比劣，這是世間人的見解。

於是兩位大成就者就同時坐在一個座上，很愉快的交談了半天。達馬菩提說道：「尊者啊！您能常常在心曠神怡的愉快心情中一人獨居，實在是甚為稀有啊！」尊者以歌答道：

「祈請上師化身佛，耳傳大士成就者，祈賜悲護大加持。印度（成就之大士），達馬菩提為主客，藏、尼善信具根者，今日盛會齊聚此。西藏密勒瑜伽士，今唱智慧覺受歌，若不歌此覺證曲，成就化身人不識。」

「彎曲諸脈以氣直」，修持口訣如下，希望你們終身受持：「心如（心安住於真如）、氣鬆（呼吸完全放鬆）、脈柔、身空、境幻」；修持時是「境幻」，成就之後則是「境圓滿」。一般人的脈輪不只是彎曲而已，並且是擠扁了，而很多人是以修「寶瓶氣」的方式去衝開中脈，但我教你們的方式是呼吸放鬆，「氣鬆」才能透進去，「脈柔」是氣足了才能調整，所以「彎曲諸脈以氣直」是彎曲諸脈要呼吸放鬆，氣鬆無執則能身脈直。

「顛倒五氣以睡正」，睡正的方法除了妙睡功之外，也可以用中脈呼吸法，口訣如下：「睡時中脈開，頂輪置眉心輪，眉心輪置喉輪，喉輪置心輪，心輪置臍輪，臍輪置海底輪，海底輪置於空，空置於法界體性（不可得也，無生無滅也）」，自在呼吸，五氣即順了。睡時整個身體要放鬆、放空，五輪放下，心與空相應，一切無執，中脈自在呼吸矣，（詳情請看《現觀中脈實相成就》一書，全佛出版社。）

我只教你們成佛的方法，我活著只有一個目的，就是教大家成佛，其它我沒事了，我不是為了教大家“one more, two more”健身養生而來的。

「五垢染界以火焚」，修法如下：先以前面所授中脈呼吸法，五輪放下，身心放鬆、放空，一切無執，令呼吸自在出入於中脈，諸脈自直。然後在海底輪的位置，想像彼處有一極細之針，針尖之處，不斷有一個太陽、二個太陽、三個太陽、……無數個太陽，持續不絕的融入，太陽觀想的的越小、越細、越明、越空越好，即小、細、明、空，能觀想的越小、越細，你的心就愈明利，越明、越亮，越沒有執著，就越空。

如是一個太陽、二個太陽，乃至無數個太陽，一一融入一個小針尖，隨時隨地安住在那邊，然後放空，自然拙火成就。

「五毒煩惱樹莖折」，修法如下：頭砍掉，手砍掉，心臟挖掉，所有的執著都拿掉即是。

「業氣妄念諸敵人，皆於中脈內轉正。」法界無我，一切同體，沒有敵者，則一切業氣妄念皆於中脈內轉正，故「能障怨敵之勇士，不與惡朋作牽纏。」達馬菩提說道：「您所說的降服怨敵之法，實在殊勝，但是與此法相應的順緣助友卻又是如何呢？」尊者答道：

「祈請成就諸大士，顯見內伴祈加持。清淨五脈之慈母，相會慈父五淨氣」，五淨氣在清淨五脈中流動，即是子母光明會，就是光明的雙運。

「出生清淨五界子，洞見心之五淨分。如是成就之大言，我於超勝之佛地，中道越量宮殿處」，越量是超越一切之量，越量宮即金剛法界宮。

「虹光四輪處宣說」，四輪是頂、喉、心、臍。輪脈若要通，心先要空，這才是究竟法。

「如幻化網之軍旅，無作無執而持戒，一切顯現皆明體，依此因緣見自性，洞見本來面目故，親見自心之友朋，三界一切諸眾生，我此心性普遍滿，此即行者之親朋。如是善友菩提心，永無離聚心安樂！」

達馬菩提聽了十分歡喜說道：「瑜伽行者的覺受實在是很難用語言文字

來表達的。但是請您替我們講說一下見、行、修的法要吧！」為酬其請，尊者歌道：

「若能觀心無散亂，何用聊天扯閒談？覺受明體若相合，何用傻修與癡睡？若知緣起顯現理，八法慾行自息滅。此心若能離貪悔，何用偽作與矯飾？傳承加持不入身，雖然勤求與精進，難證輪涅法身智！」什麼叫「傳承加持」？心的體性！心的體性與傳承相應，叫作傳承加持！心的體性與上師的體性相應，叫作傳承加持！所以傳承加持是在一剎那間成就的。而什麼叫相應？相應即瑜伽也。舉例來說，一個鏡子跟一個鏡子相照，會相互攝入，無窮無盡。以水注水，名為相即；以鏡照鏡，名為相映。水注入水，同一體性；鏡照於鏡，互相攝入。《華嚴經》裡有一偈頌：「能禮所禮性空寂，感應道交難思議，我此道場如帝珠，一切如來影現中」，帝珠是帝釋之珠，帝釋天王有一個寶貝叫如意珠（即摩尼寶珠），這如意寶珠作成一個珠網，若有一物影現於一珠之中時，亦同時影現於一切珠，珠珠相映，而我是珠，如來也是珠，互相映攝，故曰：「我此道場如帝珠，一切如來影現中」。此即感應道交，就是互相攝入，就是相應。前面所講，「傳承加持」及「與上師體性相應」，可依於此喻，從中會心而知矣。

第廿一章 顯空似虹禪出教，現空圓滿教悟宗

故事〈密勒日巴與佛學家的辯論〉，是講密勒日巴面臨一位佛學家的挑戰與辯論，它代表佛法的兩個面向，一個是實踐面，一個是學理面，其實就佛法來講，這兩個是沒有分開的。所有的佛法都在張顯實踐的立場，沒有脫離實踐的佛法，也沒有脫離實證的佛法，所有佛法的講說，必須面對生命的事實與真相。

從佛陀開始，所有的祖師大德都是依其證量來演說教法，也就是教法必須是跟證量完全貼切、貼合，而所有教法本身就是要來幫助我們修證，這裡面即是「依禪出教」，及「藉教悟宗」，佛法脫離不了這兩個面向。

「依禪出教」的「禪」，是自心所證的境界。所有的祖師大德都是依禪出教，釋迦牟尼佛便是一位大禪者，沒有自心所證的境界，沒有辦法建構佛法，因為佛法不是一套理論。因此，若有人問佛教的理論是什麼？或問這個祖師的主張怎麼樣？或講這個禪師的看法如何？這是屬於世間的問法，因為有時候要寫學術論文，你不依世理來談論也不行，但這是屬於世間悉壇的東西。

所有佛法談的是實相，實相跟你認為是什麼無關，因為實相就是實相，是真實的境界。那麼佛法講的是什麼？是講你如何看到實相，如何跟實相完全契合！《金剛經》講到五眼，即肉眼、天眼、慧眼、法眼、佛眼，其中慧眼、法眼、佛眼都是見到實相，只是見到實相的深淺有所不同。禪是見到實相，悟入實相；佛陀則是見到法界實相，而且完全契悟法界實相才示現成佛的。所以就佛法而言，法是第一，佛是第二，佛依法而證悟，法不依佛而存在，是故：「若佛出世，若不出世，諸法常住。」法者，實相也。

所以佛法是講實相法，我們契悟這個，名為開悟。開悟悟的是心，這心是什麼？這心是契悟實相的這個境界叫開悟。我們一般人的心是顛倒夢想，是無明起妄而生起這個心，這心起妄而落入輪迴。而當這心看到實相，不再執著了，名為心悟，悟無所得。故開悟者的心是什麼心？是無可得心，無自性心，是無住生心，所以悟者乃悟心無心。無心！而心能不能作用？很多人想：「有一個心才能作用！」但事實上是從來沒有心也能作用呀，所以當我們誤以為有心才能作用，這就是虛妄！

然而如果有一個人說：「我悟心無心，我無心故，開悟了！」這時候你指著他說：「你沒有心怎麼開悟？你的心怎麼開悟？」這就落入原來的困局裡面，因為事實上你的心是假想虛妄的心，而假想虛妄的心不能開悟。你把那假想虛妄心放掉了，心不可得，而心不可得有沒有作用呢？有！當然能作用。事實上，法界一切萬象都是相依相成，因緣所生，根本沒有自體可得，但我們都落在有我這邊。

我這樣講，變成一個很嚴密的邏輯體系，這就成為一套學問，而這學問是從那裡來？從悟實相中來。所以佛法的學問不是憑空杜撰，透過假設建構，而是依於真實因緣而來。而虛妄有二種虛妄，一種虛妄是第二月，比如有人問你：「第二個月亮是什麼顏色？什麼形狀？」這問題本身即是虛妄的第二月；另一種是月亮只是因緣所生，它的色相是我們現在共同的同意來指涉，它並沒有一個固定不變的自身，而只是因緣中的變化。前面第二月是龜毛兔角的事情，猶如六祖慧能所講：「佛法在世間，不離世間覺，離世覓菩提，恰如求兔角。」佛法講的虛妄不是這個，這個是夢中所見，醒時全無。佛法講的虛妄是你清明的認知之下，我們親眼所見的月亮，你看到它是什麼。若你看到這月亮，卻執著於它，認為它真實永恒，並執著有我，這就是顛倒夢想，是龜毛兔角的第二月的虛妄。

當我們看到月的實相是空，是因緣所生法，名為遠離顛倒夢想。什麼是空？僧肇「不真空論」謂：不真即空！他又著有「物不遷論」，物何以不遷？因為根本物是空、是虛妄，所以從來不變不遷，不動明王亦如斯義而來。所以我們認知這個實相，我們體悟這個自內證境界，這叫「禪」；依這個禪的自內證境界，透過語言符號的方式來表達，即是「依禪出教」。釋迦牟尼佛在二千五百多年前的印度是用印度話宣講的，六祖慧能是用嶺南方言講的，但不管不同時空因緣下所用的語言為何，所表達的都是同一實相！一切教法都是從禪，也就是從實相中流出的。

因此我們要了解，實相是一樣的，但表達有各種語言、各種方便、各種精粗的不同，且各種語言亦有其本身的邏輯方式及文化表現方式，然內證所悟的內容是一樣的，只是佛見到實相是徹底而且究竟圓滿。佛法有「三獸渡河」之喻，如《優婆塞戒經三種菩提品》：「善男子，如恒河三獸俱渡：兔、馬、香象，兔不至底，浮水而過；馬或至底，或不至底；象則盡底。」佛陀、緣覺、阿羅漢三者，他們開悟是一樣的，但是境界不同。這亦猶如數位相機的拍照，同一拍攝的對境，但是由於畫素的不同，二千萬畫素相機所照之相，就遠比八百萬畫素相機所照精緻多了，可以照出更細的色彩紋路。同理，佛、菩薩、緣覺及阿羅漢，他們所悟的內容及方向都是一樣的，密宗、禪宗等一切佛法宗派，所悟證的內容及方向也是一樣的。

很多宗派為了強調自宗的優越性，他們會說：「我的開悟跟你不一樣！」我說：「那你是外道！」須知，佛陀跟祖師菩薩們悟境的內容，有深有淺，但一定是「依禪出教」。佛陀所開悟的教法對我們來講，是一切修證的根本，是修證實驗的教科書，我們跟著這些教授，把佛陀的實驗在我們的身心裡頭重作，藉著這些教授來實驗開悟我們的心宗，這就是「藉教悟宗」。

祖師菩薩們的悟境內容一樣，但他們的教授方便則有所不同，就如同樣的照相機，有的照相機的色差表現的特別清楚，有的是動態影像抓的很敏銳，專業或有差異，其能照相則一。由於教授方便不同，便有宗派的分立，然其趨證空性則一。修行必須把個人的宗派、情境、欲望、習慣更減少一些，把法的焦距對的準一點，這樣修行解脫才能更有把握。

大手印跟中國禪宗所證的都是佛心印，但是文字語言的表現風貌不同，中國禪宗是屬於人文型的表現方式，西藏大手印則略偏於神話型的文化表現方式，這是因為後者必須建構這樣的體系，才能融攝當地的文化，所以密勒日巴在某些事情要展現神通，尤其是比較後期的密教，展現這方面會比較多。

但是內行人看門道，外行人看熱鬧，很多西藏佛教跟中國佛教所吵的問題，其實是屬於熱鬧問題，而不是門道問題。當你把其中屬於文化現象或文化需求的部分拿掉，還原其中證量的語句，兩者其實大同小異，而差異較多的部分，只是禪宗祖師比較不願飛來飛去。為什麼？因為在中國文化系統裡面，飛來飛去會被趕走；但是在西藏，若碰到蠻不講理的鬼神，不露點本事也不行。

這篇密勒日巴與佛學家的辯論中，一位是講實證，一位是通義理，其實對一個完整的修行者而言，實證與義理二者都要兼俱。中國天台宗有所謂：「教觀雙運」，教者，教法、教義；觀者，真修實證。禪宗是直接以實證來涵蓋它的教法，有人以為六祖慧能不識字，所以認為他不嫻於教法，其實他對教法亦甚通達，比如他對唯識學有「五八六七果因轉，但用名言無實性」的教示，即五識、八識於果中轉，六識、七識於因中轉，簡扼的把唯識學中關於轉識成智的問題處理掉了。

密勒日巴祖師不用純粹的理論文字來彰顯佛法，而是以一切萬象的實證證量來展現佛法，而佛陀亦復如此。但是佛法經由長遠的流傳，大家已經習於依照經教的固定文字來理解佛法，而不是依據這些文字背後真正的意義去看，文字義理僵化的結果，便不能活潑的彰顯證量的實相。

讀密祖歌集要有一認識，即歌集中的每一偈幾乎都是一個完整的觀修法門，這是其特質。以下進入正題：

和尚們說道：「如果沒有聞思學處的功德，就好像空著手，去爬那陡峭的懸崖一樣，豈能達成解脫？如果沒有修持，就像瞎子進佛殿一樣，什麼也看不見，豈能證悟實相之義？修持生起次第本尊觀，必需先知道修觀的方法。你所謂的生起次第本尊觀是如何的觀法呢？」為答其問，尊者歌道：

「我觀生起本尊時，此身顯空似虹彩，此身已無行質故，一切貪愛自寂滅。」什麼叫生起次第？密法裡有二個最主要次第，一個是生起次第，一個是圓滿次第。生起次第是觀本尊，又分為觀對生本尊及觀自生本尊，對生本尊觀熟了，再轉個方向，移到自己頂上，稱為頂生本尊，最後再融入行者本身，名為自生本尊，這是生起次第的觀修；東密行者常觀對生本尊。圓滿次第是觀修氣、脈、明點。至於大手印或大圓滿的教法，則有些人將其歸屬於大圓滿次第。

生起次第的本尊觀，觀修到最後須具足幾個特質，㈠明顯而堅固：比如你觀自己身體是釋迦牟尼佛本尊身，必須觀到眉毛、毛孔、手、足、指甲等，一切佛身細微之處都要能觀的很清楚、很明顯，而且很堅固，就像看鏡中影像那般清楚；㈡如水晶般透明；㈢如彩虹般沒有實質；㈣如千百億日般光明。

西藏有一些觀想本尊的故事，比如有人觀想大威德金剛觀的太逼真堅固了，結果進門時，大威德金剛頭上那兩隻角就不小心撞到門樑了。另外，也有人觀大威德金剛達到某種程度之後，眼睛極利，似可殺人，因為其忿怒眼極可怖畏，被瞪到的人就很麻煩，但是大威德金剛的忿怒是來自大悲心，所謂「悲忿眾生未成佛！」至於為什麼觀修到最後瞪眼可以殺人？沒有大悲心故！這是有問題的。

「我觀生起本尊時，此身顯空似虹彩」，觀想生起本尊時，身體要放空。修學佛法永遠要記得一個核心，即沒有空的體證，就沒有佛法！大小乘佛法共通的就是空，你能見空就有智慧，智慧的展現方式就是對一切沒有執著。你證入空的智慧越深，你的執著越低。人的執著有二，初期是對自我的執著，再來是對萬法的執著。你的執著越淡，分別心越少，到最後你對自我完全沒有執著，你就跟我這個緣起完全融入；你對宇宙萬象完全沒有執著，你就跟萬象完全融入。

佛法跟其它宗教不同之處在於，其它宗教是追求統一的，而佛法是統一而現空，所以佛教永遠不是"the One"。

對佛法來講，沒有空作基礎，就不是佛法。所以一切本尊觀一定是從空性中出生的，一定是把一切萬象的執著放掉之後，從空裡面產生的，是從悲心中出生的；意即一切執著皆放掉，歸到空的原點（這空的原點其實也只是一種講法而已）。而一切皆空之後，為什麼會生起這個本尊的相呢？這是屬於悲心的問題，大悲心故！所以修佛法的人，特別是修密者，一定是每天、每天、每天……，都要對空加深體悟，為什麼？因為整個密法的建構本身，是基於空的深刻體悟，而修學顯教者也要體證空，但修顯教者比較不會有這方面的問題，因為他對相的執著不會那麼敏感。然而修密法的人，特別要觀相，而且觀相的作用很大，因為方法很強烈，所以必須每天不斷的深入空性，才不會執著於相，這點學密的人要很注意、很注意。

「此身顯空似虹彩」，空是內心離於執著，而在外境上是化除對任何相的執著，這時候直接用的方便法，就是把所觀的本尊身化成光，整個現空如虛空一般，這種方便的展現方式，它背後是空，然後依大悲而展現，「虹彩」即是表現本尊身的無實境界。我們要知道，不管是禪宗或密教，它的背景都是從空而來的，這個理趣是不變的。而在密法裡面則是絕對的空境，絕對的空境化除一切執著之後，展現的方式就以一種絕對的象徵來展現。因此密法裡每一本尊的動作、持器、身形都代表某種意義，比如六臂可能是代表六波羅蜜，金剛杵代表方便大悲，金剛鈴代表般若智慧，忿怒代表大悲等等。因為絕對空的緣故，所以當其顯現如是緣起的時候，它是清清楚楚、明明白白，這樣明朗顯現，這是密法從空境而來的一個特質，它拉到比世間更嚴格的一個絕對象徵。

你體悟到這個，全部的境相，一一相，一一緣起，一一道理，清清楚楚、明明白白，它每一個都要很清楚，展現如果不清楚就不行，就會亂掉。

至於禪宗是一切現空，一切境界都是緣起，一切不執著，這樣展現就是如實，就是處處現成，所以是絕對的破相，要立要建都是自在的，它根本是全部從胸中瀰天蓋地而出，「佛來斬佛，魔來斬魔」，它展現的是這個。但你千萬要注意，不要說「佛來我斬佛，魔來我斬魔」，那你肯定還沒斬，先被斬了。禪宗祖師講：「念佛一句，漱口三日」，這句話是啥？他在念佛，念實相佛呀，他在唸《金剛經》中的實相佛：「若以色見我，以音聲求我，是人行邪道，不得見如來！」這句話在教理上是這樣講，但事實上如何展現？實相的展現是「丹霞燒佛」！是「念佛一句，漱口三日」！它為什麼表現這個？它表現一切佛不可得，不能執著佛的象徵。

但禪宗祖師這樣的展現方式，有些人卻妄加評斷，沒有這種實證境界，卻想強作解人，其中最有名的就是清朝的雍正老兄，他認為丹霞的作為不對。丹霞天然禪師要走的時候，他跟大家講他要去雲遊四海了，就去洗澡穿好衣服，戴著斗笠，然後從禪床上要下來，一足垂下，猶未至地，就入滅雲遊去了。有些禪宗祖師則是要先演完戲才走。像洞山禪師就是這樣，已經躺在棺材裡死了，弟子跟他要遺偈，沒遺偈不讓他死，他只好從棺材裡再爬起來，把徒弟教訓一頓，然後辦了七天的「愚癡齋」，才又跑去死了。

所以禪宗跟密宗可以說都是立足於空性，但卻是拉到相反兩極的極端化展現方式，這很有趣，前一個比較人文性，後一個則比較神通性。

其實我認為學密的人，有時候要把外在裝飾很多的儀軌剝掉，去看到裡面的核心，不要只落在外相的儀軌裡面，那會很可惜的，因為依這樣修成佛要很久，要透入核心。我請問大家，修行講「即生成佛」的是什麼法門？是密法！但是現在學密的人一輩子大部分在唸什麼？在唸儀軌，在唸讚誦，要到什麼時候才教你即生成佛呢？這個情形跟禪宗一樣，禪宗是講「不立文字，教外別傳」，結果最多話的人就是禪師，而且常常講一些鄉下土話讓人看不懂。

再回到「我觀生起本尊時，此身顯空似虹彩」，觀生起次第本尊時，它裡面內在的義理要調得很精確，但不是緊張，是要絕對精確，即一定是現空的。修法時的一彈指是剎那間心、息、身頓斷，是每一次都要頓入現空的，而不是讓一彈指變成一種習慣。各位若把這個心要拿去修每一個儀軌，不管是修長軌或短軌，都會成就。中國天台宗的懺儀，本來每一個儀軌都是修觀，但現在大家都變成唱誦，中國如此，西藏亦復如是，這樣不行，要回到心的本質，即空的本質。所以一定要練習觀空，到最後觀空成就，即是開悟，唸誦各種儀軌也都是要悟入這儀軌背後的清淨本質，如此這儀軌才有用。

「此身顯空似虹彩」，是身的空而無實的展現形式；空而顯有，亦是大悲的無實展現。

「此身已無形質故，一切貪愛自寂滅」，形質已化，沒有形質，貪愛自滅。而什麼是貪愛？貪愛就是我執緊張的抓取。所以要鬆而又鬆，鬆至無為，鬆至沒有任何貪愛，完全沒有形質。我曾經教各位觀想把手砍掉，藉此把手完全放掉，因為你內在的我執貪愛鬆了，氣息馬上具足，手不就更是你們的了。這種觀想本身所帶來的結果是一種事實，沒有事實我不需傳授，我並不是在教心理輔導，是告訴你們，我的經驗是由內在而來，我現在的教授是從外在如何讓你們很快達到這種理趣，妙定功背後的意義即在此，基本上就是一種以證量為基礎的，讓你們快速趣入的一種導引方便，即「此身已無形質故」是息滅一切貪愛的方便，而不是要讓你們變成太空人。

「我修本尊瑜伽時」，本尊瑜伽即是跟本尊相應。相應者，完全融會，而跟本尊同一體性，即與佛同一體性，身、語、意與佛瑜伽。我們自己要化空，若不化空，我們的身、語、意是染毒的三業，如何與佛的清淨三密相應？

不管是學密或唸佛的行者，很多人以為是他力法門，其實兩者都需要很強大的自力。唸佛者要對佛有信、有願、有行，要對佛有絕對強烈的信心，也要了解佛心，所謂自心是佛，是心作佛，為什麼？體性空故，一切相應故，你自己本身要具有絕對正確的見地。

而修密法瑜伽的行者，自己身、口、意的執著也要放空、放下，否則你修的也是染污法，你若用染污的身、口、意去鈎召佛的身、口、意，鈎來的是什麼你也不知道，是真、是假你也搞不清楚。這就如同小朋友用塑膠錢幣打玩具電話，自言自語講的很高興，而且好有感應，但是是什麼感應不知道。所以你自己雖然還沒有具足佛陀身、語、意的清淨質素，但至少要放掉對自己身、語、意的執著，否則你怎麼去容受清淨法，又怎麼成為法器呢。這個道理要清楚，對自己的身、語、意要放空，所以密法也是自力法。因為你完全放空及具足對本尊的信、願、行，使自身與本尊完全交融，然後依於本尊的願力，使你迅速具足本尊的功德來度眾生。若你沒有跟本尊有同樣的願行，本尊把你化成他幹什麼？

「親證語言如谷響」，一切語言如谷響一樣，猶如空谷傳音，身、語、意都是幻化的。

「已超善惡境界故，一切取捨盡寂滅」，以清淨故，超越一切善惡境界，本然不可得中，無有取，亦無有捨，取捨皆是虛妄的言語。所以在這邊，什麼是我取？什麼是我捨？這一切都完全的寂滅了。而寂滅當中有沒有作用？當然能作用，這叫無住生心；而生心時有沒有可得呢？當然不可得，所以叫生心無住。

佛法其實簡簡單單，明明了了的，全體當下都是。那為什麼又開出禪、密、淨等等許多的法門呢？因為講這個不通，講那個不通，就再換個講講看、說說看，結果就到處很多經，很多法門。我問各位，一彈指就開悟的人，用什麼法悟？用那部經悟？用那一句悟？觀想那一尊悟？等想到的時候已經來不及了，所以悟的，永遠是當下這一念！

「凡夫實質身、口、意，轉成本來金剛體」，金剛體的註解是「佛陀之金剛身、口、意本來圓成，非假外來」，即是如來，本來如來也，也就是不執著、如幻化，本然如實的境界。

「三門已超凡界故，此心飄飄甚樂然，所行與法相應故，此心欣欣甚樂然！行法與道相應故，此心怡怡甚樂然！」三門是身、口、意。

以上是密祖自述生起次第本尊觀的修法，以答佛學家的質問。接著佛學家又質問密祖是如何修圓滿次第的，即問尊者：「你說的這些話，有一點像是對的，但是你如何修氣、脈、明點呢？」尊者答道：

「我修氣脈明點時，觀習四輪三主脈」，四輪是頂、喉、心、臍，若講三輪則是頂、喉、心。輪脈是修習用的，依教授的不同，有的簡略，有的增多，有時頂輪跟眉心輪混在一起。例如大圓滿教法，本來是修三輪，代表身、語、意，後期的大圓滿教法則修五輪，代表身、語、意、功德、事業。中國早期的密教佛像基本上是講三輪，而西藏後期的佛像則是講五輪，為什麼同樣是密教佛像，卻有這種差異？因為講五輪身、語、意、功德、事業是後期無上瑜伽部才有的，多了臍輪跟海底輪，而早期的密教只講頂、喉、心三輪。像大圓滿心中心是屬於早期古密的傳承，所以是修三輪，但大圓滿教法繼續發展的過程中，因為許多其它密乘的修法已改修五輪，所以大圓滿心中心教法到了後來龍欽巴尊者的時代，就融入五輪的修法，即先修完三輪，再修五輪，是保留古傳承，再加新傳承。近代有一位研究大圓滿教法的郭元興先生，他認為大圓滿教法跟開元三大士所傳的唐密有很密切的關聯。為什麼早期只修三輪的密乘，後來改修五輪？因為這跟後來圓滿次第加修氣、脈、明點有關。

輪脈的修法有許多種，從早期古密的三輪，到後來的七輪、十輪都有，一般修法常常用四輪而已，這些是主輪脈。然而不管是講輪脈，或講五方佛，都是依教法所展現的修持方便，亦即是一種配合身心，但以教法為核心的修持方便，所以修法時連五方佛有時也是不一樣的。例如顯教阿彌陀佛是金色，而密教阿彌陀佛身色為什麼是紅色？這是因為密法修習，要把我們身心跟五大整個結合起來，阿彌陀佛在西方，代表火大，而火大是紅色。又地大是黃色，水大是白色，但水大在中國的五行中則是黑色。中國的金是白色，印度的金則是黃色（跟地大一樣），這是緣起不同。

所以修行就是二重義理，一個是法性義，一個是緣起義。法性者，一切無得現空，唯一實相，然在緣起上，則是如何讓這緣起能跟法性相應。所以大緣起中有小緣起，小緣起中有更小的緣起，每一套修法裡面，都是一種讓你能夠趨入實相的方便。故金剛界的教法，跟胎藏界的教法，兩者一開始就不一樣，是兩套不同的修證方便，但都是依於行者身心緣起的修法，讓行者趨入法性的究竟。由於緣起方便不同，金剛界阿彌陀佛觀想成紅色，胎藏界阿彌陀佛則觀為青色。但是有些人不了解不同的修法系統，有其不同的緣起方便，我曾經看過一本藏密的書，書裡指斥道：「大威德金剛是文殊菩薩化身才對，講大威德金剛是阿彌陀佛化身的說法不對！」殊不知，就胎藏界來講，阿彌陀佛是自性輪身，文殊菩薩是正法輪身，而教令輪身正是大威德金剛，所以講大威德金剛是阿彌陀佛化身的說法並沒有錯，而且那是青色的阿彌陀佛。

有人問：「那阿彌陀佛到底是青色？還是紅色？」我這樣講好了：「你只要了解青色跟紅色都是空的話，你就能夠成為阿彌陀佛！」但如果你還是堅持問說：「我到底要修紅的？還是青的？才能成為阿彌陀佛。」那我會說你這樣都沒有辦法，因為你還在執著紅色或青色就沒辦法。「那我隨便修一個可不可以？」「也不可以！除非你已經成就了。」你成就了才可以設一尊彩虹色的阿彌陀佛，密教的本尊不就是這樣子？你成就了，你可以特別傳出一尊白色的不動佛，黑色的不動佛，或其它色的本尊等等。為什麼？因為他修行成就之後就產生出來了。

所以很多密尊是只有他密，因為只有他修成了，而有沒有作用？你如果依他的傳承就有作用。又會不會有力量？當然會有力量，你觀想就有力量！何以故？都是同一個體性來源！

因此，不同的修法系統間必須對話，正如不同的電腦語言或作業系統之間必須透過轉介才能溝通連結。金剛界的五佛和胎藏界的五佛，除了毘盧遮那佛和阿彌陀佛（胎藏界中稱為無量壽如來）相同外，其他三尊佛的名稱及位置都不一樣，兩部修法系統之間要會通的話，必須了達其建立之緣起才行。

很多人說：「是不是一定要這樣修？」我說：「不一定呀！」又問：「是不是一定不要這樣？」我說：「不一定呀！」但如果你修了那個法，為了得到傳承加持力，你就如是修，這是緣起。很多事情是這樣子的，比如五方佛的西方是紅色阿彌陀佛，但有些人就很堅持西方一定是阿彌陀佛，我說這是胡說八道，阿彌陀佛成佛以來只有十劫而已，那阿彌陀佛還未出現以前的西方是誰？所以大家要了解，這是緣起法。又如中陰救度祕法，它本身是一種很好的中陰修證訓練的方法，你修過這個法的話，在中陰的時候，你會有一條特別的道路可以走。但是像中國過去的祖師們，他們不一定看到雙身的五方佛，中國祖師裡面只有憨山大師有看過空行母。所以不要以為你入滅時一定會看到紅色阿彌陀佛來接引你，除非你曾受過灌頂並修習過，否則一般人是看不到的。

因此，我們要了解，佛法就是緣起法。緣起講兩個東西，一個是理，即一切是空，不可執著；另一個是講這樣的因緣裡面，我怎麼作才最恰當而不執著。這二個你能成就，佛法就成就了。我們活在現前的因緣裡面，在這個時空裡面，每一個當下，我們具足了緣起（事）及空性（理）的智慧，我們就現前解脫了。每一個菩薩，在每個時空因緣裡面，他都在幫眾生解決這樣的問題，也把佛法的種種方便，從內在的證量裡面，作一種恰當的取捨，這種恰當的取捨是什麼？看到這條路壞掉了，再重新修一條路過來，或者，把它重新翻新。最後就是讓大家能夠安穩的走在這條解脫路上，以達到究竟的彼岸。

「我修氣脈明點時，觀習四輪三主脈」，藏密裡面最常主修的四輪是頂輪（或眉心輪）、喉輪、心輪、臍輪。那為什麼不往下修到海底輪？因為有些人修到海底輪的話會往下洩，但其實也有修七輪的。而修氣、脈、明點是為了要從外在佛身，到內在的智慧及悲心都能圓滿具足，所以要這樣子修。

「身內貪愛已盡故，身似無質自消融」，這句話很重要。我建議修密法生起次第及圓滿次第，或者修誦儀軌的人要特別注意，在修習過程裡頭，有時會產生很強大的黏滯，修到最後甚至被儀軌綁死了，這是必須化除的。修習當然是要照著儀軌修，因為照儀軌修會受到傳承的加持，而且儀軌是一種成就的方法。問題是在這中間若碰到死胡同，或者是一黏滯，就產生執著了，這時候怎麼辦？密勒日巴祖師這句「身內貪愛已盡故，身似無質自消融」，就把你滿腦子堵住的地方，很輕鬆的化掉，所以這句話是最核心的。但是密法的修行人常常都是「取其糟粕，去其精華」，堅持一定要這樣觀，例如觀修白派的瑪哈嘎拉，頭一定要這麼大，嘴巴這麼大，身體這麼小，不這樣他就認為不行。瑪哈嘎拉示現這個形貌當然是有特殊的因緣及意義，他又名大黑天，有些人說他是大日如來的化身，另有些人說他是大自在天的化身，很多種說法都沒有關係，但他的體性是空，跟大日如來的體性是一樣的。或者又有人說二臂瑪哈嘎拉是普賢如來的化身，六臂則是大悲觀音的化身，這些不同的說法都可以，重點是不要越修越執著，甚至遠離了大日如來的體性，修成天人的果而非究竟解脫，那就真的太可惜了。

大黑天瑪哈嘎拉在法性上是眾生心之體性，而且跟悲心契合，因為忿怒尊一定是跟悲心結合在一起，沒有任何一尊忿怒尊是以忿怒為開始，一定是從悲心出發的。

那麼展現某種特殊形貌的大黑天，要展現的緣起是什麼？就是在某個因緣成熟的時刻，大黑天就剛好恰當的配合那天噶瑪巴的心意，就這樣轟的跑出來了，頭是大大的，嘴巴也大大的，所以他就變成特別的護法。這特別的護法有什麼意義嗎？有！因為當我們修行到某種程度，尤其是密法這種修行，到達一定程度之後，常常會有一種特別的護法出來，而這種特別護法，有時候會展現出某種特別的形態、符號，或是那天他穿衣服剛好穿得不一樣，所以就展現出特別的樣貌，比如薩迦派的大黑天是紅棒的瑪哈嘎拉。

而到底有多少種瑪哈嘎拉？數不清的，有遵龍樹規，這屬於龍樹菩薩，也有遵阿底峽規，則屬阿底峽，這代表每位祖師他都有特別的護法瑪哈嘎拉，但是能留存下來的多不多呢？不多。

使用護法有兩點要記得，一個是在緣起上的意義，另一個是法性上的意義。緣起上的意義是什麼？這個上師交付這個護法給你，或者是說你一天到晚修這個護法，那麼這個護法會守護你，而這種力量大不大呢？真正你要觀他的空性，這個護法才有真實的出世間力量！

實際上真正力量大的護法，是要跟法性相合，而且不是要觀想他的相，而是觀想他的心！護法跟修行者的心境會有關係，像我的心境裡面是只准挨打，不准出手。所以我的護法依止我的心意行事，看起來不凶，也不會打架，有時看到我受難也不能出手。

第二個是真言（咒語）。從中脈裡持誦出來的，從空性中震動的咒語，才是真正最強的真言，因為所有的真言其實都是從中脈出來的；第三個是心意，心意本質是空性，而這尊護法所修證的核心是什麼？他為什麼要發這個願？他的願力是什麼？你若能理解而跟他相合，他就變成「如心相隨護」般的跟你如影隨形，永不離分了。

「如心相隨護」，這句常用來形容不動明王大護法，因為他的願力就是守護眾生直至成佛，所以真正大護法他的心意是最核心，是你要去相應的，而你相應了，他就能「如影相隨護」的守護你。

然而有些護法很麻煩，為什麼？因為他可能很守護你，但它是世間鬼神，所以它只守護這個人或這個祖師，對其他的人它就打，不管你是不是佛法，也不管正邪。像以前有位法師，他要去西藏求法，但他所選的護法是狐仙，結果當他真正要去學法時，那狐仙護法就不讓他去。另外一個很有名的世間護法雄天，他專護宗喀巴的黃教，後來達賴喇嘛叫人家不要修這個護法的法，他就很生氣。

碰到事情需要護法幫忙時，我們也要對護法的緣起力量有所了解，像在漢地，你真的需要的時候，你可以找關公幫忙，因為這是緣起法。找韋陀菩薩幫忙當然也可以，但是就相應上來講，關公比較好找，而且他的廟到處都有。在人世間這樣的因緣裡，我們永遠要記得兩個東西：法性跟緣起。人生而為人，有其時節因緣，關公作為護法，不只在漢地有效，在西藏也很有效，但是到了美國，大概只有華人街比較有效，因為這也是緣起，而緣起上的事情，我們或有挫折，但要了解它們是空。

所以對於緣起的事情，我們永遠要在當下一念，了悟它是空，作最恰當的抉擇，這些話要聽進去。用法性上的理解，來穿透到緣起上的理解，用緣起上的理解來擴大你的悲心，一個是根本智，一個是後得智；一個是無分別智，一個是差別智；一個是一切智，一個是道種智；一個是二乘的根本智慧，一個是菩薩的智慧。這二個到最後究竟圓滿了，就叫一切智智，即這二個完全交融合一，而且完全具足圓滿，就是佛智。

「身內貪愛已盡故，身似無質自消融」，我一直在教授各位這樣的方法，不斷的放下、放鬆，整個身心調整自然，在緣起上是調整你的身體，在心的放下、放空上是趣入法性。這兩個不斷的調整，具足了力量，你就「身似無質自消融」了，將來可能你更有機會把身體也化掉了。

「諸界種子明朗觀，見本來面無錯謬。」諸界種子是整個宇宙的五大，即地、水、火、風、空。五大種子明朗現起地、水、火、風、空觀；見到本來面目，你的心就像明鏡一樣，清清楚楚、明明朗朗，完全沒有任何一絲一毫的錯謬。

「氣集中脈擊要點，紅白二界相遇合」，你身心完全放空、放下之後，心完全沒有分別，氣就不會消散而能完全集中。這樣一個狀況裡面，在緣起上會展現它的特質，比如你的呼吸絕對是從你鼻孔的中央進去，寂然無聲，忽然間都沒有聲音，不會和呼吸道四壁產生過度的磨擦，因為過度磨擦會造成能量降低，所以這時的寂然無聲，對身體來講，是最恰當的緣起上的能量，氣這時便能集中、聚足起來，進入到中脈裡面，打開諸脈，故言「氣集中脈擊要點」。

我所教授的妙定功的基本式，是讓身體往三十二相走的一個方式（詳《妙定功——超越身心最佳功法》全佛出版）。為什麼？整個身心放下，沒有扭曲，完全自然；心完全放下及脈輪放空的狀況下，有時此刻你心輪的中間處會忽然產生痛點，或是忽然打開，裡面自己呼吸，而這是不用導引，以自然的方式打開。要打開像人體這種很細密的輪脈系統，最好的方法是用空性調整成正確的方向，如練妙定功的方式來讓它自己自然去調整，不要刻意去導引，因為導引是造作，效果會減低。

「紅白二界相遇合」，紅、白菩提代表人體內悲與智的精華，這二者會互相融合在一起。有些密宗的修行人，他們臨終的時候，鼻子紅、白菩提會垂下來，這代表它裡面的精要都沒有流失，而且自然生長。一般來講，我們人死的時候，是生命的精華剛好到終止的時候，五大的氣都散掉了，悲智的生命精華也都散光了，所以我們人死時叫「煖識壽離」，即身體溫度、意識、壽命散離，五大及生命的精華散失掉了，但是一個成就者這時候是身體的因緣到了。

「樂明無念自成就」，無念是空的境界，這裡樂、明、空三者是空樂不二，明空不二，空、明、樂三者融合在一起。空是一切不執著，所以無念；真正不執無念是自明的境界。而空樂不二的樂是當下相續的樂，它不是來自相對性的樂，是完全無執，完全沒有負擔，所以樂明無念，自然成就。

「心中疑結自解脫」，疑結是心疑則脈結。當你心裡產生疑惑的時候，身脈也會打結；而你心中的疑惑像冰一樣溶化掉的時候，坦蕩釋然，如水流過，心脈疑結自然銷掉了。

「法與心合離言說」，法者，實相也。實相跟心完全相合。

「子母光明融一味」，子光明跟母光明融成一味。什麼叫子光明？什麼叫母光明？這裡面它是相對性的，就始覺而言，始覺是子光明，本覺是母光明，始本二覺相會叫子母光明會；就法界而言，法界是母光明，我是子光明，我跟法界完全相應，完全相合，為什麼能相應融合呢？因為心中沒有任何執著，沒有分別心，才會子母光明相會；就密法而言，上師的光明是母光明，弟子的光明是子光明，這裡面有一個象徵，即上師以他的傳承，以他的證量，代表整個法界。密勒日巴尊者為什麼不斷在偈頌中贊誦上師？因為這在密法的修行裡有它的緣起上作用，他通過這一條途徑來達到究竟，而這條道路是怎麼來的？是密宗祖師他們修築而成的方便，弟子透過這條道路相應上師的體性而子母光明會。另外，就修生跟本有而言，你修證的這個（修生）是子光明，本有本具的是母光明。

子母光明會是在講什麼呢？自己跟法界的對立全部消融了，即「子母光明融一味」。

「有漏貪熾蘊界滅」，有漏貪熾是指熾盛的貪、瞋、癡煩惱，蘊是身心五蘊這個自我的主體。以這個五蘊生命主體為中心，向外看待，而展現出六根、六塵、六識，即蘊（五蘊色、受、想、行、識）、處（十二處，即六根加六塵）、界（十八界，六根加六塵加六識）的宇宙萬象。蘊、處、界乃是有漏貪慾所執著，讓我們落入輪迴的外在，即自我跟自我所執持而讓我們輪迴的外在。「子母光明融一味」是自他銷融，分別心完全沒有了，即沒有有漏貪熾，自我跟法界的對立消除，這時蘊、處、界就轉成現空的顯境。

「顯空不二心樂然」，一切顯境都是現空的，顯境跟空完全融攝一味，即顯空不二。對一個執著的人而言，外界的蘊、處、界是輪迴的根本，而對開悟的人而言，這蘊、處、界跟我們融攝為一，完全無二無別。

「證空不墮知解境」，證得空性的人，他的展現是不墮入知解境界，因為空是證入的，不是了知的對象，也不是解析而來。空是現成的，心悟空就現見空，現見空具足了就叫般若，名為智慧。即一切境是空，你見空了，這個叫般若，而這個就是法界實相。若不悟此義，而以為我有一個空，拿這個空法去印一切，然後說這個是空，那個也是空，這是不對的，你怎麼拿著一個空去印一切呢？空本來現成，不用你印它也是呀。空不用去印一切，一切本來就是。空也不用你去見它它才是，也不是你說它是空它才是空，它就是空，現成空！現前空！本然空！不可分別空！

因此，不要用一個空的知見去印，也不要用一個空的框框去框一切，知解的都不是，而是現成的，它是當下這一念，不是分別念的。所以，對我們來講，我們心中這種般若的證知是一切無執、不可得。而心不可得能不能產生自在作用？當然可以，所以叫自在生心，無住生心。無住生心的時候，還是空！

「現見空性心樂然，一切無明與迷亂，消入法性大樂哉！」現見空性即現觀空性。現觀是什麼？空性現成！這時候剎那間一切無明跟迷亂就落入法性，銷融於法性，大樂哉！

以上是講圓滿次第。

「尊者道：「法師啊！俗話說得好：『是否吃了東西，看看臉頰上的紅色就能知道。』是否懂得或修持了佛法，看看能否克服煩惱及我執也就曉得了。」所以不用問別人，看看自己的習慣，看看自己心的執著就知道了。「如果能降服煩惱和我執，那就表示此人懂得佛法，也修持了佛法。否則，縱然能夠在談話全占上風和贏盡一切辯論，而對煩惱我執卻絲毫不能遣除，這種『佛法』只是邪知和邪行而已。這種空言的『說法』縱然能夠勝利，卻必定會更增強自己的我慢，因而會成為長期流轉輪迴，和墮落地獄之因。」特別選這段來講說的原因是提醒大家：修行就是檢證自己，這是非常重要的。

第廿二章 滯有執空解行障，法性雙泯行解暢

密勒日巴的弟子惹瓊巴，初次到印度學習的因緣，在這個故事裡，其實它的意義在我看起來，是蠻深遠的，對於所有的修行人而言，都有很深的驚覺作用。

修行最怕有所得，當一個人他自認得到某一些境界的時候，往往是他遠離這個境界的開始。

惹瓊巴這位修行人在密勒日巴的弟子裡面，算是最重要的兩個人之一，另一位是岡波巴。對於惹瓊巴，當然我們要十分尊敬，但是在某些方面，我們必須以他這樣一個人，來做為我們反省的借鏡。惹瓊巴的發心太小，悲心

不夠，這都是事實，雖然最後我們看他的成就似乎是蠻大的，傳說他生身飛往空行淨土，但是所有的修行一定要從心地上來作為檢證的目標，尤其是密法。

在密法中有很多的悉地成就，包括世間悉地的成就。但如果沒有在心法上解脫，那麼他所得的成就，事實上就跟道家的天仙是一樣的，只是獲得天界成就。比如在密法中有修習普巴杵，成就之後可以指揮普巴杵穿山透壁，具有很大的威力，有人就以為這是得到很大的成就。碰到這樣的人，我有時候就會反問，他得到什麼成就？其實這是一種氣功成就，本質上跟道家的飛劍成就法是一樣的。所以這樣的成就，既沒有慈悲心相應，也沒有智慧相應，是不足以言解脫的。

因此，在密法當中，我們可以這麼講，「成就」這二個字，有時是用得失之浮濫。佛法的成就很簡單，就是智慧成就，因為智慧成就加上菩薩行的緣故，所以具足許許多多的外在成就。沒有智慧成就為基礎的世間成就，如大家一直在強調的外相成就，那就跟道家的仙人一樣，這點希望大家能清楚檢別。

從這篇〈惹瓊巴初朝印度〉的主旨，我們可以看的很清楚，當密勒日巴祖師以神通及感化力在辯論中降服妬嫉的學者之後，惹瓊巴認為這種降服方式不圓滿，他認為密祖應該以辯經，因明答辯的方式，來獲得辯論的勝利，所以他心裡面很不甘心，認為：「這些連活生生的神通都不能相信的法師們，只有用直接的『學語答辯』來徹底折服，要不然就用惡咒和誅法來徹底予以消滅，這些說神通是魔術的人也應該加以誅除。但是我如果向尊者請求教我誅法，他老人家是一定不會答應的……要想即身成佛當然是依止尊者的口訣最為殊勝，可是要降服這些法師們，我還是必須到印度去學習因明及哲學才行！」這整個思惟只有一句話可以講：「邪見！」我說的很直接，而且很不客氣，這是邪見！惹瓊巴至此為止似乎很有成就，在密祖的弟子裡面也算是了不起的人，但又如何呢？

什麼是阿羅漢？阿羅漢名為「殺賊」。有一種關於阿羅漢的說法是，阿羅漢對於眾生當然沒有瞋心，但為了防護佛法，若你嚴重的傷害了佛法，他會為了護法，甚至為此而傷人。這是一種說法，有可能是如此。但這究竟嗎？不是！在這故事裡面，惹瓊巴想用「學言答辯」或是誅法，來降服不信的法師，然而怎麼可以對眾生施行誅法呢？大乘菩薩絕對沒有這種心意，這是不對的，我們不能生起這樣的心思。

其次，用學語答辯，即所謂因明及哲學來贏取辯論。在西藏很流行辯經，但其實辯經就是一種辯論術，它有其基本的因明邏輯軌則，辯論的輸贏，結果都必須是落在某一規則裡面才能判定，然而若是在不同規則裡頭，到底誰贏誰輸，那可能就完全不同了。因明學講宗、因、喻，它裡面有一個很重要的依據是聖言量，即依經典裡的佛所說法作依據。但同樣的辯題，你碰到基督徒，或是其它講不同哲學的人，佛陀怎麼說對他們來講，他們會同意那是不能改變的依據嗎？

人世間的因緣眾相，是大因緣中有小的因緣，小的因緣中有著更小的因緣，彼此是很細微疊沓的相互牽引著。因明的實義是什麼？隨著歷史的向前滾動，後代的因明學者慢慢把因明學推向一個客觀化的邏輯系統，但是因明的根本要義是要作什麼的？它原始的發心，是要透過一個清楚、明晰的了知，讓我們證入佛法的。對佛法而言，證悟是惟一的要義！所以因明並不是孤立在那邊的一個所謂客觀的學問而已，它也不是一般的世間邏輯，而是一個證入實相的方便次第的系統。

所有的佛法都是為了眾生成佛而建立的。世間語言是有時而窮，人類許多的邏輯，它的基本定義，在佛法中是不承認的，比如說排中律中的非A即B，在佛法中的講法是「所謂X，即非X，是名X」，此是何義？佛法講空，是超越世間的一切種種對立。佛法用的是另一套規則。因此如果在辯論時，碰到這種迥然大異的兩種邏輯論法怎麼辨？亦即一方用以推出真理的邏輯，跟另一方所承認的不一樣時，那雙方還辯得下去嗎？

在這邊我再重申，以免各位誤會我的立場。哲學可不可以學？因明可不可以學？邏輯可不可以學？都可以學！但是大家千萬不要認為：「只有這樣子才可以！」因明是什麼？是佛陀證悟這樣的實相，證入這樣的證量，如何清晰理解佛陀所證悟的，把佛陀所證悟的內容，清楚的用世間語言表達出來，或是用解析的方式幫助大家進入佛法的實義，讓我們不會走錯路。

因明就是一個這樣的東西，是扣準了內明，扣準了佛法的實義。但在這裡，惹瓊巴卻感覺到不滿足，他以為若不把那些前來挑戰的法師們，辯得啞口無言，舌頭打結的話，實在太可惜了。在此我想先討論關於辯經的問題。現在的辯論中，有些人是靠辯論術贏人，而不是以義理駁服而取勝，現代有很多辯經在我看來，已經脫離了辯論的基本意義。佛法的辯經本來是要讓人辨除虛妄，歸於中道，證入佛法，甚而通過辯經的形式來宏揚佛法，所以辯經是愈辯心念愈明晰的。但現在的辯經卻讓我們看到，有些只是用身體語言、聲音或手勢來把對方嚇倒，甚至有的是故意把臉扭曲來驚嚇對方，其實這些身體語言的強烈表達方式，並不符合佛身三十二相的原則，而長期這樣肢體動作的結果，常常造成熱氣集聚在頭頂。我認識一些派到台灣來教學的格西，他們大部分處理這個熱氣聚頂的方式是直接澆冷水，難怪他們有些人就得了頭風，身體方面出了問題，每次一辯經就頭痛，但這個辯經傳統是他們必學的一套辨論術。

我不是反對辯經，但我有一個身受其害的經驗。幾年前我去印度見達賴喇嘛的時候，同前去的人中有一個是來自台灣的喇嘛，剛好安排他跟我睡同寢室。從出發之後的每一天，每一個小時，每一分鐘，他都要跟我辯經，不勝其擾。他跟我辯，我就舉《大智度論》中的聖言量回他，結果他問我：「《大智度論》真的有這樣講嗎？」依照辯論的規則，如果我舉的論典真的有這樣講而他不懂的話，那他就輸了，這是無庸置疑的原則。結果是他不懂的，他卻不承認，反而問我：「有嗎？你這樣講的根據在那裡？找給我看。」問題是我在旅行的半路上，我去那裡翻資料給他？這是很荒謬的。我舉十本經的講法，但他九本半沒看過，我怎麼跟他辯呢？但是不跟他辯他又不讓我睡覺，好辯又不讀書，你有什麼辦法，我舉的書大部分他不知道呀。不知道的他就不承認，他沒看過的就不是佛經，硬是不認輸。

為什麼我對辯經會記得這麼清楚？因為上次同去印度的，有二位是喇嘛，一位是格西，一位是邀我辯經的那位室友喇嘛。那位格西很熱心，但他就是辯經傷了身體，後來變得有點躁鬱。以後各位若碰到這種狀況，要記得把頭想在丹田的位置，因為辯經身式不良會導致頭痛有二個原因，一是氣往上提，肩膀也往上提，導致氣積集在頭部；二是辯經完畢馬上以冷水沖頭。他們在這種傳統訓練環境裡也沒辦法立刻改善，因為他們一定要用這種辯論技巧才能贏，所以應該規定辯經時，肩膀不准動。我們想想看，佛陀會這樣辯經嗎？佛陀是肩膀抬的高高跟外道尼犍子辯論嗎？這姿勢是不對的，不可能如此。

回到惹瓊巴對密勒日巴祖師與法師辯論的想法。我們可以看出，惹瓊巴的心並沒有在佛法的核心中安住下來。佛法核心很簡單，就是幫助眾生成佛，也讓自己成佛。而惹瓊巴自己也講：「要想即身成佛，當然是依止尊者的口訣最為殊勝」，但除了這個之外，他卻又起心要去降服那些法師。可見這個偏見在他的心裡種下很深的根，是很深的邪見，他由這個邪見，就對密勒日巴祖師產生些微的不信。修行者的細行及心念太重要了，一開始很微細的不滿心念，若沒有智慧去解除，就會慢慢一點一滴的萌芽滋長，糾結在心裡深處。剛開始時可能只是不滿及不承認，等到有一天，這個糾結滋蔓冒出頭來，就爆發了根本衝突，這要特別小心。

修行人最怕有所得。大家想想看，現在各種光怪陸離的宗教現象當中，除了少部分是一開始就想騙詐的之外，大部分一開始會想騙人嗎？不會！他們一開始所講的境界是虛妄的嗎？也不純粹是虛妄，只是認知錯誤，或僅是誇大罷。大部分修行人在初修階段多是壓制自心的貪、瞋、癡……等等諸惡習，而且是如石壓草般的壓過去了，他們真的是孜孜矻矻，如履薄冰般的精進奮鬥，不斷的用功、用功、用功……。但是當有一天，他們有所得了，有些是在心上看到力量，有些是在境上展現神通（一般而言我不認為這是神通，大部分只是靈通或感通力量，但他們自己認為是神通），這時候有得，就是可怕的開始。我知道的例子是，有人有了這樣的境界之後，他認為他開悟了，於是就開始代他的師父傳弟子，很好心的幫他師父訓練可以開悟的弟子，後來他師父一看，這樣不對呀，不是這樣子的。到最後甚至直接跟他講：「你自己沒有開悟，你不能這樣作，你這樣教也不對！」結果就不得了，他想：「我明明開悟了，師父卻說沒有開悟，那誰有問題？當然是老師有問題，所以老師一定沒有開悟！」以前對老師至少還有點尊敬，現在老師既然沒有開悟，而且居然悖離我的悟境，那就開始用我的悟境來檢測老師，結果當然是越看老師問題越多，到最後老師都快變成是魔教教主了。

各位千萬不要在此迷失，佛法不是人情，不是越罵誰就越能贏的事情，如果是這樣子，先罵釋迦牟尼佛的人不就是第一名了，這些都是鬼話。

所以可怕的是什麼？是修行人開始有了一點經驗，或有一點力量，然後就有很多弟子尊敬他，再慢慢的，他越來越自以為是了。他本來還會謙卑，因為知道自己有缺點，到後來，那些缺點當然不是缺點了，而且他的證量也絕對是圓滿的；既然是這樣子，那他的所有行為也當然無可置疑，是證量的顯現。因此，就又開展出另外的一套詮釋，本來深潛於內心的貪、瞋、癡是被壓伏著，但現在他走到這個頂峰，當然就不用再壓了，所以從此他所有的貪、瞋、癡行為，都是圓滿菩提道者的展現，這種展現的飾言偽詞就是：「情欲不礙佛法，不礙正道」，這真是鬼魅之言。

情欲當然障礙佛道！一個修行人還有情欲時本當深自慚愧，常省於心的，但現在他卻直接講情欲不障聖道，這是完全不同的意義！這是用自己的需要來解釋佛法。

我一生碰過太多自稱是偉大佛菩薩來轉世的人，其中至少有五個人自稱是準提觀音轉世。我唸大學時，有一位老師就帶著我們去找過其中一位自稱是最偉大的，她的道場裡，幾個人在那邊靜坐，結果每一個人都一直跳個不停，為什麼？她說她那邊是二百二十瓦的電場。其實我很感恩她，因為很多事情我是在那邊才弄清楚的，她的手這樣一擺，你頭頂就好像有個東西壓著，感覺起來很厲害。那時我也跟著在那邊打坐，發覺有股力量源源不斷而來，我那時就想這不對呀，因為我一向不喜歡那種從外在來的力量，尤其自己不能自在的感覺。所以後來，我就想起《金剛經》的「若見諸相非相」，把身體放空，剎那間，那股力量就沒有了，放空的心再把它放出去，力量又出現了。從此之後，我於一切處得自在，根本不怕任何的魔擾。為什麼？是從那一次的經驗中所悟。

放空！是一個最基本的原則。其實就我來講，我很感恩她，但是她到底是不是準提觀音則是另外一回事。她不認識字，卻自認是準提觀音，同時也是樊梨花的化身。她的弟子都相信是她把雷根推倒，使雷根免於被暗殺的人，因為她自己也這樣說。她的弟子中有很多都是高知識分子，甚至有的是電腦碩士，在高中當主任，你們現在聽起來或許會覺得很不可思議，但這是事實。

所以修行人修到某種程度時，有些人就會把心裡飽受壓抑，但卻渴求已久的欲執情緒，比如愛美或喜歡什麼等等，強力的展現出來，然後透過諸如「這是弟子需要！」，或「要令弟子得到布施的福報！」等等巧詞來掩飾，從此就臉不紅氣不喘的解釋他為什麼要戴昂貴名錶？「學生們要我戴嘛！」，「滿足他們的願望嘛！」為什麼要開昂貴名車？「我對這個一點都不重視，但是我不開學生會不歡喜。」滿屋子裝修的金碧輝煌，然而他說：「我的淨土比這個還漂亮！」小心！修行人要戒其得也，行為要合理，勿入歧途，當一個老實的修行人！

為什麼要跟大家講這些？因為我的弟子裡面也有很多自稱偉大的人，已經出師了，短期間內就搖身一變，成為偉大的成就者，而且聲稱是正法明如來的直接傳承，也有一些力量，這是莫名其妙，問題是很多人可能會相信。

各位，戒慎！修行是自家的事，慈悲是要幫助眾生，這裡面沒有名的需要，名實必須相符，否則就要戒慎恐懼，因為佛陀的智慧他是知道的，是很清楚的，他是名實相符的圓滿者。我們修行還沒有成就，一定要戒懼，請大家要注意。

尊者說道：「惹瓊巴啊！如果我們在辯論中失敗了，那些法師們怎會承認我是對的呢？你如果到印度去只是為了要回答（學者們的）質辯，那你就完全墮入世間法了。也很可能你就會從此捨棄真實的修行。」各位，我們想想看，惹瓊巴他修多久了，已經有很好的成就，他還有墮入世俗的勝負心理，所以我們修行要戒慎恐懼，要復其本心呀，要看看自己的初發心是什麼？

「再說，文字經教的學問也是無涯的。學也只能學一部分，豈能應答一切的質辯呢？要想通曉所有經教學問也是不可能的事。如果要應答一切質辯，了無滯礙，那只有成就佛果才行。要成佛就必需修行，要捨棄世間的一切去修行，要堅持直至澈見本來面目，時常住山中修行！誅法雖然可以殺人，但如果自己沒有超度亡魂的能力，那就是自害害人。我就是因為用了誅法，所以才在馬爾巴師尊前受了許多磨難。再說，人壽短促，生命無常，所以你應該住在一地，專心修持才好。」

惹瓊巴不聽，一再苦求尊者准許他到印度去。尊者無奈，只好說道：「如果你一定不肯聽我的話，堅持要到印度去，只好聽你。但我不是要你到印度去學經教或因明。耳傳之教法支分中，共有九種無身空行母之教授，剩餘的五種教授尚在印度，你現在既然要到印度去，就把這五種法求回來吧。」惹瓊巴隨即前往印度，見到了弟普巴，如願的求得所有的法要。弟普巴對尊者十分敬信，就送了一個沉香木的拐杖，托惹瓊巴代為供養尊者。

第廿三章 未悟明體不離師，體空自顯師不離

〈修持心要的開示〉：當尊者密勒日巴在雅龍腹崖窟居住的時候，有一個屬於梅族的商人前來朝謁，對尊者生起了不退的信心，把積資的一切所有都供養給尊者父子們。向尊者求得法要及指示後，即依法修行。（不久），就生起了殊勝的覺受和證解。尊者聽了非常高興，隨即歌道：

「敬禮譯師馬爾巴足。具足修行經驗者，瑜伽行者我老密，為汝梅貢諸弟子，唱此修持心要歌，細思其義勤修持。我已澈斷迷惑故，已悟明體即上師」。什麼是明體？明空的體性！明體並不是光明體，普通的光明體是天界的境界所產生的，但這裡講的明體是法性體，是法身體，而法身體的特質是

明空不二！中國禪宗講「大光明藏」，又講它所存在的土叫「常寂光土」，講身即是法身。又法身跟常寂光土不二，名為「身土不二」，這個境界就叫「大光明藏」。

「大光明藏」的體性是空，是無著、無染、無可得。若墮於明，則落於色界；若有空而無明、無力、無用，則不能成為大菩提果，即不能出生法界體性的大用。

明體不管是講空明的法性體、法界體性、大光明藏，或講法性、法身等等，這種種的名詞所指涉者，皆在指示你的明體，而這個明體就是你的上師。我們一般講「子母光明會」，母光明是本有，子光明是修生；母光明是本覺，子光明是始覺。但始覺還同本覺，所以子母光明混融為一。

就一個密教的修行人來講，上師是母光明，弟子是子光明，當弟子澈見上師跟自己同體不二，上師就是法界體性，上師就是明體，這時候子母光明相會，始悟其本覺也。

我記得自己在念大學的時候，對大手印教法已有很深的把握，但那時候還不能完全了解大圓滿法。後來因何因緣而了解大圓滿法？這要感恩陳建民上師！那是一個很奇特的故事，陳上師最後一次來台灣的時候，我請他到僑光堂演講，那時候他講三個題目，一個是淨土宗如何修十六觀，一個是禪宗如何破三關，一個是密宗如何修四灌，這是他在台灣最後一次的大型演講。那時候我有一個學長，他對陳上師有著極深的景仰，陳上師來台時住在中泰賓館。那天清晨五點多，學長把陳上師請到木柵景美溪的河堤旁散步，那時我就寫了一首對於大圓滿理解的偈頌呈給陳上師，裡面有一句就是「子母光明會」。陳上師看了後，記得當時他對我說：「子母光明會就不是大圓滿了，是大手印，不是大圓滿！」我記得那時他是在車上跟我這樣講。

後來一天，又一起在河堤邊散步，忽然間，我對大圓滿有了完全清楚的體悟，這時候整個身體就像個氣球，不斷的膨脹（外表看起來當然還是一樣），我正要跟陳上師報告當時有這樣的覺受時，陳上師卻悄然比個手勢，叫我不要講話。所以三個人走在一起，其中二個人相互知曉的事情，第三個人卻毫無察覺。自此，才對到整個大圓滿法得到一個完全的融攝，更可說是種灌頂吧！但是，我終究不是陳上師的傳人，但受了法恩，也很感恩。

另一次大圓滿的經驗是，有一天，忽然間我整個人就倒下去了，整個皮膚就在浩然無盡的宇宙中，無限的擴張擴張，然後消失了；接著是肉、骨……，整個身體到最後都消失了。消失過了一陣子之後，再整個重新聚合起來。那時候陳上師剛好在宜蘭講「淨土五經會通」，我就請一個朋友請問他：「這是什麼樣的境界？」他說：「這是氣入中脈的境界！」我只是問陳上師這樣子而已，但是我那個朋友很好心，他很主動的替我問另外一個問題：「再來要怎麼修？」結果陳上師說：「氣入中脈的話，怎麼修他自己就知道了，那還問什麼？」在密法上面，我很感恩陳上師。

「未悟明體即師前，不可捨離成就士。」為什麼？因為上師就不能常住你頂上了！不能常住你心中了！各位，當你們悟得「明體即上師」時，你才可自己出門去了。

這就像禪宗的修行人，他真正開悟的時候，其實境界跟密宗見明體是一樣的，但表達方式不同。禪宗開悟講：「銀椀盛雪」、「露地白牛」，此即密宗的見明體。而開悟之後就可以去住山或閉關，即可以離師而去。但有些禪者開悟之後還繼續留在師父旁邊，或者隨侍三年、五年，乃至十年以上，這時他是在學方便，即看他的師父是怎麼傳法，怎麼接引後學，以作為自己將來的度眾方便，但是他體性上在開悟之後實已具足。

從「我已澈斷迷惑故」，到「不可捨離成就士」這四句，是很清楚的一個指示。

「外顯諸境皆經典，未悟外顯皆法時，不可捨離正法教」，各位，山河大地皆經卷，你在捷運裡面，你在來去匆匆之間，你看到人的形形色色，或動或靜，或語或默，或醒或寐，外境種種這一切眾相，不正是在告訴你，這就是一本經典在運作嗎？各位，山河大地就是一卷經典，眼前一切萬象都是你心的展現。但你心與它隔離了，切開了，分別了，自他對立，能所宛然。殊不知，這一切都是緣起法，因緣法正在你眼前展開著，說法著，演示著無生的妙諦。所以一個禪師可能會問你：「拿一根棒子打人會怎麼樣？」被打的人當然會痛呀！這不是很真實嗎？這不是佛法嗎？清楚明白的事！

所以各位是否看清楚這外顯諸境？這山河大地日升月沉，俱是佛法，都是《華嚴經》所展現整個法界的體性，這整個法界都是如來海印三昧所顯，也是你自心如來所顯的境界。所有眾生顯現在你面前，他們心的啟動，他們的發心，他們心的迷惘，心的執著，他們對執著的放棄，如何發心？如何修行？如何降服其心？每一個人，「所謂人，即非人，是名為人！」每一個人是佛？或是眾生呢？你若以音聲求他，以色見他，你看得到人，看得到佛嗎？你若能這樣體悟，不是正看著一本現實的《金剛經》嗎？

像《六祖壇經》，它基本上是《金剛經》的生活版，我們看六祖是怎麼用他的人生來展現《金剛經》，我們自己也可以這樣顯現。所以我打算寫一本六祖的傳記，名為《金剛經行旅圖》，因為六祖惠能是一位《金剛經》的行者，他的生活就是一本《金剛經》。而我們呢？我們面對現實的世界，能不能理解外顯諸境，一切林林總總的緣起都是經典的展現？你若未能悟見外顯皆法時，就不可捨棄一切正法的教授，因為你根本還看不清楚這經典講的是什麼。但是你若能隨時隨地，整個法界林林總總的顯現都是經典，知道這一點的時候，這經教只是大地上的一把塵沙而已，整個大地都是佛法。

「貪欲煩惱自息滅，貪惱未能自滅時，不可捨離對治心」，貪慾煩惱還沒有消失的時候，你要修習對治這個心的方法，但是自息滅的時候，心已不可得了，何況有對治呢？

「無生妙義應證悟，未悟無生妙義時，應勤善護因果法。」一個尚未證悟的人，必須細細密密的守護因果；而當你悟得無生妙義時，除了要細密的善護因果，那時候你也不會去破壞因果。禪宗有個因果法的故事：「某甲『不落因果！』一語五百世墮在狐身，後問百丈：『大修行人還落因果也無？』百丈禪師答道：『不昧因果！』。」講修行人「不落因果」對是邪見！世間因緣相生相續，佛陀吃飯也一定要排洩的。我聽過一個故事很有趣，有位美國人一直認為中國禪師是不必上廁所的，有次有位禪師在美國主持禪七時，那位美國人在廁所遇到禪師，頓覺大失所望。因緣果法是如此！佛陀從這裡到那邊，他走路過去是一個小時。佛陀可否用神通？可以！剎那即到。為什麼他一剎那到呢？因為用神通！而為什麼一個小時才到呢？因為他走路！這不是很清楚嗎，他相應如是因緣條件行如是事。

但是很多人在這裡面又起糊塗分別念了，他認為用神通去的佛陀比較偉大，而走路到的佛陀比較差，也就是佛陀有高低之分。問題是，走路過去的佛陀，每一個當下很圓滿，那個用神通過去的也很圓滿。所以各位可以安心走路了，也可以安心的搭捷運了，因為每一個當下都可以很圓滿。

然而，很多人還不能安心哪！尤其當他知道其他人可以用神通的時候，他更不安心了。所以，我們修行要善悟安心之道，守護因果。有些人不懂

「不昧因果」之義，滿腦子妄想等他修行成就之後，就可以不受因果法則的限制，也就是他既然不落因果，那他就可以胡作非為了。很多人修行就希望不落因果。但是我真的很懷疑，為什麼不落因果？不落因果要幹什麼？密法裡面有無死瑜伽，很多人為什麼要修呢？因為他怕死！然而怕死的人能夠修成無死瑜伽嗎？無死瑜伽的根本原則是：死不可得，是超越生死的對立，見到無生乃有無死可言。而一個修無死瑜伽的人，若他是抱著一種怕死的心態去修，那麼他所求得的不過是長壽法而已。無死瑜伽的修證前提是：根本不見生死。

不落因果是一種妄想，是一種想作神的妄想，佛法不興這套。佛法的正見是「因果不昧」。我不昧因果，我清清楚楚、明明白白。佛陀在果境裡不入因果輪轉，但他現在在因果的境界裡面，如是因，如是果，是清清楚楚、明明白白的，佛陀不會破壞因果法則的。所以無生妙義了悟時，還是要善護因果的。

「輪涅無二應了知，未了輪涅無二時，應修二諦雙融義。」二諦是真諦與俗諦。體上還沒有圓具的話，從枝葉上修證，會入到根本。

「自他無別應契證，未證自他無分時，不可捨離菩提心。」那請問自他無別契證的時候，要不要捨離菩提心呢？那時候也無菩提心可捨離，你若還有一個菩提心想丟掉的話，那你恐怕還要修菩提心哦。是自他無別契證的時候，菩提心亦不可得，所謂「如是滅度一切眾生已，實無一眾生得滅度者」，「以無所得心，行一切善法」，所以這時你行的是大菩提，但是心中有菩提可得嗎？不可得！何以故？無分別故！

「悟境隨時自開顯，未能悟境自顯時，不可捨離深細觀。」深細觀是深細的禪觀。

「根本後得無差別，未證定、散無二時，應依靜處勤修持。」根本智是現見一切法空的無分別智，後得智是分別智；根本智是聲聞緣覺之智，後得智是菩薩之智；根本智現見一切皆空則入涅槃，菩薩智則能見一一相、一一事之生滅緣起，故菩薩智又名道相智，或道種智，即能見一切事相緣起的道理，而亦不離於空。而這個若用《心經》來講，「色不異空，空不異色」是理上的思惟理解；「色即是空」是一切眾相皆空，即根本智；「空即是色」是具足後得智，一一相上都能了解的道相智、道種智，但都不離於空，是如幻智，菩薩須具此智。

舉例來說，一個聲聞或緣覺的聖者，他們悟證一切語言皆空，所以都不會執著，但還是不會講非洲話；而一個菩薩他為了度非洲人，就要學非洲話，雖然知道非洲話是空的。

這裡的「定、散無二」是指根本定和後得定，即定中和定起之後，「未證定、散無二時，應依靜處勤修持」。

「覺受汩汩不斷生，未能至此境界時，不可捨離三要法。三身即是本來面，未證本具三身時，應修生、圓二合道。」三身是法、報、化三身。

「眼耳鼻舌身與意，一切時中坦鬆鬆，六聚未能鬆坦時，不可捨離三昧耶。」坦鬆鬆是坦然而至鬆，是放鬆而坦然有力，但不是鬆散；三昧耶是誓句。我很多的教授是來自密勒日巴祖師的，比如我講：「心如、氣鬆、脈柔、身空、境幻（境圓滿）」，都有受到密祖很深、很深的啟發，尤其我對鬆的體會是至柔、至鬆，鬆而專注，其實是受到密祖的影響。密祖的偈誦中大量用「鬆」字，對我的啟發很大，而創發「放鬆禪法」。

「梅貢聽了雀躍萬分說道：「請尊者把見、行、修、雙融之指示匯合成一，開示一下好嗎？」這個請求密祖開示融修之道是很好的。聽說當初阿底峽尊者應邀到西藏弘法，途中他拜訪了寶賢譯師的寺院，當他看了寶賢譯師的密殿壇城之後，他一一諮問每一座壇城的修法，寶賢對答如流，把每一壇城的各別修法都講的甚為圓滿。尊者逐一聽聆後說：「如果是這樣，那西藏就不需要我了」。但當尊者再問：「那這些法要如何總攝融修？」結果寶賢師答說：「諸法豈能於一座之中融修？」尊者即說：「哦，那西藏就需要我了！」

一座曼荼羅（壇城）就是一座修法，什麼是曼荼羅呢？曼荼羅就是集會，所謂祕密集會，一個曼荼羅就是一本經的一品或是一經，是諸尊集會的開會內容。就密續而言，經典就是這些佛菩薩一起開會時，他們共同講話的開會記錄，而裡面記錄的都是屬於修行心要的討論，佛菩薩在裡面對我們如何修行有所指示，我們照著這些指示修行就可以成就，密續中的一會、一會，就是這樣子。而這些曼荼羅就是事相，經典則是教相，在密法中，事相跟教相要合在一起。

一般我們在薩迦派的寺院前可以看到金剛界大曼荼羅，且有好幾十幅之多。本來金剛界大曼荼羅是十八會，而且它的圖是一張、一張的，每一張代表一會。但傳到中國時則發展成金剛界九會曼荼羅，而且自成一套完整的修法系統，把九會滙於一圖，繪成一圖，後來又從中國傳到日本去。這在西藏是看不到的，西藏看到的都是一張、一張的，每一張曼荼羅圖代表一會，也代表一個修法。

前面提到，當阿底峽問寶賢譯師：「把諸會融成一會當如何修？」時，寶賢愕然！所以後來阿底峽尊者就留了下來，在西藏教授。前面所問，即一切本尊如何融修一味，此處梅貢所問，即見、行、修、雙融之指示，請密祖匯合成一予以開示也。

講到這裡，各位會不會修佛法了？會吧。各位是佛，沒有錯，決定指示！決定信受！決定成就！所以，決定信受！決定體受！決定圓滿！決定無二！決定成就！成就者，不執成就相，亦不執成就之我，如是成佛，而無佛可得，現成一切皆佛也。所有佛法，我已融成一味傳給各位了，自信受即自成就。自他一味！法界一味！法界一相！就是法界灌頂！現成法界體性，各位現成毘盧遮那如來！

為酬其請，尊者歌道：「能賜加持師前禮。『見』契雙融心歡喜，『修』契雙融心樂然，『行』契雙融意雀躍，此三雙運甚奇哉！」一切對立分別，融攝為一。什麼是雙融之境？自他雙融！真俗雙融！世、出世間雙融！心中無有分別意，一切善惡自銷融，自淨其意真佛法，現前即是法身境。自淨其意之「淨」是雙融，所謂心淨，心融，心無分別也。無分別之心是明朗！坦然！獨一！自在！大圓滿！所以大圓滿境智是雙融之心，明照一切，無所分別。

「見若不能達雙融，豈知世間即法身？」各位看看（師攸然彈指而示），這一切山河大地不是你的法身嗎？我剛剛講各位是毘盧遮那佛，這不是假話，為什麼？我能馬上證明各位是毘盧遮那佛。毘盧遮那佛具足三身，一是器世間身，即一切法界，一切器界，一切依報，都是毘盧遮那佛身；二是眾生身，即一切眾生的身都是毘盧遮那佛身；三是智正覺身，一切佛身是毘盧遮那佛佛身。你的身是毘盧遮那佛身，毘盧遮那佛身亦就是你的身，那毘盧遮那佛具足之三身當然就是你的身！此名一味！

一般講三密是講佛的身、語、意三密，我現在把密法的三密融攝成一味的法教授各位。如來身、語、意三業，三密相應，所以三密成就。而什麼是如來身、語、意三密加持？如來身入我身，如來語入我語，如來心入我心。如來身入我身故，我身是如來身；如來語入我語故，我語是一切真言；如來意入我意故，我心即是諸佛。此即「三密相應」！

所以如來身入我身，我身入如來身，我空故如來身奪我身，佛空故我奪如來身，與如來完全相融不二，這是最究竟的奪舍法。而如果只是去奪一個身來延續生命，那也只是為了弘法的方便道。真正的奪舍是奪如來身，奪如來語，奪如來意，此身放空能讓如來奪也。然你若不空而自堅執，此身即是毒器，而毒器者，不淨之器。自身放空，不自執身，所以如來身能入我身；自語放空，不執自語，所以如來語入我語；自心放空，無諸分別，所以如來意入我意。而我成如來身，我成如來語，我成如來意，所以我入如來身，我入如來語，我入如來意；如來身與我，平等不二，現成毘盧遮那佛，即如此也。

是故真正的三密相應是相映，是相互攝持，如大圓鏡，鏡中相照。什麼是海印三昧？這不就是了嗎！海印三昧在密法裡就是法界體性三昧，其實是一樣的，即毘盧遮那如來三昧。是故「見若能達雙融，當然世間即法身」囉。

「修若不能趨雙融，苦痛豈能成莊嚴？」一切苦、痛、喜、樂，皆是莊嚴。

「行若不能契雙融，貪欲豈能自清淨？」一切分別自清淨，自圓滿，自成就。

「輪迴六道眾有情，涅槃出世之妙智，二無差別體性一，『見』之雙融應如是。」心中無差別，無染而能顯現。六根如何無染？六根眼、耳、鼻、舌、身、意不執六塵（色、聲、香、味、觸、法），名為無染；六根不執六境，而能現觀六境，就是世間、法身相應。這時出生是智，而不是識，是出生六智，而不是六識，是六覺、六智，而不是六識。這個清淨的六智作用，也可以名為金剛薩埵或金剛心。金剛薩埵是執行一切如來體性之廣大妙用，即執行普賢王如來父母之廣大妙用，是以六根普賢王，六境普賢母，現前雙融即究竟，現前金剛薩埵也。他代表如來執行一切究竟圓滿的法身境界，是廣度一切眾生，金剛不壞，金剛心也，此金剛薩埵之義也。

「種種顯現陰陽物，以及法界體性智，本無差別同法身，『修』之雙融應如是。」陰陽是轉動宇宙的力量，陰陽物代表一切世間所顯。一切顯境，及法界體性智，本然無有差別，同於法身，這一切都是法身的流行。開悟之時，見到一切法界萬物，心中即生親切，猶如舊時家中物，現在又見得。此時見到一切人，方知這一切人，就是自己呀。初見這種境界時，一則欣喜萬分，這種欣喜如同豁然還得本心，亦猶如新雨初下，大地的塵染掃淨了，一切是這麼清，這麼新，所以這心生起深深的喜呀。而這喜一生的時候，又泫然淚下，久來無恙否？百千萬劫輪轉以來，從來不見，現在又見面了，自己見到自己，難到不是悲喜交加嗎？

所以悟境是什麼？是很親切的，感受也是很真實的，弘一大師臨欲滅時，他寫的「悲欣交集」四個字，或可擬之。或者，亦可比為一對情人，烽火連年，分別久矣，今日乃得重見，既喜亦悲。弘一大師一生寫了很多字，但臨終前寫的「悲欣交集」這四個字，是真正的好，因為把火氣都消盡了。不過很多人都喜歡他以前寫的那些工工整整的字，卻不知最後所寫大大小小的那四字是真好。

我跟你們講的是親切話。所以說，你們看到這枝筆沒有？你們認為看到這枝筆了，但你們沒看到呀，否則你們會感覺到這枝筆最親切了。這枝筆是什麼？「汝家舊物！」是你心中的那根絃，是你家中的舊物呀。禪者悟道了，他怎麼說呢？「普天之下，莫非王土！」何處有邊埵？何處非家鄉？所以歸家穩坐矣。

因此，悟境是真實的，沒有親切感談什麼悟境？沒有親切，就是假的！不能裝得好像真的悟一樣，親切是有柔軟力，有大力的。只是初回家時，動作也不太順，常常碰前頂後，打的鏗鏗鏘鏘的，那是不熟習，但是有親切，有力量。所以這種東西是裝不來的，裝的都是假的，若是看的很像開悟的樣子，大概都不是了。悟境最親切，歸家見故人，自己椅子坐上去，很好睡覺的。

「如彼水月遍一切，不可捉摸似虹彩，如彼燈光極明耀，『行』之雙融應如是。」修成如是，行呢？鏡花水月，所行極空！水月道場，又親切，又陌生，如睹舊時月，如睹舊情人，是嗎？不是嗎！不是嗎？是嗎！

跟悟境初會，初見明體，自己跟自己的法身初見面的時候，我就想起「英烈千秋」這部電影，在那部片中，柯俊雄扮演張自忠，而跟太太（陳莎莉飾）及女兒（甄珍飾）在下著雨的狹巷中，擦身而過。因為那時張自忠奉蔣中正之命，為免千年古城北京被日軍炸毀，所以就佯裝投降日本，結果全國百姓皆目之曰漢奸，而那天三個人就剛好在狹巷裡相遇。當交會而過的那一剎那，三個人就定住了，但都沒回頭，陳莎莉就跟她女兒講：「是嗎？」而她女兒就回：「不是嗎！」接著陳莎莉再講：「不是嗎？」她女兒又回：

「是嗎！」真是妙哉，此答！重睹舊時明月，是嗎？不是嗎！不是嗎？是嗎！就是那種感覺，你們懂嗎？

所以悟境初期會怎樣？很妙！好熟悉，好親切，又好陌生，心紘會顫動呀！會真正的撥動，撥到心會酸，是又喜又酸，那味道很特別，是從來沒有的味道。而那種喜，是喜到一生從來沒有過的那種微細之喜，但那種酸呀，又是重回老家，重睹舊人的那種酸，是酸得又歡喜，歡喜得又很酸的那種樣子。這種酸喜境界融攝在一起，很美妙，很不可思議。

「如彼水月遍一切，不可捉摸似彩虹」，這時候我們怎麼實踐？境界是如幻的，是不能執的，像水月道場而遍一切。大家有沒有發覺到，一個清明鏡中所見到的倒映，往往比你自己直接見面還明、還亮、還清楚，所以說「如彼燈光極明耀」！洞山禪師便是一個很有名的例子，他見水中倒影而悟，「渠今正是我！」是嗎？「我今不是渠！」不是嗎？

這世界是我們心的展現，世間心物的分立，自他的分立，是我們心的影像，被我們的妄執切開了。悟後我們重合，疊在一起了，「『行』之雙融應如是」，顯境會特別明耀，但這時候心不能執，你一執就墮了，執即會墮，墮則成勞，境界會墮成塵勞。你若一執著的話，悟境會變成很實在，而你一執這實在感，那就不是了。所以悟境如幻，極空不可執，越不實，這悟境就越實了。沒有執著呀，真正如行雲流水，「飄飄出岫雲，濯濯流澗月」，水中的月亮，水流過去，月在水中，動而不動，不動而動，心就自在了，活了。但是，也不動了！

「此法眾生皆具足，三種雙融如是知。」各位本然就如是，只是堅持不肯回家，因為各位如來，你們還沒有玩夠。

「一切無二乃勝見，無有散亂是勝修」，這跟六祖講的東西是一樣。「無有散亂」不是把散亂止息，而是散亂不可得，不要妄動塵勞。

「雙運合一為勝行，此三無別即勝果。（梅貢吾子善受持），汝應如是修行去！」

第廿四章 大印法爾樂融融，五毒名養慢自消

這篇〈牛角的故事〉上篇，是講密勒日巴祖師跟心子惹瓊巴之間的故事，同時也提醒我們修行要很小心，因為要保住初發心並不是一件容易的事情。故事裡的惹瓊巴當時已經是個留學印度二次，回到西藏來的人，此時心中不知不覺生起了一些我慢，而他的老師密勒日巴卻只是個在山中修行的瑜伽師而已。

密勒日巴在光明定中清楚的看見這個情形後，就前去迎接他，父子二人終於在巴庫平原相遇。惹瓊巴心中想到：「我已兩番前往印度，尤其是這一次奉了上師的命令，為了佛法和眾生的原故（前往求法）。上師尊者的慈悲

和加持力固然很大，但是對（佛學的教理）和聖理二量我卻（比上師）更為善巧通達。這次他來迎接我，我對他頂禮時，他會不會也回報我一個禮拜呢？」一面想著，一面就把弟普巴贈送給尊者的檀香木手杖奉給尊者，然後向尊者頂禮，可是尊者連一點回禮的意思都沒有。惹瓊巴心裡就很不高興，臉上也露出點不滿的態度，但仍啟稟尊者道：「師父啊！這次我去印度的期間，您在那裡居住呀？身體安康嗎？金剛弟兄們現在都身體康健嗎？」

尊者忖道：「惹瓊巴果然沾了些外道的邪氣，為魔所攝，無論如何，這樣的我慢會成為他的中斷障的，我應該想辦法予以除遣。」於是就帶著微笑唱了下面這首歌，回答惹瓊巴：

「我乃雪山瑜伽士，身樂法爾中圍廣」，中圍即密乘之壇城，中央為主尊，而周圍圍繞者為伴尊眷屬，又名曼荼羅。「已淨五毒我慢故，身心安樂無不適。世間貪慾盡斷故，獨居自在樂融融。已捨苦藪之家累，不聚財物心自樂。不求廣聞為學者，心無掛累行善樂。不逞口舌興我慢，無言離諍恬然樂。不知隱藏與矯揉，心離預籌自然樂。不求名聞與恭敬，口舌是非自寂樂。任至何處皆安樂，任著何衣皆安樂。任食何物皆安樂，我乃時時快樂者。密勒日巴汝慈父，依於馬巴恩德故，法界輪涅一切法，圓滿盡攝此心中。此即時時樂瑜伽。金剛弟兄諸惹巴，身體康健甚安好，皆在深山修禪觀。吾子惹瓊金剛稱，適自天竺歸來耶？旅途身心勞頓耶？智慧明覺銳利耶？歌喉與致爽利耶？依於師教行持耶？此番前往印度去，已得所求正法耶？千奇百怪諸口訣，盡如汝意得獲耶？真實功德雖未具，心卻自滿自得耶？所作所行一切事，與利他義相合耶？惹瓊今自遠方歸，迎汝特為歌此曲。」

惹瓊巴也以歌來答覆密祖的詢問，並把從印度求得的經書供給尊者，尊者為了斷除惹瓊巴的我慢，又唱了一首偈誦來告誡他。為什麼密祖要這樣一再的警惕惹瓊巴呢？這就要回到我們修行的主旨上觀察。一切修行主旨就是為了解脫生死，這是大、小乘不共的，而大乘佛法的宗旨是為了自覺覺他，覺行圓滿，成就無上佛果，這是唯一的。即一切佛法皆是以解脫煩惱為核心，大乘佛法更是以解脫眾生的煩惱為核心，是為了這個才學法修行。

四弘誓願中，首先是「眾生無邊誓願度」；因為有眾生，而眾生有煩惱，所以「煩惱無盡誓願斷」；又因為有煩惱，須以種種方便法予以斷除，故有「法門無量誓願學」及「佛道無上誓願成」，此乃整個佛法永遠要扣緊的東西，也是修行人永遠要清楚明白於心的。但是佛法中任何的法門有否真正學到，是以自身的煩惱有無降伏或減少來檢證的。修行人所學的一切法，不管是世間法，或出世間法，都是為了眾生，所以不管學到多少學問，或得到世間多少稱揚，說真的，這些都是身外事，沒有任何值得驕傲的。修行人心中永遠要清楚的是，自己修行是為了什麼，這點永遠不能有疑惑。

但是這事很難，太難了。我們初發心是很清楚的，然而誰能長保這初發心呢？誰又能有那麼一顆清明的心去觀照呢？所以往往在修行的過程中，把己身為了幫助眾生，而在這過程中所學到的一些小小的方便或手段，當作究竟，常常自以為了不起，卻不知道這些只是輔佐我們度眾的方便，如果把方便當作究竟，就會因小失大，增長我慢，最終入於歧途。

修行十分容易入於歧途，如果沒有反省，就會像惹瓊色一樣，他去了兩趟印度，學了很多新穎的法回到西藏，他自認為學的比較多，不知不覺中就生起我慢，為魔所攝，心入歧途。尊者為了斷除惹瓊巴的我慢，當即歌道：

「噫戲！吾子惹瓊巴，自幼撫汝成人者，暫息驕慢與誇大，且聽汝父歌此曲。此曲意深如金鬘，悅耳妙音為汝歌，歌義若覺與理合，應善持守銘記心。無身空行之法聚，自有空行作供讚。貴人恃傲以凌人，常在惡人刀下死。富人吝嗇所聚財，常為怨敵所享用。無度吃喝與享用，是為飢餓早死因。人若不守己份際，越量而行終自毀。為官欺民凌僕屬，終必殃國毀鄉園。僕民若不敬主人，是為自取不幸道。法師若不持律儀，勢必毀損佛教法。若不隱密空行訣，是為擾怒空行因。（噫戲！吾子惹瓊巴），汝今持訣之傲慢，是乃趨入邪途兆。喋喋空言說法要，必毀修觀善覺受。汝今自傲大驕慢，終將捨棄上師教。弟子若不敬上師，必招苦中之苦報！修士不能依山住，必招憂傷與毀損。學佛若不捨親眷，必難破障獲成就。博學若不實修行，乃為恥中之最恥。比丘若不持戒律，實為羞中之大羞。我子惹瓊應諦審，我今所言亦善否？所言若合汝心意，應善持守銘記心。若覺我言無道理，汝可隨意而行之。我乃懼死一老殘，無暇空言聊閒天。汝乃青年自傲士，目空一切我慢者，縱以善言來相勸，汝反責怪回白眼，具恩譯師馬爾巴，祈賜恩澤大加持，令我貧士捨八法。」

唱畢，就把惹瓊巴所供的經書和檀香木拐杖拿在手中，以神足通向前飛馳。惹瓊巴拼命追趕，跑得上氣不接下氣，仍舊趕不上尊者。惹瓊巴一面追一面唱道：

「父師慈悲祈垂聽，人子豈能違父意？惟求受納我法供，清淨無垢諸口訣，今悉供奉父師前。無身空行各法要，空行親自教導故，已斷增損與錯誤，深而又深諸法訣，已得印可無少疑。哀祈慈父垂察鑒，其他尚有長壽法，空行指示之密句，金剛身之實相義，成就勝母之心要，皆供尊者上師前。此外護虎甚深訣，治療疾病及降魔，種種妙法如溶金，皆供尊者上師前。我肩揹有六王藥，勇父勇母諸妙物，為報慈父恩德故，我今供奉尊者前。藥王檀木之拐杖，空行親自執持者，罕世稀有無價寶，密主弟普所贈送，我今供奉尊者前，祈尊垂鑒珍視之。疲累欲死惹瓊巴，哀禱父師興悲憫，令我暫歇得喘息，諸布施中此最勝。若能布施飢渴者，恩德廣厚極殊勝，慈心善言施財物，周濟貧困功德深，照顧迷途示正路，一切諸佛之願誓。」

惹瓊巴一面唱一面跑，尊者在前面一邊飛馳，一邊靜聽。惹瓊巴唱畢此歌時，尊者也停住下來，席地而坐，向惹瓊巴歌道：

「父子意合甚善哉！處眾和睦是真王，父子若能意相投，是為王中之勝王。與眾不和惡人兆，與父不睦被魔牽；是故踐履善行時，應與汝父意相契，償報母恩此心安，與人無忤自莊嚴，道伴法友相處時，令彼心悅得成就。若能令師心歡喜，必得（無比）大加持。人若少慢離自傲，諸事成辦必較易。學佛應改惡習性，容忍譏毀乃真慈。謙讓自能得美譽，持戒必需無隱私。常與尊者相伴隨，功德法爾自然生。心若坦蕩少計較，口舌是非自然無。心若調柔並向善，勝菩提心自增長。達士懷恕能親民，愚人難分恩與仇。無身空行之法聚，以道觀之離益損。弟普真言心要法，較汝我更因緣深。馬幾成就佛母處，難尋勝我之弟子。空行佛母之密訣，若不示我將示誰?!銅綠黃金曼陀中，我曾多次享薈供，金剛亥母本尊佛，多年相伴較汝親。勇父空行諸淨土，無不與我因緣深！汝之所行及一切，（老父時時關切中），我心對汝之關懷，較汝自己尤為深！噫戲！吾子莫驕慢，隨我深山習禪去！」

尊者唱畢此歌後，主僕二人就同時向（巴姆巴通）行去。這是「牛角的故事」之上篇。

卻說尊者父子二人在途中行路之時，惹瓊巴心中想到：「這回如果是換了另一位上師，我此番從印度歸來，一定會對我作盛大的迎接和款待的。但我這位上師他自己的衣著和享用一向都是最起碼的。連他自己都這樣（褸衣敝食），那裡還談得到款待我呢？我從印度學了這許多的密乘大法，不應再以苦行方式來修習菩提道；應該以享受欲樂的方法去修行才對！」他一面想一面生起大我慢，對尊者也生起了惡劣的邪見，密勒日巴立刻就知道了。

修行要善護自心，前護、中護、後護，就如佛所說法，前善、中善、後善，是相續的善，修行人善護自心，也要不斷的檢省自心。而惹瓊巴到這時還在想以苦行方式，或是以欲樂方式來修習菩提道。各位，真正證悟的那一剎那就是入涅槃了，在涅槃中，沒有什麼苦行或享樂，只有因緣。密勒日巴尊者有他心通，惹瓊巴的邪念他立刻就知道了。這時，在道路的中間恰巧有一個（被棄置了的）牪牛角。尊者就對惹瓊巴說道：「你把這個牛角撿起來，我們帶走吧。」惹瓊巴心中想到：「我的這位上師，有時說（修行人）應該什麼也不要，有時『他的嗔心卻比老狗還狠，貪心比老丐還大。』

用這個俗話來形容他真是恰到好處了。這個（棄置在路旁的）廢牛角，既不能吃，又不能喝，究竟有什麼用處呢？」於是就對尊者說道：「算了吧！這個毫無用處的東西，還是不要它吧！」尊者道：「撿起這樣的東西還不至於增長貪念，不久也許會用得著它的。」說著尊者就自己將牛角撿起，拿在手中。

二人行至巴姆巴塘的平原中央處，其地一片平曠，連一個小老鼠藏身的地方都沒有。此時本來無雲的晴空，忽然黑雲密集，狂風驟作，極大的冰雹滿天狂襲下來。傳說冰雹是帝釋天王因陀羅所管的，所以他又是雷神，而彩虹則是帝釋宮殿。

惹瓊巴連看尊者一眼的時間都來不及，趕緊兩手蒙著頭。過了一會兒，冰雹狂降之勢稍緩，惹瓊巴四下尋找，卻不見尊者的蹤影，他就坐在地上略事休息。忽然看見附近一塊高地上有一個牛角，牛角的前面好像有尊者說話的聲音。惹瓊巴就走向牛角的前面，心中想道：「這像是剛才尊者拾起的那個牛角呀！」於是就彎身下去，準備將牛角撿起，可是無論他用多大的勁也拿它不動。惹瓊巴就俯身以面腮著地，用眼向牛角的內部看去，只見牛角並未較前長大，尊者的身體亦未縮小；就如一面鏡子中能看見廣大（的山河）一樣。這是神足通的一個方便。

尊者安坐在牛角的狹窄處，向惹瓊巴歌道：

「上師加持入我身，此身若與凡夫同，何堪成為大修士？現以化身顯神通，惹瓊子兮應頂禮！上師加持入我口，口若妄言或綺語，何堪成為大修士？我歌多富妙口訣，惹瓊子兮應善思！上師加持入我心，心若紛起諸妄念，何堪成為大修士？神通明體廣大現，惹瓊子兮應皈敬！」上師代表法界體性。密法修行中，最核心的要義是「三密相應，入我我入」，即佛的身入我，語入我，意入我，我與佛的三密相應無二。三密相應的根本是空，是實相，但是為了彰顯此空不是小乘之空，所以會以如幻來闡說。三密相應亦猶如水注水，以油注油，兩者相攝不二。修密對這個空、如幻的立場要清楚，即我與佛身完全沒有實質。而何以能入我我入呢？無我故！空故！

這是我們在修證上，要不斷去理解的，所有密法的立場就在這裡，否則是虛妄的。

像我們前面講到中圍壇城，壇城的中央是主尊五方佛，五方佛代表五種根本佛智；由五方佛再向外擴展出去，所展現的諸尊是代表佛的伴智，即眷屬智慧。所以一切密法的曼荼羅等教相，它所談的其實是內在的法，是以相顯法，依法示相。傳統的佛法乃以文字教授為主，密法則擅長看圖說故事，說故事亦能畫圖，此乃密法教授方便，然其一切皆以五方佛為最核心，其它則是從這裡面再開展出來。而這五方佛是從那裡出來的？是從毘盧遮那佛流出來的，故五佛即一佛。又所有眷屬智慧都是從五方佛智再轉出去的，所以一切眷屬諸尊即主尊也。

是故一切中圍，一切眷屬，都是一個主尊所化，所以這全部都是一尊，而全部是一尊又是什麼意思呢？即由空性所展現的智慧，由實相所展現的智慧，我們是空，佛也是空，兩者相應一如。所以我即具佛身，佛即具我身，入我我入，三密相應是這樣子來的，沒有這樣子，談不上密法。若有相而無空性作相應基礎，那麼這只是一個相教，跟佛法就沒有什麼太大的關係，比如我舉一個例子，吉祥天母（Mahakali）在藏傳佛教及印度教裡都各有一尊，而佛教的吉祥天母是由印度教的吉祥天母神轉化過來的，那麼這二尊之間有什麼不同呢？藏傳佛教的吉祥天母尊是由空性中出生的，但印度教的吉祥天母神卻是從神我中出發的，兩者體性不同。很多密法的諸尊都是從印度教的諸神轉化而來的。

密法的曼荼羅中圍，其周圍的諸尊都是從中央的主尊化現出來的，不管是五方佛或其它周圍諸尊，其實它的意思都是一樣。但藏密的圓滿次第裡面，它又把這些中圍諸尊直接用身體脈輪來展現，也就是這些中圍諸尊不再是客觀宇宙上的諸尊，而是我們身體裡面脈輪的作用。

一般人身體整個脈輪所展現的都是無明的作用，而當無明去除，智慧圓明徹底開展以後，脈輪所展現的便是五方佛，或是法界一切曼荼羅諸尊，比如心輪展現寂靜尊，頂輪現忿怒尊，乃至身體的每一個細胞化現出來的都是佛菩薩，但這是要等到你開悟的時候，這時你身體裡脈輪所有的作用，都是佛菩薩的智慧作用，所以你整個身體就是諸尊曼荼羅，圓滿次第要修氣、脈、明點的道理在此，是以行者自身來修持。

前面所提中圍壇城的這些佛及菩薩是代表法界，或本具的力量，這些佛菩薩的力量及作用是本覺，而我們現在要修行或修生的是始覺，當我們體悟到這個法之後，即是始覺同於本覺。我們身體裡面的中脈諸脈輪，在我們開悟了之後會發覺：「哦！原來這些脈輪都是佛菩薩。」但我們現在是未悟的凡夫，所以這些脈輪就只是凡夫的作用，意即種種煩惱，及種種結使的作用。這些煩惱結使在我們開悟智慧之後就成為本尊，我們身體內的每一個作用都是本尊。

本尊跟我們之間的關係，在密教裡，它用一個很重要的方式來展現，即我們皈命三寶及上師寶，亦即皈依佛、法、僧，加一個上師。而在這裡，上師代表什麼？上師代表現前三寶！因為你一切法都是上師所給你，整個法界、整個諸尊都是透過上師來轉給你，所以上師就是代表整個法界，代表整個本覺的力量，即代表整個法界體性的力量。

而在這邊，尊者的歌裡，為了特別彰顯上師所代表的位置，及這樣的說法，所以開頭就講「上師加持入我身」，因此上師它並不是只意指一個肉身上師這樣的意義而已，而是代表整個佛的法、報、化身，乃至法界體性身。透過上師（比如馬爾巴上師）這樣的形象的觀想作為一把鑰匙，透過這個鑰匙，我認識了整個法界體性，我看到了法界體性，我受持整個法界體性。整個法界體性力量透過上師這個緣起，不斷源源流入自身，所以我對上師具足完全的尊敬。是尊敬這個深層的理趣，因為尊敬這個，所以對上師緣起上的所有行為，我們都能如理的體會。

所以這裡所講的尊敬，是透過智慧體解之後，整個淨化了的一個尊敬，這個完全淨化的尊敬，在密法裡面有它特別的展現方式。比如說像帝洛巴跟那洛巴之間的故事，故事是這樣的，有一天，帝洛巴跟那洛巴師徒兩人一起，坐在一間房子的屋頂上，帝洛巴祖師就這樣講：「唉，如果有一個弟子能具足信心的話，那他就應當能毫不遲疑的立即從這高頂跳下去，那我會是多麼高興呀！」話未說完，那洛巴已經「噗通！」一聲，自由落體般的直墜到下面的地上去了，摔的全身骨節幾全斷裂。這時帝洛巴祖師卻若無其事般的從屋頂上走下來，然後慢慢的走到那洛巴祖師的身邊，跟他講：「痛嗎？」那洛巴答：「很痛！」帝洛巴祖師就以神通力，一下子把那洛巴的傷都治好了。

帝洛巴祖師跟那洛巴祖師之間，示現的這種緣起是很殊勝的，但這樣的法門不一定是每一個人都適用的，不過我們要了解它為什麼是這樣展現？在這個展現裡，帝洛巴是代表整個法界現前三寶，也就是代表一切諸佛的法、報、化，乃至法界體性身！因此，「上師加持入我身」、「入我口」、「入我心」，故事中所要展現的真實意旨在此。

惹瓊巴是一個智慧很高的聰明人，但他的問題出在那裡？他是一個聰明比智慧高的人。我奉勸大家，聰明千萬不要比智慧高，太聰明的人往往煩惱很大，而有智慧的話煩惱就少一點，所以智慧要比聰明大。而悲心又要比愛心大，不要愛心比悲心大，否則你會無事眼淚汨汨流，卻沒有力量幫助別人，因為真正的悲心，背後一定具足智慧的力量。又信心要比愚癡大，很多人是愚癡比信心大，佛教徒很多是愚癡超過信心，愛心超過慈悲，而聰明也絕對是超過智慧的，所以佛法學的扭扭捏捏，歪七歪八，常常忘記本心，逞其聰明，常顯其愚癡，卻忘失信心。因此，佛法被他扭曲了他還搞不清楚，還是堅信被扭曲了的佛法到底，各位錯誤的信心絕對不是佛法。

佛法的信心是要先透過適當的觀察理解之後，才產生真實的信心。如果不透過理解，而只是完全依他人之言，心即隨轉，身即隨行，此即愚癡大於信心。很多人講，密法中對上師的信心不是要完全的嗎？是的！但是密法裡面也同時交代了一件事情，即你要恰當選擇上師！提醒你在選擇上師之前要花多少時間觀察？如果沒有在這種前提下，莫名其妙去皈依一個人，你認為成就的機會大不大？

所以現在許許多多的人，當他們在尋求信仰（不只是佛法，也包括佛法以外的其他信仰）的時候，他們抉擇信仰的方式，其實就好像在玩六合彩，是用賭的，而不是透過深刻的思惟，他只是一味的堅信他這樣的信仰一定會贏。然而佛法的抉擇一定要透過聞、思、修，是透過智慧的思惟才產生清淨的信心，這樣的信心會讓你在佛法的道路上行走時，免於愚癡的盲惘。

惹瓊巴是個聰明大於智慧的人，但他的福德夠，所以他有一個好上師。惹瓊巴想道：「看樣子，裡面地方很大，容得下我應無問題。」想著就嘗試著鑽進去，努力鑽了半天連頭或手都進不去。惹瓊巴想到：「尊者的誅法也許靈，也許不靈，但他的降雹本領卻是真的！」一面這樣子妄想，一面以顫抖的聲音用嘴對著牛角口唱道：「上師尊者祈垂聽，汝子惹瓊金剛稱，見、行、修、果及覺受，或高或低或明暗，或緩或急各不同，皆離貶獎任置之；無論布衣乾或濕，子皆祈禱我師尊，父子平等或不等，子皆祈禱我慈父。」

尊者聽了惹瓊巴的祈求後就從牛角中出來，向天空中作了一個手勢，風立刻就平息了，雲霾也散開了。太陽出來照得大地暖融融的，惹瓊巴的布衣一會就曬乾了。二人在地上坐了片刻，尊者說道：「也許（剛才的風暴）是由我的誅法咒術所引起，但是我（一開始）就知道你的印度之行原是不必要的。因為我覺得大手印及那諾六法已經足夠我的需要，所以我從來就沒有打算去印度，你這次去印度求得所欲的法訣非常之好。」

惹瓊巴說道：「師父啊！我現在真是飢寒交迫，我們到那邊牛毛帳篷處去討一點食物來吃吧。」於是二人就走到那座黃色的小帳篷門口，向內招呼作乞食的要求。裡面走出來一個面貌猙獰的老太婆說道：「好的瑜伽行者能夠無分晝夜的安貧如常；我家中的食物已經在今天早晨布施光了，你們最好到別家去要吧。」老太婆惡狠狠的說了這些不客氣的話以後，就進裡面去了。原來這個地區正在鬧瘟疫，這個老太婆的大限也已經到來，竟在潑口惡語之後悄悄的死去了。她的所有財物都被附近的牛場娃拿得精光，只剩下一小口袋的黃油、乾酪和熟麥粉，以及一銅匙的酸乳酪。於是師徒二人就把老太婆剩下的一點食物作供品，為她作了一個薈供。然後惹瓊巴就把薈供所剩餘的殘食包好，揹在肩上准備起程。但是尊者說道：「惹瓊巴啊！要吃死人的食物就應該替死人消災。所以現在你應該背起這老太婆的屍首，我在面前為你帶路。」

惹瓊巴害怕會被死屍的汙障所染，滿心不情願的背起老太婆的屍首，由尊者在前面領路來到一處沼澤地。尊者說道：「惹瓊巴啊！一切眾生都會這樣的死去。可是人們卻根本忘卻了『死之來臨』！所以多半自絕學佛之因緣。我們二人也應該時常深加警惕才對。」於是就向惹瓊巴唱了一首無常幻化六種譬喻歌。歌畢，二人將老嫗之屍骨埋葬妥善，並超度其神識入於法界。將剩下尚能食用之食物帶在身上，向百則之杜遠聰行去。

這是「牛角的故事」的第二章。

尊者父子在百則暫住的時候，惹瓊巴心中出現了許多覺受，在非常歡喜的心情中，他心中湧出種種的念頭來。尊者立即察覺到了，隨後就問他道：「你發生了些什麼樣的覺受呀！」惹瓊巴以歌答道：

「當我依師共住時，自覺身如極利刃，能斷內外諸惑障，念此不禁心快樂！眾人群中共坐時，自覺身如燦爛燈，能釋口訣極明了，念此不禁心快樂！雪山頂尖冥坐時，自覺身如白獅子，力能降服一切眾，念此不禁心快樂！紅崖山畔靜坐時，自覺身如大鵬鳥，無懼浩海之波濤，念此不禁心快樂！漫遊山川諸國時，自覺身似小老虎，於所觸境無貪戀，思此不禁心快樂！親友眷屬集會中，自覺身似白蓮花，世間汙穢不能染，思此不禁心快樂！身處塵囂人稠時，卻似一粒水銀珠，凡所觸處無滯礙，思此不禁心快樂！具信徒眾共住時，自覺我是小密勒，隨意能唱口訣歌，思此不禁心快樂！能獲此樂上師恩，心離整治即佛陀！」惹瓊巴的歌唱得很好聽，但這種覺受並不是決定的證量，所以你們也不必相信。有時候你們看到歌都會以為唱的人應快成佛了，而且從最後二句看起來，他對上師也蠻尊敬的。結果密祖這時的回答也很恰當。

尊者聽後說道：「如果這些覺受不與我慢相雜，那就是得到上師的加持了，頗為難得，可以說是很好。但是這些覺受卻需要如此的『見』才能（合乎正道）；這些『見』看樣子你好像還沒有得到。聽我歌曰：

「心底深處起悲時，我見三界諸眾生，如處火宅洪爐中。耳傳能詮之口訣，心底深處受納時，如鹽溶水成一味。智慧於內開顯時，『是』『非』疑惑（頓時斷），根本後得夢醒覺。深觀產生大樂時，所顯諸法自解脫，如水蒸氣消太空。契入所觀體性時，實相明體智慧現，如彼無雲大晴空。動心清濁已分時，本來明體智慧現，明朗如淨水銀鏡。賴耶融入法身時，投生取有此蘊聚，如足踏蛋立粉碎！執著之繩切斷時，各種次第之中陰，如蛇伸直解盤結。解脫取捨諸行時，此心離作安然住，如彼雄獅三力圓。顯明、空明、智慧明，與此三明相伴時，如日光耀無雲空；此時境、識各自分，如分馬群與牛（羊）；心與蘊聚繫繩斷！我已利用人身寶，瑜伽行道事已畢。汝亦有此覺受耶？惹瓊子兮莫傲慢！」這些偈頌你們要好好細參，有不明瞭的地方可來問我，沒有不明瞭的地方就好好問你們的心，你們的心有沒有融攝、融入？你們的心就是鍋子，這些偈頌就是乳酪，放入鍋中慢慢銷溶。密祖在這偈頌裡是給予惹瓊巴更深的見地開示。

惹瓊巴聽了此歌後，心意改正了許多。此時天已大亮。尊者說道：「現在讓我們父子二人到拉息或笛色雪山，那些無人跡的地方去修行吧。」惹瓊巴說道：「我現在身心已疲勞欲死，亟需到一個離城鎮不遠的寺廟中去休息幾天才能回復疲勞，現在這個樣子怎麼能夠去旅行或修持呢？」尊者說道：「一個人如果從心底深處想去修法，他像這樣去修也就夠了。」於是就唱了下面這首「八種滿足歌」：

「以身為寺亦足矣，身要即是佛宮殿！」身要是指修持禪觀時，身體打坐的各種姿勢及要道，如大日如來七支坐法，及馬爾巴的坐姿五要訣等。

「自心上師亦足矣，決信即是最勝士！外所顯現一切境，即是佛陀之經典，知境即經亦足矣，眾顯皆為解脫喻！三昧為食亦足矣，禪定能獲佛加持。拙火為衣亦足矣，暖樂即是空行衣！斬斷親緣亦足矣，獨居即是天中尊！遠避仇敵亦足矣，仇敵無非路客耳！內外一切諸障礙，修觀空性皆能除，深觀空性亦足矣，種種幻變皆心現！修行正道應如是，違此即是入歧途。我已年邁死期近，無暇與汝作空談，汝乃青年身健壯，難納忠告與益言；傲慢貪著入邪故，直言規諫成剩語。若願修行隨我來，不願隨汝自意去！」

唱畢，尊者就起身準備離去。惹瓊巴立即拉著尊者的衣服，唱了下面這首「八種不足曲」來回答尊者：

以身為寺雖然可，仍需床榻臥此身，風雨無情襲一切，僅持此身不能足！自心上師雖殊勝，仍需上師示此心，祈禱必需有皈境，僅依自心仍不足！顯境雖能作經典，惑疑障難終難免，釋疑必需依聖典，無經可依豈能足?!三昧為食雖然可，滋養此身需食物，幻身亦需食維持，不依食物豈能足?!拙火為衣雖然可，遮身衣褲亦必需，凡人孰不畏羞恥，赤裸無衣豈能足?!斬斷親緣雖甚善，途中難免遇惡人，嗔怨隨時皆可至，一味回避豈能足?!觀空除障雖甚善，大力惡鬼心怨毒，鬼魔我執難降故，除障仍需他方便！我今順利來師前，師往何處我亦往，侍師時時皆快樂，願侍吾師常相隨。惟祈慈悲開許我，暫住村鎮得蘇息。」

尊者說道：「你如果決心不願到那無人的山中去修行，我們就暫時先到博拓去說法吧！」於是師徒二人就向紅崖拓博地區行去。

這是「牛角的故事」的最後一章。

第廿五章 法爾顯境皆經典，自心執障自心消

〈惹瓊巴的悔悟〉：惹瓊巴滿心不情願的隨著尊者行抵紅崖博拓的快樂崖太陽堡。

於是尊者說道：「惹瓊巴，你到外面去打點水，我就在此地生起火來。」惹瓊巴悄然地走上山坡去打水。忽然，他看見在博拓和快樂崖之間，那片寬曠的平原當中有一塊非常適意的草地，一大群馬匹正在一起馳躍遊戲，快樂非常。惹瓊巴看得十分高興，心中想道：「巴通的野馬真是異乎尋常，十分有趣！」他竟看出了神，不知不覺在山坡上逗留了很長一段時間。

此時尊者正在洞中生起火來，他打開了惹瓊巴從印度請回來的經卷，心

生大悲，鄭重的說了如次的真實語，至心禱曰：「遍滿虛空的空行母啊！我差遣惹瓊巴到印度去所求得的無身空行母法要，那些對眾生和佛法有益的正法，請你們收藏起來，那些對佛法和眾生有害的外道邪咒惡術，請護法們分置一旁。」禱畢，尊者就默然坐了片刻，然後把惹瓊巴的書付之一炬！最後只剩下幾張殘箋斷頁。

此時的惹瓊巴却正在觀賞野馬們在草原上奔馳遊戲。他看見野馬群中有一匹特別雄大的馬，那匹馬裝成狼的模樣，把群馬都趕在一起，驅過了山頭。惹瓊巴忽地驚覺，自忖道：「啊呀！我在外面閒蕩了這樣久，如果再不馬上回去，尊者一定會責怪的。」一面這樣想著，一面就急速地轉回洞來。行至一座通往布仁的橋邊時，忽然嗅到一股燒焦的紙煙味，惹瓊巴驚忖：「難道是我的經書都被火燒光了嗎？」等他走進洞來時，只見地上除了剩下幾片包經的外殼外，其他所有的經典果然都燒光了，惹瓊巴見狀，心如刀割，異常憤慨。向尊者問道：「我的經書呢？」

尊者說：「我等了許久都不見你打水回來，我還以為你死了呢！你如果死了，這些經書對修行不但無益，還會亂人心意，對我也是毫無用處，所以我一把火將它燒了。你到底因為什麼事耽擱了這樣久哇？」惹瓊巴本來就有著一腔的傲慢，現在更因此事，心中想到：「師父居然以瞋恨心作出這樣輕蔑我的事來啦。哼！我還是到第普巴那裡去吧，要不然就到別處行腳去。」這樣一直想著，最後竟對尊者完全失去了信心。他一聲不響的悶坐了半晌，然後才回答尊者道：「我看見一百頭野馬和她們所生下的一百頭小馬在一起玩耍，十分有趣。看出了神，所以回來遲了。現在事已至此，尊者對自己的黃金，和我去印度的種種辛苦如此蔑視，等於是教我白跑了一趟印度。算了！算了！我要離開此地到四方遊歷去了。」說畢就對尊者做出種種不恭敬和不相信的態度來。

尊者說道：「惹瓊巴，兒啊！你不必對我這樣的不快和喪失信心。說來說去，這還是你自己貪玩和愛看稀奇的報應。你要看稀奇嗎？我現在給你看一個真正的好玩意兒吧！」於是尊者顯大神通，在自己的頭髻處出現一個眾寶砌成的寶座，座上有一朵蓮花，蓮花上有一日輪墊，日輪上又有一月輪墊，墊上坐著與金剛持無二無別的譯師馬爾巴，歷代傳承上師周匝圍繞。在尊者的左右耳畔又各現出一個日輪和月輪，鼻孔中吐出如絲帶的五色光芒來，眉間放出毫光；舌間八葉蓮花的日月墊上現出光彩的梵文母音和子音字母，極清晰明了，像是用毛筆寫下來的一樣，尊者的心間也放射出萬丈的寶光來。

惹瓊巴毫不動容，悶坐不響；偶爾向尊者所顯現的神跡斜視一兩眼，全不把它當回事似的。他對尊者說道：「看野馬比您這些神通要有意思多了。」尊者對他顯示了如許的神通，他卻絲毫也看不起的樣子，說道：「請您快把我的經書還給我！」說畢就氣呼呼的悶坐一旁，兩腳跺地像跳碎步舞似的，又把兩肘放在雙膝上，兩個手掌心托住下巴，嘴裡哼著小曲子……

尊者又大顯神通，全身內外忽然清澈透明，密處顯現朵結丹依，臍輪示現上樂金剛，心輪喜金剛，喉輪馬哈馬雅，眉間釋迦牟尼，頂髻密集金剛，諸天眷屬圍繞，在美麗的虹彩天幕中，如是示現諸佛相好，雖無自性，卻極端清晰明了。惹瓊巴說道：「尊者的成就憑證確實稀奇，但是我如果失去經書，此心將永遠不安，所以請您把經書賜還給我。」

各位，我問大家：「釋迦牟尼佛是看那一本經成佛的？又佛陀那些阿羅漢弟子是看那一部經開悟的？」佛陀當時，常常是「善來比丘，鬚髮自落，袈裟自服，成阿羅漢」，講苦、集、滅、道四諦就成就了。所以很多人說沒學中觀，或沒學過唯識，就不能成就，誰說的？中觀或唯識是幫助我們弘法的方便，但不是一定要學過才能成證無上菩提。

歷史上有很多的經論，作為一個菩薩行者是應該去看，但有些人為了弘揚某些論典，他所講的話就很莫名其妙了。比如《菩提道次第廣論》是一部極好的論典，是宗喀巴大師很了不起的一部著作，印順導師也深受此論的影響，但是若有人為了弘揚廣論而這樣講，「沒有看過這本書的話，不能成佛！」釋迦牟尼佛第一個就沒有成佛，再來是龍樹菩薩，他也沒看過，所以他就沒有大成就了。是這樣嗎？這本書是應該看的，但是為了弘法而說這樣的話不好。

蒄瓊巴在這邊的迷惘是，他一定要得到某一個法才能成就。各位，沒有這種事情，釋迦牟尼佛並不是得到一個法而成就的，他是心裡面時時刻刻念著眾生的解脫而修證成就的，是為自解脫，他解脫，自覺覺他而證得成就的。所以各位心中有沒有感受到眾生的煩惱跟苦痛？有沒有感受到自己的煩惱跟苦痛？要超越這個！各位，最大的一本經是你自己的心經，所有的佛法，就是解釋你這本心經的，都是你心的註解。

尊者於是再顯神通，從有質礙的山巖中，進來出去，毫無滯礙，身跨巨石於空中飛行，又在水中行走和坐臥，身上出水冒火，從一變多，攝多歸一，這樣在空中行走安住，示現種種威儀。

蒄瓊巴說道：「尊者所顯現的神通和小孩子的遊戲一樣，（看多了）除了令人厭煩以外，實在沒有什麼稀奇。您如果有慈悲就請把經書還給我。」

尊者道：「兒啊！莫要對父親生起邪見啊！你如果能夠至心祈請，顯有一切諸法皆會變成經典了。你應該向我祈請證得這樣的境界才好！」各位，這是什麼意思？淺意是安慰惹瓊巴，教導他若能至心的祈請，經典並沒有消失，會出現出來給他。但深意是，顯有的一切諸法都是經典，這才是真正的境界呀，真正的經典是這個，是你心的經典，也是法界的經典。佛陀所說法如爪上泥，所未說法如大地土，其實整個法界都是經典，你們看的到嗎？我們一生所行即是在行一部經，行你自己成佛的經。

有時我看這個世間，我心最痛的事是什麼？我們每一個人呀，都看不起自己！不知道自己現在就在寫成佛的這一本經。各位呀，千萬不要自暴自棄，不要欺侮自身這尊佛陀。若是欺侮釋迦牟尼佛，欺侮密勒日巴祖師，欺侮他佛，都已經是罪惡深重了，何況自欺自身這位佛陀呢？所以各位，不能自暴自棄！我們現在這念明覺相續，用這一念明覺，念念清淨，相續成佛！

惹瓊巴說道：「我若能重獲經典，就會對您的神通發生信心，否則我心裡總是不會高興的。」尊者如是規勸，示現了如許神通，惹瓊巴仍是不生信心。

生命的因緣不可思議，比如我問大家：「什麼是死亡？」在佛法中，是身體的溫暖、意識、壽命離開身邊，名為死亡，但死亡並不是一個點，而是一個過程。隨著醫學的發展，死亡的定義也在不斷改變當中，三十年前的死亡判定跟現在是不同的，很多過去的所謂死亡，現在則是可以救活的，以前可能認為心跳停止就是死了，但現在則是以腦死為準，而在未來，腦死可能也不足以憑斷為真正的死亡。隨著醫學科技不斷發展，所謂死亡的這個不可返逆點是會漂移的，總是不停的在調整當中，但不可返逆的那點真的越過去了，人就死了。同樣的道理，人跟人相處在一起，一般人總是不自惜緣，總是時時在挑戰那因緣上的不可返逆點。人若不能用慈悲心相待，不能用智慧心去穿透，卻不斷的在挑戰及試驗那不可返逆點在哪兒，一旦越過去了，生命中許多有緣的因緣，就真的不可挽回的過去了。

我們看惹瓊巴不是一直在挑戰著這個不可返逆點嗎？所以尊者向空中飛去，越飛越高，終至不見。此時惹瓊巴突然心生極大懊悔，對尊者油然生起了不共的信心。不覺自語道：「現在尊者已經不在了，因為我自己不能降伏此心，一定要執持這些爛紙破書，現在竟把上師也失去了！這也是我的報應。尊者對我示現了如許的神通，而我卻一點信心都生不起來，難怪尊者傷心。一個人如果沒有上師，要經書何用呢？不如跳下這個懸崖自殺了吧！願我生生世世都常伴尊者，永不分離，師徒二人的心意也和諧無間，合而為一。」惹瓊巴以最大的至誠和熱情發下此願後，就舉身疾步投崖。自殺是大罪，應自惜生命以成佛也，莫殺自佛！

因為他身體輕盈，腳步又快，衝勢之力竟落在懸崖的一個腰壁處。在那裡，他看見尊者飛過的身影，惹瓊巴立刻以極悲淒的聲音向飛去的尊者狂呼哀號，一面自己也嘗試著奮力飛起，想追上尊者，但畢竟不能飛起，只能在空中步行。走了一程，看見尊者的影子，惹瓊巴努力趨前，只見在紅崖山腰的一個空隙處，看得見尊者的身體，也聽得見尊者的聲音，惹瓊巴走到尊者的面前，兩手緊抱住當中那個尊者的身體。（因為他悲傷和激動過度的緣故，竟昏倒了過去。）醒來以後父子二人回到洞來，尊者說道：「惹瓊巴啊！你如果想成佛，就應該修持（空行）明顯教授的口訣。像我們這些人是不需要那些辯論的書籍和外道咒術的。無身空行的法聚確是非常殊勝，因此我並未燒掉。除此以外的那些經書，會使成佛的原衷變成墮入惡道的引線，因此我都焚卻了。

惹瓊巴想到：「上師所講的話實與諸佛所說無異，皆是真實語也。」於是殷重祈禱，於剎那間，無身空行法聚——那些對眾生和教法有益的經書，都忽然出現在惹瓊巴的手中。惹瓊巴大喜若狂，生起了上師即佛陀的確切信心。心中忖道：「我過去一直在侍奉上師，以後仍將繼續的侍候尊者。」他立下這個堅誓，以後果然貫徹始終，終生如斯。

前面在「顯有一切諸法皆會變成經典」中提過，惹瓊巴若能至心的祈請，無身空行法聚的經書並沒有消失，會再出現出來給他，但這是淺意，結果惹瓊巴看到淺意就大喜若狂，畢竟他並不是即身成佛的根器呀。

這一篇是講惹瓊巴的故事，我希望各位看了這個故事，心中能生起很深刻的體會。體會什麼？守護自心！守護自心之佛陀！你的自心就是你的上師，讓你的自心清淨，就是讓你的上師加持不斷。自心不淨，外在的上師能作什麼？是加持你成就世間的一些事業嗎？修行人只有成佛一事，成佛一事才是你真正唯一的事。

第廿六章　自見本來真妄泯，任運無整大手印

〈連貢日巴的悔悟〉：從達波地方來了一個廉族的瑜伽士，他一向久聞尊者之名，心中異常仰慕，此番特來朝見。他甫見尊者的面容，心中立即生起了殊勝的樂、明、無念三昧，因而對尊者生起了最大的信心。於是他對尊者說道：「師傅啊！我是達波地區來的一個修行人。過去我曾依止幾位上師，學習過大圓滿等法的引導，也修習過用分別抉擇慧去修觀（定慧）的方法，同時也修持過平等密行，但是我所得到的只是一些意解的理路而已，並未生起一個能使此心得到確切依靠的覺受，所以特地前來求法。請您慈悲傳給我法要吧！」

尊者說道：「你過去是否一直有這樣的情形呢？」隨即以歌問道：

「上師所傳諸妙訣，已成口頭假禪耶？各各分別抉擇慧，已墮能所二分耶？」能所二分是指分別心。

「趨入證悟之勝見，已為二執所惑耶？」二執是我、法二執。

「無緣靜慮之修觀，已墮著相險徑耶？」以無緣來修習的禪觀，已墮入執著禪定現象的險徑。

「平等無別秘密行，亦生懷疑放任耶？於大涅槃果位法，亦希由他而得耶？心未浸透之覺受，如水滴革不入耶？心性本來是空寂，未摻二取之執耶？深山茅蓬修觀時，不為矯揉魔乘耶？如是應知無明輪，如轉陶器無已時。」上面這些情形，可能都是我們所要反省的，我們常常把所有殊勝的見解，變成分別與執著的對象，而不以自心去領受，卻以分別心來分別。

瑜伽士說道：「過去確是有這些毛病，現在就請尊者傳給我與這些不同的灌頂和口訣吧！」尊者當即授以灌頂和法訣，命他去修持。可是因為多年習氣的緣故，他對有相法的善行始終絲毫不能丟脫，同時想到城中去遊玩的妄念也紛起不已。尊者立即覺察到他的這種情況。一天，他來到尊者面前報告修行的覺受時，尊者對他說道：「如果不能徹底的斷捨那些愚癡的有相觀法，和根絕到城市中去遊耍的念頭，就仍然會被三界輪迴的過患所縛，所以你應該力斷貪欲和執著。聽我歌曰：

「依持殊勝傳承時，迷惑法爾性中淨。應時捨棄諸作業，是乃真正瑜伽士。」修行不是要清除迷惑，也不是要清除妄想，而是如實體悟法爾體性，本然清淨！在法爾體性中，沒有所謂的迷惑或不迷惑的問題，所以迷惑自銷泯。自心明朗、坦然，一切現成，一切無畏，一切自在，一切圓滿。有人問：「那要透過什麼修行，或前面要作什麼加行，後面才能夠成就？」就究竟的教法而言，無須透過加行，現前自成就！當下之心斷三際，過去、現在、未來，三心俱斷，當下就是法爾清淨。法爾清淨還要依靠東西嗎？法爾清淨還要依靠因緣嗎？法爾清淨是離因緣淨！

很多人心中常常自生妄想：「唉呀，不行呀，我根器不好！」或是「唉呀，不行啦，我還沒有作足加行！」明明教你們：「現前即是大圓滿！」你們又想：「不行，我要先修大圓滿加行」，或者「我先修大圓滿前導」，「我先作大圓滿祈請」，「我現在先修大圓滿祈請的祈請」，「我現在先修……」，各位，是這樣子嗎？「自性從不污染，當下現成即佛！」

這樣清楚麼？不清楚，就繼續囉。

「修持大手印定時，任何法相心莫執！離戲於內顯現時，觀審念誦有何用？遊蕩城鎮瑜伽士，親朋牽纏扯不清，言行俗鄙無意義，無二明空竟隱蔽。」無二明空如何隱蔽呢？言行俗鄙，講一些應酬話、交際話，及一些不知道是什麼的無義話，這些無意義之語會讓你「無二明空竟隱蔽」。

「處世如不護譏嫌，必生煩惱與不快，死時徒增大悔恨。故應常念死無常，防護遮止煩惱賊，否則將墮險道中；故應常時住深山，觀心赤裸離遮礙。若不如是勤修持，必墮疏懶無記中，應以誠信大恭敬，至心祈禱上師尊，否則覺受將遞減！若不奮發大精進，修持甚深方便道，終為煩惱賊所乘，故應時常住茅蓬，功德決定得增長。」所以各位，放下才對。

尊者的指示正好說中了瑜伽士的痛處，他不禁對尊者生起了不共的信心。獨自前往深山中去專心一意的修持，終於出生了殊勝的證悟。尊者非常高興，對他說道，你應該繼續對何者應捨，何者應為，善加分別抉擇才對。」隨即歌道：

「自見本來面，親證實相義，如是瑜伽士，時時皆快樂。心隨塵勞馳，生種種困擾，如是學佛者，時在苦痛中。任運無整治，不動自清淨，如是瑜伽士，時時皆快樂。」任運是任運自然，心不被絆索，不被纏縛，即任運無整治，赤裸本來面。

很多人動不動就說：「我講話比較直，我是直心！」明明是用瞋心直接罵人，卻說他是佛教徒，只是在講真話，我說你是真的講貪、瞋、癡話。很多人講自己是直心，我說是直接的貪、瞋、癡心。真心、直心，是不能借佛教的名詞來掩飾的，真心、直心那會有那麼多貪、瞋、癡心呢？真心、直心是真實的法性生心，是慈悲智慧圓熟的法性心，這才是任運無整治的心，亦是煩惱穿透了，在禪宗就是參破話頭的那個，是不動而自清淨，為什麼不動？因為煩惱不入故。

「心隨妄念馳，起貪瞋煩惱，如是學佛者，時時受逼苦。見外顯諸法，皆是大法身。希、懼與疑惑，從此砉然斷，如是瑜伽士，時時皆快樂。莽言無顧忌，健談扯閒天，為八風所轉，如斯學佛者，時時皆苦惱。見一切唯心，所顯皆友伴，如是瑜伽士，時時皆快樂。此生蹉跎過，死時百悔生，如斯學佛者，常在苦痛中。如量契悟境，本然住實相，如斯瑜伽士，時時皆安樂。貪慾深入心，兢兢患得失，如斯學佛者，常在苦惱中。諸相自解脫，覺受恆不斷，如斯瑜伽士，時時皆快樂。為文字所縛，心無決定見，如斯學佛者，常在苦惱中。捨棄世間法，心離諸掛礙，如是瑜伽士，時時得安樂。升斗必計較，以養愛慾女，如是學佛者，時在苦惱中。內心已絕貪，見一切如幻，如是瑜伽士，時時皆快樂。散亂並逸樂，役身心如奴，如斯學佛者，時在苦惱中。身騎精進駒，行住解脫道，如斯瑜伽士，常在快樂中。身披懶惰枷，繫輪迴巨錨，如是學佛者，時時皆苦痛。斷聞思分別，觀心為娛樂，如是瑜伽士，常在快樂中。口云依佛法，實做諸罪行，如斯學佛者，時在苦惱中。斷希懼疑惑，本覺常相續，如是瑜伽士，常在快樂中。矯揉順世情，己鼻被人牽，如斯學佛者，時在苦惱中。一切棄腦後，常行佛陀法，如是瑜伽士，時時皆快樂。」

這是尊者的親近弟子連貢惹巴的故事。

第廿七章 善守自心法爾淨，阿字不生體性生

岡波巴大師是密勒日巴祖師無比第一的大弟子，但事實上他跟密祖在一起的時間並不長，比較長的是惹瓊巴，惹瓊巴是從小就跟著密祖，算是不錯的弟子了。佛陀的第一位侍者是善星比丘，跟著佛陀十幾年，證得四禪，具足神通，結果後來他卻到處講佛陀的壞話，他說佛陀根本沒有開悟，所以佛陀不是阿羅漢，而且說裸形外道尼犍子才是阿羅漢，又說佛陀根本沒有功德。到最後，善星比丘臨命終時，他發現自己的四禪中陰現起，但證得阿羅漢的人，臨滅度是不應該有中陰身現起的，而善星比丘誤以為證得四禪就是證得四果阿羅漢，結果這時他生起極大的忿恨：「佛陀騙我！我證得這個四

果境界，怎麼還會有四禪中陰身呢？」由於瞋火燒盡禪定功德叢林的緣故，他就落入地獄中了。

所以修行，最主要還是要善護自心。回顧自己一生修行的過程，我感覺到有兩者一直在保護著我，讓我修行不至於走偏了：第一、是我對佛法的信心，第二、是對眾生的悲願心。我記得在高中時不敢發願，因為我想一發願就完了，發願生生世世要度眾生，那不是太可怕了？後來敢發願之後，心就變了。而對佛法的信心是來自清楚的見地，就像你眼睛睜開，看到太陽，感受到它的溫暖了。從此之後，就算在寒冷的冬天，你也知道太陽是溫暖的。因為這是真真實實的體受，不變的體受，而這種體受讓我對佛法的信心不變，也讓我走向解脫道的這個方向不變。但是在面對波濤洶湧的世間，你可能看不懂變幻莫測的人心，比如很多人對你好，但是要按照他的方式才能好。在這時候，我發覺到能夠讓我一直渡過的，是來自於我感受佛陀的慈悲心。其實，密勒日巴祖師也幫助我很大，因為我念大學的時候就看了密勒日巴大師的傳記與歌集。

雖然一直沒有做到，但願力是鞏固不壞的。對佛法的信心是眼目，對眾生的悲願是盔甲，雖然走得不好，但這誓願保護著我一直往前走，心中從來沒有遲疑。修行真正的要務，就是自他解脫，除此之外，沒有其他的事，所謂自覺覺他，覺行圓滿，清楚而明白，就是這麼走著。

什麼是金剛不壞？就是法爾清淨的心！我知道大家都會證得，而且如果願意的話，不待因緣，只要心裡面不要罣礙著太多事情，當下就獲得了。

岡波巴在密勒日巴祖師的弟子裡面，是最重要的一位弟子，傳說他是佛陀在《三昧王經》裡授記的菩薩。《三昧王經》在西藏算是一部很重要的經典，在中國翻譯此經的經名為《月燈三昧經》，是講月光童子跟佛陀學三昧王三昧的故事，所以月燈三昧又名三昧王三昧，而這個三昧我在講授高階禪觀時已教授過。《月燈三昧經》在中文的經典裡並不流行，但在西藏由於岡波巴大師的故事，所以在噶舉派中是屬於很重要的一部經典，他們認為很多大乘的教法與見地在這裡面都有的。

很多修行的法門，像大手印、大圓滿及禪法等，每一個教法都認為它的見地與修證是最殊勝的，所以每一個教法的弟子都認為，他們教法傳承祖師所傳下來的經典或論典，才是最究竟的核心經典，比一般的更究竟些，比如這部經是講大圓滿法，那部經是講大手印的，各教派總是認為自己的法門跟經論才是最究竟的，但這只是一種說法。

對於經典的傳承，我有另外一種觀點，即同樣一本經典，不管是《心經》、《金剛經》，或是《華嚴經》等等，任何一本經典，其實是淺者見其淺，深者見其深。同樣看《心經》，淺意者看了是了解它的意思，深智者看了是悟入實相，不同智慧的人看了，同樣一本經典，他們的體悟是不同的。淺意者只從表相上看經，深智者是從內義上去了悟，更深智的話是從證量上去體悟，究竟義則是從法界體性，即自身跟法界無二上去直接現證。

所以在我看來，你從《金剛經》所悟得的，跟你從《心經》所悟得的，都是阿耨多羅三藐三菩提；跟你從《華嚴經》所悟得的，跟你從大圓滿的究竟、大手印的究竟、禪的究竟所悟得的，是無二無別的。因此，你剛開始從表義上去看一本經典，到進一步從深義上去了悟這本經典，再後來到更深一層去證悟這本經典，乃至到最後現前體悟到這本經典就是你的心，你的心與經典無二無別。每一個人依於不同因緣而趣入某一部經典，如是體悟，如是發揮，這樣子才是能夠讀懂經典的。

像岡波巴大師在《月燈三昧經》中的展現，讓許多他教下的弟子體悟到，原來《月燈三昧經》裡面有很多大手印修證的見地，但對許多學密的人而言，他們可能不能體會到經中的意思，他們可能會想說：「嗯，我要有一本特別的密續的東西，裡面才會有大手印的見地，《月燈三昧經》明明是一本顯教的經典嘛！」我跟大家講，這個世間那有什麼顯教的經典，密教的經典，每一本都是法界的經典。我問各位，《心經》是大乘的經典沒錯，但是觀世音菩薩是顯教的菩薩？還是密教的菩薩呢？

所以，我們要體悟，一切的言語，一切的經典，從表義看，從內義看，從證量中看，從體性上看，每一本經典都是四層，即外、內、密、密密四層而有四相也。

以下我們開始講〈岡波巴的故事〉：

尊者正在吉祥山以愉快的心情在（為弟子們）說法。尊者有時默然沉思，有時忽而微笑。布仁的女施主中有一個具相的行者名叫則賽的，問尊者道：

「尊者在說法時，忽然沉默，忽而微笑，是因為看見善根的弟子生起了功德，還是因為看見惡根的弟子產生了邪念呢？」

尊者答道：「我既非看見好弟子的功德，亦非看見壞弟子的過失！」則賽問：「那麼尊者為何發笑呢？」

尊者答道：「我的兒子，那『衛地的法師』（烏巴頓巴），現在已經抵達亭日區域的休息石旁邊了。他全身疼痛不已，口中正在不斷的祈禱說：

『一切上師都知道啊！一切上師都知道啊！』他至心恭敬的這樣祈請我，同時流了許多眼淚。因此我心生慈悲，以三昧力予以加持。我心歡喜，因此不覺笑起來了。」尊者一面自己也簌簌的流下許多淚來。

則賽問道：「那麼他什麼時候會來呢？」

尊者道：「明後兩天之內總會到了。」

則賽問：「我們有機會能看見這位大士嗎？」

尊者道：「有的！誰要能夠在他初來時，備置墊褥，請他坐下，此人必能得到三昧定食。第一個朝見他的人，必能趨入大樂解脫之地。」

不久，大士和那位由夏境來的嘎當派的和尚行抵亭馬的商鎮處，那裡有一位女施主正在悠閒的織布。大士就問她道：「聽說此地有一位瑜伽大師，名叫密勒日巴，他現在住在那裡呀？」

女施主問道：「你是從那裡來的？」

大師說：「我是由衛地專誠來此朝禮尊者的。」

女施主道：「那麼我想先供養您一下。請到舍間去坐坐。」於是就延請大師到她家中去，供以茶食。大師用過茶飯後，女施主就說道：「尊者早就知道你要來了，同時對你的將來也作了許多懸記。前天你在亭日地區生病，尊者也知道了，當時曾以三昧力來加持你，是我請求尊者首先來迎接你的。」

大師忖道：「原來是上師的加持力，所以我倖得脫離此難，沒有死去，上師早知我會來此，足見我是一個具有宿根和因緣的弟子。」這樣想著，心中不禁稍微起了一點點我慢。所以修行人要善護自心呀，像岡波巴大師這樣的大菩薩轉世的人，都還會有這樣些微的執取，更何況是一般的修行人呢。

尊者立即知悉，為了消除大師的我慢起見，十五天之內未蒙召見。由色問頓巴供給大師柴水和炊具，在一個崖洞裡住了半個月。然後大師由女施主（則賽）引見，前來朝謁尊者。

大師見了忖道：「在尊者的面前不可稍有隱私，應該提撕正念才行。」

他對尊者生起了與諸佛無別的信心。然後尊者對大師說道：「衛巴頓巴（衛地的法師）啊！你以前得過灌頂沒有？」大師就把以前在各上師前所得的灌頂和口訣，以及自己所得的三昧境界詳細稟述。尊者笑道：「哈！哈！壓沙豈能出油？白蘿蔔裡也榨不出奶油來呀！我是由先觀短『阿』字的拙火，才見到心之體性的。」密勒日巴祖師主要是修大手印及拙火成就的。「阿」字者，本不生義，依本不生，依空義，依大手印的法性之理來觀修短「阿」字。但我問各位，密勒日巴祖師是單純的僅觀一個短「阿」字嗎？還是融入大手印法性之理來觀修短「阿」字？同樣的，我請問，當各位在修持一座儀軌的時候，是照著儀軌僅是一個儀軌這樣修？還是把一切修行所得的體悟融合在一起修？這樣聽懂了沒？這是重點所在呀。

所有的修行是合於一心而融修！一切你過去的見地、體證，世、出世間所有的東西都會融於一心而修之，也就是要尊重你過去所有的一切緣起。修行人要真正的感恩，要感恩自己的父母，感恩如來，感恩山河大地，感恩這個世間，感恩一切眾生。修行人總是有個迷惑點，即把如來當作一個名相，父母也當成外在的。其實父母是我們身上的DNA，我們身心一半是來自父，另一半是來自母，父母是我們心中的寶，是我們的仁波切，我們的觀世音菩薩，我們的阿彌陀佛。

很多人很相信佛，很相信如來，但卻不相信如來所講的話，所以如來講的見地、教法，他在聽這本經典的時候就很相信，而這本經典看過之後，他就把講的忘了。然後他再看另一本經典的時候，又去想另外一本經的事情，到最後他看到世間的事情，他只想到世間的事情，經典裡所講的他全忘了，這是沒有融為一味。沒有融為一味的生命，是不能安安實實，也不能踏踏穩穩的走上一條直捷成佛的路，他就每一天不斷變換位置，不能定性下來。

一切的眾生，每一個眾生是什麼？《觀無量壽經》說：「諸佛如來是法界身，入一切眾生心想之中」，所以眾生絕對是佛！我們在每一個眾生身上，看到一切諸佛，一切阿彌陀佛，一切觀世音菩薩，山河大地就是毘盧遮那佛。我們感恩這些，除了世間意義的感恩之外，尚有出世間以及究竟意義上的感恩。心有感恩，就有力量，就有源頭的加持，因為你感恩這些佛，你自己就是佛，你把他們看成不是佛，保證你不是佛，因為佛看眾生都是佛，而你看眾生不是佛，保證你不是佛。所以你若保證自己不是佛，就必須觀想自己是佛，你觀想自己是佛，你自己也不是佛。因為這些都是在你模擬的外皮，不是核心點，核心點必須從體性上去看。

「要循此修觀，為了緣起的緣故，則必須得到本派傳承的加持才行。」於是尊者就依耳傳派之黃丹壇城授大師金剛亥母灌頂並傳付口訣。從現在開始，這個恩德是密勒日巴祖師給你們現前的灌頂，你們順受了就是灌頂成就。什麼叫灌頂成就？不是一個上師在你頭上滴幾滴水就是灌頂，灌頂是透過這樣的因緣的一種表義，讓上師的心跟你的心完全一如。

一個上師有時候在平常的修行不夠圓滿，但是一個真正盡責的上師，他在真正傳法那一剎那，他是放空的，他其實不是代表他自己呀。好上師不是說：「我傳你一個什麼法！」不是這樣子，而是放空自己，而讓圓滿的三寶在他身上現起，透過這個上師化成法界體性，此時弟子的心與上師的心完全相合相應，這才是成就灌頂！

所以成就灌頂是透過上師這樣的因緣，讓你體悟法界體性。很多人不識此義，而說：「我得到灌頂了，我感受到上師的心情！」心情有什麼好灌頂的？如果灌頂是這樣的話，你就買一個雙聖牌冰淇淋給上師吃，問上師說：「好吃嗎？」「好吃！」上師回答，你就得灌頂了，這是很荒謬的。所以要知道真正灌頂是與法界體性相應，而不是跟上師的心情相應，或是說跟上師喜歡什麼相應，那是巴結，又叫佞師；佞師者，絕不傳法。

回到短「阿」字的觀修。「阿」字本不生，是空。修短「阿」字成就，由真空妙有之義，乃有「阿」生拙火也。「阿」為什麼生拙火？真空妙有也，才見到心的體性，即見到法界體性，法界體性者，真空即妙有，妙有即真空也。各位以後修任何法，就是透過這樣的體悟，隨時隨地在修法的時候，都是上師現前灌頂，都是密勒日巴祖師灌頂。

大師依訣修持後出生了善妙覺受。但是在修持的時候，大師想起從前諸上師傳授的法訣，對見、行、修，生起了許多的想法和疑惑。於是就來到尊者面前請求釋疑，並指示見、行、修的精要。

尊者就為大師講解消釋各種疑惑，最後總述真言乘之見、行、修要點，並特別宣說修傳派之見、行、修精要於此歌曰：

「『見』者自觀自心之謂也，若於自心之外尋別物，如彼武士尋寶惟徒勞，那結比丘善士應知悉！」《大日經》講：「云何菩提？謂如實知自心！」又形容大手印見最常用的比喻是：「如海船上放鴿飛，遍繞諸方仍落船，如是以心觀分別，終歸最初本心性。」或者如同海島上有一隻海鳥，海鳥在無邊無際大海上飛來飛去，但不管牠怎麼飛，最終一定回落於海島上。吾人妄念，亦復如是，不管妄念如何紛飛，最後一定迴入自心！

大手印的見地與精要，每天都在各位眼前顯現二十五小時，二十四小時是平常的，一小時是奉送的。為什麼大手印能夠給你們二十五小時？因為大手印超乎時空，所以二十四小時陪你們玩，一個小時特別奉送，但是你們看不到，為什麼，因為你們不見自心！

那要如何見到大手印？大手印只是個名相而已，它是佛陀的心印，也是你的心印。眾生是很容易被外境轉的。

以前有一段時間我常到某寺講經，住持的小孫女是那邊的天霸王，我在上面講經，她在下面當然也要講經，結果我在上面講，她也在下面講。而當我在跟住持聊天，她在旁邊也一定要講話，在那邊伴奏，因為她是那邊老大。有一天，她上幼稚園了，有了新課本，她很高興，就拿起新課本：「天這麼黑，風這麼大，爸爸捕魚去，為什麼還不回家？」每次我在那邊聊天、喝茶，或談什麼事情時，她就一直唸課本，大人制止也沒用。

只要我一講話，她就開始唸：「天這麼黑，風這麼大，……」。連續幾天都如此。有一天，我想和她開個小玩笑，於是她一唸課本，我就不講話了，而她還兀自的一直唸下去。唸到沒氣，會累了，我就叫她的名字：「某甲，大笨蛋！」小孩子很在意人家叫她大笨蛋的，她一聽到我在台上叫她大笨蛋，她就趕快拿起課本，一直不斷的唸下去，想把我的聲音蓋過去。然後我就不講話，好整以暇，等她沒力氣了我再講：「某甲，大笨蛋！」她又好緊張，趕快拿起課本搶著唸下去。這樣重覆一直搶，一直唸，到最後，她被慣性同化了，我就突然叫她的名：「某甲！」她搶著講：「大笨蛋！」笑遍全場。從此之後，她一看到我，臉色大變，就跑掉了。到最後的幾個月中，只要她看到我，就靜靜乖乖的坐在旁邊，因為她怕變成大笨蛋。

一般人也是如此，平常看經典時，覺得自己好像很清楚，但遇到境界一來，就被轉走了，忘記眾生原來是佛，一下全忘了，都被境轉掉了，就用原來的習慣思惟去想事情，所以就變成大笨蛋了。

那麼密祖教導我們什麼究竟的方法見到大手印呢？「『見』者自觀自心之謂也」，自觀自心，如實知自心，自心即法界，法界一切都從自心出，故應觀察自心。你若向自心之外去尋別物，那只會徒自疲累，空無所獲。你若真的把心放下了，好好觀察，這就是大手印見呀。大手印究竟的見地是什麼？善觀法界即自心耳！

自觀自心！什麼是自觀自心？心裡面念念清楚，心千萬莫去尋別物。那心若有時昏亂了怎麼辦？昏亂者，不整治也，即散亂不整治，大手印不整治心的。很多人聽了很高興，就想：「那睡覺時，我就隨它去睡覺！昏亂就隨它去昏亂！」殊不知，不整治，但也不隨它去呀，即不跟著它去，而是隨它去！意即心妄念起來時清楚嗎？自觀自心，當然清楚！妄念生起時清楚，那昏沉時也要清楚嗎？當然睡覺的時候，你要知道你在睡覺呀，而且從睡覺開始，到睡著之後都知道自己在睡覺，甚至你在睡覺時，人家問你：「你在睡覺嗎？」你要能回答：「是！」

以前有一位學生，他常幫忙開車帶我到很多地方。有時候在車上我正在睡覺，他們邊開車還邊聊天，聊到我的時候，我順便就回答。他們就覺得很奇怪，我不是在睡覺嗎？從此之後我在睡覺時，他們就不敢再偷講我的壞話了，因為他們不知道我到底是在睡，或不在睡。但我真的是在睡覺呀，只是睡的跟不睡的同時在一起而已，而且那個睡的是很清楚的，那個不睡的也是很睡的，這個工夫你們也可以作到的。

自觀自心自清楚，你念頭起時很清楚，但是不對治它，不去壓它，要清楚它而不壓它，念頭時時明照，時時都很清楚。而你們會說：「這清楚要怎麼用？」我說：「就這樣用！」若再解釋的話，你們就開始想解釋的事情，就不會用了。其實最好的方法是沒有佛教名相的，是大家一聽就很清楚而且都會用的。

守護眾生即守護自心，害別人就是害自己的心，但這裡面並不是沒有是非，有是非，但是沒有敵者！大手印究竟的見地是善觀法界即自心，傷害別人就是傷害你自己的心，故應守護眾生猶如守護赤子，沒有敵人。

「『修』者決定不除沉掉也，修時若以沉掉為過患，則如白晝燃燈成空費，那結比丘善士應知悉！」沉是昏沉、沉沒，掉是掉舉、昏亂。決定不除沉掉故，所以睡覺時睡覺，但是不可以不清楚，昏亂任其昏亂，但不是不明白。「決定」這個詞要特別注意，「唯一決定，不除沉掉！」何以故？沉掉即大手印之自體性，你若以沉掉為患，跟沉掉對立，那就如同白晝燃燈，成空費也。

像我們前面說過巖頭禪師打瞌睡打得很自在，卻惹動雪峰心中不安，最終在巖頭的點撥下徹悟的故事。

「『修者』者決定不除沉掉也」，除沉掉是功夫法，非體性法。而大手印是體性法，不是功夫法，是清清楚楚的從自性中出，這才是大手印之修。

「『行』者決定不取亦不捨，行時若取若捨成自縛，如彼蜜蜂入網難解脫，那結比丘善士應知悉！」遠離一切對待，不取不捨，一切現成！什麼是一切現成？一切無可取，無可捨，無有少法可得。「那結」是醫師的意思，岡波巴大師本身是醫師。

「守持密乘三昧耶戒者，心常住於空見之謂也」，三昧耶戒就是誓句、誓願，是守護成就本尊用的。戒、定、慧是佛法中的三學，小乘的戒是行為的規範。戒條當然也要了解，但佛法的戒不能只從戒條上去看，而是要從戒的精神去看。本來釋迦牟尼佛剛開始成立僧團的時候並未制戒，因為有戒的精神存在就不需另外制戒，所以一開始的十二年中並沒有明文的戒條，但後來出現了種種問題，所以有種種戒條來防護，以免教團的存在及發展受到破壞。

但戒的精神是什麼？要記得，戒是用來守護自心，守護自他和合，讓自他之間在互動時所產生的種種現象，不會妨害你的定力的養成。實際上戒的運作，就是教團不要跟國家、社會，或外界的其它團體產生衝突，能維持和合。所以辦法會時，麥克風音量不要開太大，然後對著外面猛放，免得影響四周鄰居的安寧。其次，團體本身成員要共和合，若是金剛兄弟之間起紛諍，那就沒辦法修行；其末，自心要自和合也，我常舉的例子就是前菲律賓第一夫人伊美黛，她每天一早起來第一件事，就要先面對三千雙名牌鞋子，結果不曉得要穿那一雙才好，這是自找麻煩，所以生活要合宜、適當就好。以上是戒的精神，大家要善加體會。

前面講到，小乘的戒是一種行為規範，假設它規定不能闖紅燈，但是現在十字路口站著一個小孩子，有一輛大卡車疾駛過來，快要撞及小孩，而且燈號是紅燈，你要不要救？小乘戒只規定你不能闖紅燈，沒有規定你要不要去救那小孩，但是大乘的戒是教你不能闖紅燈，然而如果路口有個小孩面臨危險，你要馬上衝過去把他救起來，你若沒有救的話，就是犯戒，而你救的話，闖紅燈就得接受罰款，這是菩薩行。

因此，小乘的戒是行為戒；大乘的戒是動機戒，是心戒，一定要救眾生，以眾生為要。但有時你為了救眾生而面臨罰款問題，你就得乖乖去繳罰款，你不能找藉口或爭辯；「哎呀，我是為了救眾生才違規！」不行，菩薩沒這麼好當的。

再者，密乘的三昧耶戒，乃是為了迅即成就本尊，是要積極成就三昧耶誓句本尊，具足本尊觀，成就金剛身。大乘戒也是迅速成佛，但密乘戒在某些方面是更為積極。

至於禪戒，也是心戒，即你心裡不能有錯誤見地，有錯誤見地就是犯戒，如達摩一心戒文講：「於自性靈妙常住法中，不生斷滅之見，名不殺生，於自性靈妙不可得法中，不生可得之念，名不偷盜。」

小乘戒是由戒生定，由定發慧，是以開悟自解脫為主。大乘戒是在動機上發願度一切眾生的心戒，它的定是三昧，三昧是為了廣度眾生，自他圓滿而修的定力，慧則是成就佛慧。密乘的戒是為了迅疾成佛，是要在本尊的誓句上面疾速成就，它的定力是密法的本尊三摩地，要迅疾的成就三身如來。

「守持密乘三昧耶戒者，心常決定住於空見之謂也」，這裡面密祖給我們一個很特別的提示，即守持密乘三昧耶戒，它背後根本上決定是空！那要不要守？當然要守！不然不成為戒。但守的時候有一個可守嗎？當然無可守，否則就是落於有相。

「若於本無可守密戒外，另尋其他可守之戒律，則如水源頭上再尋頭，徒勞自苦那結應知悉！」

「『果』如澈明自心決定也」，心完全明晰，明了而透徹，並已得到一種決定，這種決定是清清楚楚、明明白白，不依他緣，是澈明自心而得到完全的決定。

「若於無礙果外另尋果，如彼烏龜跳躍欲上天，那結比丘善士應知悉！」無可得故，澈明自心之果。

「上師應向自心內尋覓，若於心外別求另上師，則如擯捨自心徒空勞，那結比丘善士應知悉！」那有心外之上師？你若自心不得決定，不清楚、不明晰，而說你很相信一個上師，你相信什麼？而且這是什麼相信？是什麼在相信？根本沒有那個心去相信，你的相信是虛妄的，是莫名其妙的，所以「上師應向自心內尋覓！」

「一切外境一切所顯現，歸元無不攝歸於自心，那結比丘善士應知悉！」面對自心，其實是最輕鬆的，但是我們卻都喜歡向外尋求。殊不知自心是清楚的，將一切相對有為的心放掉，習氣及成見都放掉，心就歸於自位了。

岡波巴大師得到決定性的見地之後，就開始發大精進修持。一天夜裡，在洞中赤裸而修，自然生起了暖樂。在天要亮的時候，昏昏睡去，全身卻仍（直挺不動）如石頭一般。大師繼續修持七日，暖樂自然熾盛，親自見到了五方五佛。就以此覺受稟告尊者，尊者評道：「這就像用力擠壓眼睛時看見兩個月亮一樣。這不過是能持五大氣之徵兆而已。既不是過失，也說不上是功德。」尊者雖然說這些覺受不算是什麼功德，但大師卻鼓舞非常，努力進修連續三個月。一天黎明時分，忽見三千大千世界像巨輪一般的轉動了起來，大師嘔吐良久，竟昏倒在地很長的一段時間。遂以此稟告尊者，尊者說道：「這是左右二脈之氣進入中脈之象，既不是過失，也說不上功德，只管繼續修持下去。」氣入中脈之象依每個人因緣不同，所展現的現象有異，岡波巴大師是以大手印見，加修拙火氣功，而我是直接以禪下手，跟密相應。我氣入中脈是跟法界合在一起，開始是整個皮不斷膨脹，最後擴大到無盡法界裡消失掉了；接著是肉、筋脈、血脈，全部很清楚這樣化到法界裡面去了，再來是骨頭、骨髓，整個心識就全部消失了，消失後也跟岡波巴大師一樣，昏倒下去了，完全空掉了。一段時間後，心識先回來，接著從內到外，骨髓、骨頭、肉、皮一層層回來，從空至有，氣入中脈的現象跟岡波巴大師不完全一樣，我是直接從空性趣入。

某日清晨，大師看見（許多）大悲觀音層疊而上，每一觀音皆坐於一月輪墊之中央，住於自己之頭頂上。以此稟告尊者，尊者說道：「這是因為你的頂間大樂輪中明點增盛的原故，既非過失，亦非功德，繼續修下去！」月輪是明點，而這種大悲觀音層疊而上的徵象，有些只顯日月輪，不一定這樣顯現。

又於某日黃昏時，大師見黑暗地獄，以是因緣，覺上胸壓迫不適，強烈心風猛生。以此稟告尊者，尊者說道：「這是因為你的修帶繫得太緊，所以把身脈束縛得太緊了，應該把修帶放長（放鬆）一點。這是因為上行氣持（得太緊）的原故。既非過失，亦非功德，繼續修下去。」修帶是西藏瑜伽行者在修定時，以寬三、四寸之布帶纏在頭額、肩部及二膝，使身體維持一定不動之姿勢，以增強定力之穩定。

一天，大師見欲界諸天，以及六道中一切天人皆極為清晰明朗。上界諸天以乳汁甘露降注下界諸天人（口中），諸天人（飲此甘露後）皆呈滿足適意之狀，但大師之母親卻口渴，（未能飲入甘露），而死於一刀口之上。以此稟告尊者，尊者道：「降注甘露者，乃是表示喉間受用輪處之左右二脈的明點增盛之相，母親口渴（而不得飲者），乃因中脈之口尚未能打開之故。所以現在你應該作這些運動和拳法。」當即授以猛厲之跳躍、打、跌之拳法。

我有沒有教過你們喉間受用輪趨入之法？肩胛骨放下，肩膀放下，脊骨放下，下巴收進來，為什麼？因為我們喉輪在成長階段是先被扭曲的。人體的雙十字線是很重要的，基本上，小孩在成長時是先動到眼脈這條線，小孩看東西時，心識一外放，眼睛睜大看東西，頂骨就動到了，中脈位移，中脈移位了，所以眼脈拉上來，眉心輪跟頂輪就跑掉了。然後下巴就抬起，下巴一抬起，喉脈也拉移，喉輪就跑掉了。

再來，小孩子學很多東西而開始緊張，肩胛骨往上抬，心輪一頂，大椎骨就慢慢凸起來了（本來是平平的）。現在要怎麼調回來？首先，肩胛骨往下放，背部肌肉往下放，頭部平正、下頷放鬆，喉輪就收攝，頸脈也跟著縮入深部，外面觸診不到脈動了。喉頸部形成氣墊，很舒服，喉間受用輪就這裡。

岡波巴大師在此處是左右二脈已打開，但中脈之口尚未打開。我教過你們中脈打開的方法，即喝水時從中脈喝進去，直衝到海底輪。至於猛厲之跳躍、打、跌之拳法，可以練妙定功來取代，且更進步而圓滿，此法之核心為中脈。

大師依此修持。過了一月，身體忽然跳動顫抖不已，時時都想搖動，不由自主的想大聲喊叫。大師忖道：「難道是魔鬼來擾亂嗎？」就前往稟告尊者。尊者說道：「這是心間法輪明點增盛之相，應不斷的努力練習散佈之法。這不是過失，亦說不上是功德。」此後大師不需許多飲食即能度日（不感覺飢餓）。

一天，大師見對面虛空中有一對日月被羅睺所吞（或見日月蝕之相），羅睺星有兩條分叉的細馬尾。以此稟告尊者，尊者說道：「這是左右二脈之氣趨入中脈之相。既不是過失，亦說不上功德。」尊者又自語道：「他真是一個雄鷲啊！是時候了！是時候了！」這樣連說了三遍。

大師繼續勇猛修觀一月後，見到紅色喜金剛壇城。不覺忖道：「尊者曾說『是時候了，是時候了。』這大概是指這個見本尊像和壇城吧！」於是稟問尊者。尊者說道：「此乃心間法輪處由母親所得之血份成堅固之相，既非過失，亦非功德。但現在要竭盡能力去努力修觀！」身體內所有成分都是本尊壇城的轉化過程。而大師所見紅色喜金剛壇城，乃心間法輪處由母親所得之血分成堅固之相，但岡波巴大師認為那是壇城，當然這也可以稱之為壇城，然而它並非壇城的究竟體性，只是當血分堅固之後可以再昇華轉化。

大師精進努力修持，一日見上樂金剛魯意巴之白骨壇城。稟問尊者，尊者道：「此乃臍間明點充滿之相。既非過失，亦非功德，仍繼續修下去。」你若沒有得過這個灌頂，不一定會見到這個，即你沒有修這個法是不會見到這個的。你們可能會看到白色如水晶一樣的，或是看到日月相，或是紅色，或是白色的，這些相主要會跟你們當生的意識裡面的境界相應。岡波巴大師有得那個灌頂，你沒有那個灌頂。沒有那個灌頂會不會成就？當然會成就！有些人沒有灌頂也都成就了。只是有得灌頂成就的，跟沒有灌頂成就的，他們所見的壇城的相不一定一樣，但都是壇城，你們看到日月相現起就是了。

我以前修這個時，並沒有修本尊觀，但基本上都呈現日月形，而日月會雙融。

前面是紅色的心間血份，現在是白色的臍間明點。

「大師勵力精進修持十四日，於夜半時見己身量如（廣大）虛空。從頭頂至足心及全身各支分充滿六道有情，大部都在專一的飲乳汁；有些眾生卻在擠星辰的奶乳而飲之。又聽見一個不知從何處來的巨大的長叫聲，一直連續不斷的吼叫著。」這個巨大吼聲你們將來也都會碰到，當中脈打開時，這個吼聲是一切咒的吼聲，阿字在每一個脈輪裡不斷的震動，光是「阿」字就有無量音，所有咒音都是從中脈發出來的，一切音聲亦是從中脈裡發散出來的。這個中脈持咒的法門以前也教過（見《如觀自在》一書第三十八頁），我都是把至簡至要的法門教授給大家。

天明後，大師將修帶散去，這些境象就消失了。以此稟告尊者，尊者說道：「這是你全身不可計數的千萬諸脈管中，業氣帶動了明點，業氣也正在轉變成為智慧氣之相。」於是就傳與大師最殊勝之忿怒母修法，大師依之而修。忿怒母是般若之母，智慧之母以至極忿怒的相現起，所謂「悲忿眾生未成佛」。我們自己也未成佛，當然可以自己修自己。

一日忽見整個大地盡為濃煙所蔽，一直到了下午，（眼前只覺）越來越黑，看不見道路，如瞎子一般的摸索到尊者面前。尊者說道：「一點關係都沒有！坐下來，（休息）一會兒，繼續修下去！」尊者就教示大師除遣上半身之障礙的方法，一會兒大師即覺得眼前清亮像天亮了一樣。岡波巴大師此時修習忿怒母，因為這時上半身脈道還有障礙，所以眼前一片濃煙暗蔽就是障礙化出來的現象。就如同我們清洗極頑固之垢，當清到最核心部分時，整個污垢就全部放出來了。

某夜，大師見自己身體之內，毫無血肉，只有骨骼被許多脈管纏繞起來，就去稟問尊者。尊者說道：「這是因為你修氣太粗猛之故，要緩柔一點才好。」

大師於黃昏時修本尊觀及念誦法。午夜修上師相應法，精勤祈禱多次。黎明時分修命勤氣功，於天將明時略睡一短座之時間。睡中夢見與往昔經驗及習氣毫無關聯之夢兆二十四種。與往昔經驗及習氣毫無關連之夢，才叫真實夢，而不是由自己的習氣所顯，或是一些外境所顯。

醒後心中暗想：「這些夢兆是好是壞呢？」這樣不覺生起了一點點妄念。繼又想到：「上師尊者就是現前的一切智佛陀，何不去問他老人家呢？」大師這樣稟過夢兆祈求開示後，尊者說道：「那結法師，我的兒啊。心中莫要不適，且把你的心識鬆之又鬆，寬坦而住！不要陷入妄念和我執的羅網中去了！懷疑的死結讓它自己去解開吧。你應斬斷二執絆結之極微細處；鑽破並粉碎那極細微堅固的（根本）習氣！莫要東想西想思念太多，應該（鬆鬆的）將心置於寬坦不整治的本然上。」心識要放的鬆之又鬆，空之又空，柔之又柔，完全無障無礙，完全放下了，寬坦而住。二執是我執及法執。接著，密祖就為岡波巴大師解釋，及指示二十四種夢兆之象徵意義。

尊者繼續說道：「那結法師，我的兒啊！今天你所說的各種夢相，都是授記將來你的心中必能（圓滿）生起正法的象徵，我以決定的信心和知識現已詳細的對你解說，切莫忘記！我所說的是真是假，以後你可以自己審核。有一天，當你發現我所說的完全應驗了，你就會對我生起特別的、與現在不同的深切信心！那時你也會對無整治的心體有進一步的殊勝證悟！你今生今世必定能解脫生死。再者，你若要做一個純正的修行者，就決定不可以對夢兆的象徵起任何的執著，否則就會為魔所乘。你應該遵依上師的訓示和自己的決定意志去做，不要輕易為別人的話所左右，否則就會形成心意不堅和意志動搖的習性。對你身傍的道友們，莫要觀察它們的過失；自己莫生惡念，也莫要東想西想。因為自己究竟不能透曉他人的心性，所以（觀察他人的過失）終會成為自己墮落的親因！

再說，我們現在的這個生命境界，就是一個生死中陰的幻相，一場大夢而已。（至於夢境之形成），乃日間（心識）之習氣活動，到了夜間睡眠之時，意識投射出混亂的境象而已，此即睡眠中有幻化無實的原故。因為串習的習氣深厚達到了極處，此習氣的活動力量，形成為『業』；『業』又有善有惡，所以才形成我們這個形形色色的世間中有」，我們現在這個世間的一切顯現就是夢的串習，我們現在是作白日夢而已，比夜間的夢更堅固而已。

「（其間的眾生）才有受苦受樂的種種感受。將這些中有予以清淨（轉變），必需現在修習夢觀和幻身成就法。於此二法之力用得到究竟自在後，才能於中陰時成就圓滿報身佛。所以你應該在這方面去努力修持。」

岡波巴大師說道：「請尊者慈悲傳授我一個容易修持這些中有的口訣吧！」為酬其請，尊者歌曰：

「敬禮至尊諸上師，尤於深恩浩蕩者，我今至誠皈命禮。子兮答汝所請故，今歌中有妙義曲。三界有情之輪迴，佛之涅槃（似）為二，實相體中原為一，『見』之中有如是觀。」三界有情的輪迴和佛的涅槃看起來兩者不同，其實在實相中是一體的，在實相中沒有佛與眾生的分別，在實相中也沒有輪迴與涅槃的分別，所有苦樂不過是我們的幻覺而已。我們是實相中的迷者，佛是實相中的覺者，同一實相，無有分別。

「種種顯現陰陽法，離言心性似為二，本體性中無差別，『修』之中有如是觀。」法界種種陰陽眾相跟我們的心，看起來是二個不同的境界，然在本體性中無差別，所以「修」的時候要修無差別。也就是你「見」要見無差別，「修」要修無差別。

「種種外顯迷亂境，無生自心似為二，俱生（智）中無有二，『行』之中有如是觀。」「行」亦要行無差別。

「昨夜習氣所生夢，醒後覺妄似為二，幻化無實本相同，『夢』之中有如是觀。」「夢」中也是無差別。

「染汙不淨五蘊身，五方佛陀似為二，離念圓滿次第中，無有差別等一味，道上起正之中有，應如是觀如是行。」五蘊身就是我們現前色、受、想、行、識，由物質及精神所組合的身心，我們這身體就是五方佛。從中有生起，到現前在運作這中陰身（中蘊身），這中陰身就是五方佛，不要有錯謬的見解。

「方便所生之父續，智慧所生之母續，俱生第三灌頂中，本無差別原為一，心要中有如是觀。」密教的經典叫作「續」，父續是由方便所生的，母續是由智慧所生的。又在密教法器中，金剛鈴表智慧，金剛杵表方便，方便有時亦稱大悲。法界之中，其實只有一本經典，名為「心經」，不是一般講的《般若波羅密多心經》，是你我的心經。

「自利無動之法身，利他無滅之化身，本性體中原無二，三身中有如是觀。」法身乃不動、自利、自受用；化身乃救度眾生，不滅的佛的化身。

「不淨幻化胎生體，以及清淨佛陀身，中陰光明性一味，果位中有如是觀。」

接著，尊者要岡波巴大師去作一個住山的人，並且要他「把一切法訣都融匯成一體來修持。要常常祈禱你這老父。」即把一切生命中的經驗及智慧，及種種的祈願與悲心，都融成一味而修持。並且叮囑一些修行上要注意的事：

「內生離戲覺受時，莫逐語言及文字，否則當為八法伴，心離驕慢而安住。子兮能識此義耶？」大手印修持有專一、離戲、一味、無修四個次第，當你內心出生離戲覺受時，不要去追逐語言及文字，否則你會被語言、文字這種世間的八法所絆縛，因為你這時候心很銳利，有能力作各種事情，但你若執住於此，就入於世法而不能成就，所以要心離驕慢而安住。

「法爾解脫內顯時，莫以哲理辨析之，否則勤逐無義事，心離妄想而安住。子兮亦識此義耶？」不要一證得法爾解脫，就開始想：「這是什麼境界？在佛法的學理中要怎麼說它？」

「證悟自心空性時，莫於一、多作分別，否則可能墮斷見，心應安住離戲境。子兮亦識此義耶？修觀大手印法時，身語善業莫勤為，如若事務太繁勞，無分別智將消散，應住鬆坦不整治。子兮亦識此義耶？」不是叫你不要作善事，而是心不要著於善事而去，要以大手印為核心。

「兆相、前知顯現時，心莫歡喜起貪著，否則魔來做懸記，無執境中坦然住，子兮亦識此義耶？」這一段很重要，即當你的心很明朗的時候，你會預知及預見一些事情，這時候「心莫歡喜起貪著」，否則會產生「魔來作懸記」，要在無執境中坦然在。

「澈觀自心深處時，莫生貪著與欲求，否則當為貪魔使，無願無求而安住。子兮亦識此義耶？」

尊者唱畢，以足置於大師的頭頂上說道：「衛地的法師啊！我已經於一瞬間將四種灌頂全部傳給你了。你要歡喜啊！」原來前面講解的偈頌就是四種灌頂，你們有沒有得到四種灌頂呢？

這樣，於（一剎那間）尊者授予岡波巴大師下列諸灌頂：

「於其身，授以佛灌頂故，大師之身得佛身壇城之加持；」你們要不要得到這種灌頂？你們身即佛身，你們的身即五方佛，這是得到佛身灌頂！

「於其口，授以真言灌頂故，大師之語得真言加持；」你們的一切語空如幻，是以大悲心說智慧語。何謂以大悲心說智慧語？一切語言以大悲發起，了知一切語言皆空如幻，這是得到語加持！

「於其心，授以法灌頂故，大師之心現見無生法身。」你們心無可執、無可住，一切不可得，這時候即見佛無生法身。

「尊者以足置彼頭頂，大師於一切事理即得無礙（解），獲金剛阿闍黎灌頂。」

尊者於是想傳大師語詮三昧灌頂，說道：「我有一個最深奧的寶貴口訣，但如果傳與別人實在太可惜了。所以，唉，你去吧！」語詮三昧灌頂即最究竟的心中心灌頂，是最究竟的教誡成佛的灌頂。

於是尊者坐在河的此岸，岡波巴渡河行了一小段路後，隱約聽見尊者呼喚他的聲音，就立即回到尊者的面前來。尊者對他說道：「唉！我這個口訣雖然至為寶貴和殊勝，有點捨不得傳人，但是這個口訣如果連你都不傳，還傳給誰呢？所以我還是要傳給你的。」岡波巴大師心中歡喜雀躍萬分說道：「那麼我是否要準備一個曼荼羅作為供養呢？」尊者說道：「曼荼羅倒不需要。只要你莫辜負我這個口訣就行了。好！現在你看！」說著尊者就將衣袍撩起。只見尊者周身上下都是（因多年辛勞）而結成的網狀老繭！尊者繼續說道：「我再沒有比這更深奧的口訣了！我是經過這樣的辛苦去修行，心中才生起功德的，所以你也要以最大的堅毅持忍力來修行才好。」這是最好的加持，最妙的口訣。這件事在岡波巴心上留下了不可磨滅的印象。

各位呀，修行不是嘴巴講，是要真心去做到。真心做到也不是嘴巴講，成就也不是嘴巴講，都要真心去做到，這是唯一對得起自己的方法，也是唯一安慰自己的方法，也是唯一安慰佛陀的方法，也是唯一幫助父母的方法，也是唯一帶領子女的方法，也是唯一幫助眾生成佛的方法。

在修行上，密勒日巴代表一種苦修實證的精神，是我們的典範。密祖一直鼓勵我們要專修，就他的宗風而言，這是很殊勝的。但是佛法在修證上本來就呈現多元的樣貌，以大乘佛法的本質來講，佛陀強調的是中道，他並不鼓勵所謂的苦行。然而我們要了解，佛陀所反對的苦行主要是戒禁取行，佛陀當時的外道常常奉行一種戒法，這種戒法本身是來自於邪見，而不是一種中道正見的戒法，因為是來自邪見，所以就形成一種很奇怪的戒律，比如有些外道奉行狗戒，一生都要學習狗的行為，這些戒或許蘊含著某些理論體系，即他們可能會認為說人的業障是一定的，如果終身奉行這些苦行，等到業障全部消除完畢之後，就可以得到解脫。但是對佛法來講，這些邪見所建立的理論及戒法並非由智慧所得。

有一則令我印象深刻的報導，一位印度教的聖者，他在一次感應中，感覺到他應該用舉手的方式來修持，這一舉就舉了二十六年，到最後整隻手臂關節產生黏連而變形。如果從意志力的堅持來講，這很了不起，很多人會很尊敬他，但是就佛法來講，他的行為並不足取，因為他背後並沒有很清楚的智慧跟悲心作指導。

密勒日巴祖師的修行固然也很強調苦行，但是他苦行的背後有很深刻的智慧及廣大的悲心作基石，是佛法所認可的；然而這樣的修證形式，並不是佛陀所強調的主流看法，這點我們要了解。我們尊重密勒日巴祖師，但是切勿因為尊重自宗的緣故，而認為沒有去作很嚴格的閉關，或一生沒有去專修，這樣就不能成就，沒有這種事。但若基於自身的修證，或是想早點修證成就來度眾生而作這樣的事情，則是很值得讚嘆。我們對佛法不要單純從外相上去入手，要能了知其內在的意義。

第廿八章　念死無常法入心，自心空明四身圓

本篇講述〈羅頓法師的故事〉，羅頓法師曾經是個瞧不起密勒日巴祖師的佛法學者，後來他徹底悔悟，傲慢全消，並向尊者請法。

尊者說道：「凡是不停止放縱欲樂和不常念死亡之法，是只有在多方面增長罪惡和損壞成就的。」

羅頓說道：「過去我確是如此，十分後悔。現在我常念死之將至，所以請您慈悲傳給我修行的法要吧。」

我請問，不管各位是老的年輕人，或是年輕的年輕人，或是小的年輕人，或是幼小的年輕人，諸位年輕人，我請問：「各位最近念『死之將至』

的時候是什麼時候？」SARS來的時候是不是？或是這樣講好了：「你們在SARS來的時候，有沒有念死之將至？」或是說：「在SARS來的時候，你們是怕死的呢？還是念死之將至？」各位呀，我是每天念死之將至的人，其實不是每天，而是一天應該好幾次。

但「念死之將至」和「是不是想死」卻是不相干的事情，念死之將至的人不見得想死，而不念死之將至的也不見得不想死。大家要珍惜，我們共聚在此，還有一口氣在，能活著，又能聽聞正法，思惟正法，修行正法，這是很了不得的福報，這世間多的是「活的死人」，而「活的活人」很少，當然「死去的活人」更少，但是有些人死了之後還能度眾生。我們學佛的人若不能念死之將至，就會把佛法當作一門學問來看，就會變成很外層的，這是「法不入於心」。

法要入於心！法如何入於心？若息不出入於我們的鼻，我們就沒有命了，所以當下這一念，息出入於我們的鼻，心念清楚，所以這一念我們當念法，當聞法，當讓法入於心，當精進。沒有感受的佛法，不能產生力量！沒有實證的佛法，不能解脫！

這位羅頓法師本來是一位佛學博士，是佛學的大家，但是當他發覺口唸而實不至，是無用的，所以他現在念死，然而念死卻千萬不要帶有任何的悲觀情緒，「念死」跟「悲觀」是無關的。這位羅頓法師想要真正的踏上修行之路，所以他說道：「過去，我的學佛是一直停留在口頭上的。現在我要真正的去修持。請慈悲傳授我心要的法訣吧！」他這樣再三至誠的向尊者請求。尊者也就很高興的說道：「如果只是懂得佛法而不修持，就會有這樣的後果。」隨即歌道：

「法不浸心而修觀，則如空中之飛仙」，對密法的修行人而言，這是一個很核心的議題。「法不浸心」中的法是什麼？是中道法，是實相法，是慈悲智慧的法，是法性。如果你不具足法，你的心不具足真正的佛法，你不明曉空性，不能現觀如幻，你不具足這樣的智慧，這樣的悲心，那麼你這樣的修觀不是在修法，這是在修術，不是修法；這是修術，不是修道（此道不是道家所指的道）。

修道或修法跟修術是不同的。對佛法而言，沒有具足空性，所修的一切法都不是向心內求法，都是法不入於心，這樣的修行稱之為外道。你若不悟心，對整個世間或整個法界沒有真實的體解，而去修很多的術，或很多的觀想方便，「則如空中之飛仙」，即你所成就的只是所謂的飛仙成就。道家有很多神仙，其所成就的僅是如此。

西藏古代的佛教史裡面常寫著所謂的「悉地成就」，這悉地成就是要檢擇的，它裡面如果沒有解說他的智慧成就何如，而只是純粹講說他成就普巴杵，這普巴杵能隨心飛出去，並且能穿洞出壁，這樣的成就就是飛仙成就，就只是世間悉地，而不是出世間悉地。出世間悉地完全是以智慧跟悲心去檢擇的。

如果人家問我：「像這樣的普巴杵成就，算不算成就？」我說：「算成就呀！世間成就法呀！」你放心好了，我只是這樣講，我絕對不會說它是出世間成就。因為如果不是恰當因緣，我不會告訴他：「這個沒有解脫！也沒有證得出世間的智慧，沒有證得佛法……等等。」

各位，你們聽我的話要能聽清楚，你們有沒有聽過我印可過誰？對不起！我連自己都沒有印可呀，因為我的印可是什麼意思？成佛！所以講一句開玩笑的話，你們就莫要癡心妄想我會印可你們了，我最多會說你禪七打的不錯，要自在，要作主哦。因為普通開悟就開悟嘛，但開悟還不是要修菩薩道，而你沒有開悟還不是同樣要行菩薩道，所以對我來講，還不是一樣。

因此，你一定要發菩提心，發菩提心才是最長遠的。有人就問：「老師，那你走後，法要交付給誰？」我說：「釋迦牟尼佛又沒有交付法給我！」聽懂沒有？我不是因為釋迦牟尼佛付法，所以我要傳法，而是認為釋迦牟尼佛的法就是法界的正法，就是要幫助眾生解脫的法，所以我要去弘揚，並不是釋迦牟尼佛交付我什麼。

因此，我一點都不擔心：「老師，弘揚你的正法的是誰？」對不起，我認為我弘揚的是正法，但是我不會理所當然的跟人家講說我弘揚的是正法。為什麼？不是說我弘揚的不是正法，而是我講出來的話，在因緣法上面，我講的是我的偏見，我只是最有興趣把我認為是正法的偏見，弘揚給大家而已。為什麼？語言是有落差的，各種語言有各自的因緣位置，每一個人亦各有其因緣的落點。但是放心好了，只要誰身上有法的話，他就會自己弘揚，當然會有些因緣性在，然而解脫是大事，每一個人都要十分的鄭重，十分的小心。

道家也有飛仙（飛劍）成就法，不只是飛劍，還有很多的法器，但基本上都是心物相連的一種觀想法。但如果沒有體悟空性，這些成就我們都只當其為神仙之術，而不是佛法的正法。

「於密續義皆解了，因明達順甚通達，語言文學頗精微，各種神通皆具足，受用享受極豐盈，智慧銳利如刃鋒，但彼不真修持故，不重微細因果故，持傲不舍世間法，自貪妄念不能盡，空性大悲難生起，不能跨越生死河，苦惱之芽難枯萎。」所以修行或修法要能入心，法不能浸潤你的心，你的心不能與法完全相應，心法不如一，不能夠體證空性，行止不能以空性為核心，在根本上以我執為中心，則雖然世相上聰明銳利，能巧辯，具神通，一切福德具足，究竟而言，都是外道。

「（此類飛仙）具神通，於所知法甚博聞，慣思違、順、是非故，心常似柴烈火焚。自過自業自受報，是故應勤修正法。起死回生甘露藥，病者若不自飲之，雖有妙藥有何用？若欲解脫飢渴病，自己應吃勝妙食。」

尊者就傳授羅頓法師灌頂和口訣，然後命他去依法修持。（不久）羅頓有了許多覺受；他就來到尊者的面前，啟稟道：「我（在修定時）心中生起了種種妄相，但無論如何努力去制止，心之（妄念和種種境相）仍不能停止，四飛流散。如果這是過失，就請傳我遣除的辦法；如果是功德，就請傳我增益的方便吧。」

尊者忖道：「他確實是在修行啊！」就對他說道：「法師啊！妄念和境象雖然紛紛湧起，但他們皆是一體無二。不管是功德也好，過失也好；你只要一心在『見』上努力修持就行了。」佛法中的修行，唯一的根本是在見地，沒有正見就沒有佛法。釋迦牟尼佛悟了正見，他成了佛，我們如果根器銳利，亦可自悟正見而成辟支佛。但如果沒有，那麼我們就從佛典開示的正見中，受持正見，受持正見之後，不斷的思惟正見，不斷的聞、思及修持正見。而這正見是什麼？在原始佛法裡面，是以三法印為核心，所謂：「諸行無常，諸法無我，涅槃寂靜。」涅槃寂靜是什麼？是無我相，是無所得相，一切無執，名為涅槃寂靜，而不是另有一個寂靜涅槃境界可得。所以無我、無常，成證涅槃。

而四聖諦是聲聞鈍根者聽聞佛道，聞世間苦聲而起思惟：「苦何來？」苦有積聚的原因，所以是苦集諦；然苦既然是積聚所生，它可滅，所以是苦滅諦；滅苦的方法是八正道，即苦滅道諦。滅諦成就即三法印，三法印是你滅諦成就之後證得的。但是你滅諦不成就的時候，你本來的境界就是無可得，亦即你滅諦不成就也是在三法印當中，但是你不能自知，所以落在顛倒夢想，也就是因為罣礙故，所以在顛倒夢想當中，本來無我，你誤以為有我。

因此，證得滅諦，並不是證得什麼，只是了悟實相。你若不在滅諦中，不在涅槃中，也沒有減少什麼，只是不斷顛倒夢想，心有罣礙而恐怖憂惱，雖然恐怖憂惱根本是虛妄的。因為若恐怖憂惱是真實的話，那就無可破了。

至於緣覺，是透過十二因緣，所謂「無明緣行，行緣識，識緣名色，名色緣六入，六入緣觸，觸緣受，受緣愛，愛緣取，取緣有，有緣生，生緣老死」，他了悟十二緣起的染污與還淨過程，從染污而還淨；而他還淨後，還源歸本所體悟的，還是三法印，還是斷無明。無明是什麼？諸行無常，誤以為常，諸法無我，誤以為我，常、我作祟故，不能入於涅槃，雖然本然究竟即在無為當中。

大乘則把三法印直接以唯一空性來體悟。空是不分彼此的，不分染淨的，也不分解脫或不解脫的，解脫者在空，不解脫者亦在空。清淨者是體悟空，染污者是不體悟空，如是而已，不是不空呀。

所以諸法如是，不多不少！三法印就是正見，是佛法的核心。四聖諦及十二因緣最後都是證入三法印這個實相的。四聖諦講一切皆苦是一種提醒，因為你顛倒夢想，所以你很苦，但苦不是佛法的本質，佛法的本質是離苦得樂。很多人以為佛教是苦教，一天到晚在講苦，殊不知佛教講苦是教你離苦得樂，是跟你講顛倒夢想的世界是苦的，教你要自求解脫，證入三法印中。三法印中涅槃寂靜有沒有苦？空裡面有沒有苦？《心經》：「觀自在菩薩，行深般若波羅蜜多時，照見五蘊皆空，度一切苦厄！」為什麼度一切苦厄？本無苦厄可得嘛！何以故？一切皆空！

玄奘大師的弟子窺基所譯的《心經》，開頭的一段是：「觀自在菩薩，行深般若波羅蜜多時，照見五蘊『等』皆空」，我認為這個『等』字應該是通的，即「五蘊等」是代表「一切法等」，代表五蘊、十二因緣及大乘一切諸法，所有三十七道品諸法都為「五蘊等」所涵括，所以佛法核心即證悟實相。

具足佛法正見，能一心安住在見地當中不離，就是具正見者。你在見地中不離不棄，而且隨時隨地都能如是，這也算是一種開悟，因為你隨時隨地見法。如果你隨時能夠如是，就得到法眼淨，即是初果，見法不離，法眼清淨呀。具足見地之後，見地不斷的相續，便會打成一片，一旦打成一片，見跟心會相近，最後法入於心，就會產生覺受，覺受產生時，會有法味，會有法喜生起。

見地改善無明習氣的力量不大，但覺受生起時，就開始有力量了，所以有些人就會開始改變習慣。當覺受相續，串成一片時，就有證量了，證量是譬如看到月亮了，你看到月亮的話，看到一次月亮，叫作看到月亮，雖然烏雲又蓋起來了，但是還是看到月亮。然而當他回頭跟旁邊的人講：「我看到月亮了！」別人一看：「都是烏雲嘛！你胡亂說。」但是他看到月亮看到一次，就看到了。

而初一的月亮跟十五的月亮還是不一樣，所以地地增上，直達佛地，佛地猶如滿月。執佛者不見佛，釋迦牟尼佛不執佛故，看到自己是佛；而我不執著我自己是佛，所以說我是佛。然我們執著自己不是佛，當然不是佛了，而執著自己是佛的，鐵定也不是佛！

前面提到羅頓法師跟密祖報告他「無論如何努力去制止使心住定也沒有用處，心之（妄念和種種境象）仍不能停止，四飛流散。」羅頓法師這時是確實修入心了，所以心的種種意識翻騰起來了，開始在轉煩惱，而轉煩惱的過程是辛苦的。這時尊者對他說道：「妄念和境象雖然紛紛湧起，但他們皆是一體無二。」這句話正是大手印的根本見地。「不管是功德也好，過失也好，你只要一心在『見』上努力修持就行了。」妄念、境象，體性空寂，一切無有二。所以對一切妄念不整治，不離棄，心清晰、明白，如同明鏡照萬象一樣，心明明朗朗，清清白白，可以入道。

接著密祖便開示羅頓法師及一切徒眾，聽我歌曰：

「至心敬禮諸上師。羅頓、徒眾聽我言：心之顯現何物耶？心顯是何若不知，（我當為汝略解說，）此心善能顯一切，無所不顯億萬變！不悟此義即輪迴，悟此法身即諸顯」，悟此全部是法性，是實相，是空，是不可得。「悟此法身即諸顯」，你看到一切不可得，看到一切現空。請問法身是什麼？亦是現空！法身亦不可得，無可染。所以說，什麼是法身？杯蓋！一切所顯都是法身！你們莫要懷疑，這個真的是法身，你們若懷疑它不是法身，那麼你們就見不到法身，然你們若一直執著只有它是法身，那你們也看不到法身，你們看到這是法身，是空性呀！

佛陀見曉星悟道，為什麼呢？「悟此法身即諸顯！」他看到星星的時候，正是這個因緣，剎那之間，體悟一切現空！還能體悟什麼呢？沒有了。他是看到這個，知道一切不可得耳。有人以為他一定是得到什麼，才得阿耨多羅三藐三菩提，然什麼是得阿耨多羅三藐三菩提？無有少法可得！

「萬顯成為法身後，何用他求『見地』耶？」一切法界眾顯成為法身後，一切現成就是見地，一切現成就是大手印，何用他求「見地」耶？一切法，一切境，一切所顯，不過是體性現成而已。你講它是實相也好，講它是空性也好，講它是無自性也好，或是如同六祖所講的「自性」也好，都是這個。但是有些人就有障礙了，他們說：「怎麼講自性呢？佛法不是講無自性嗎？」我前幾天去嘉義，有一位學長就問我這個問題，我說：「是呀！六祖講的自性就是你的無自性。」「怎麼可以這樣說，自性跟無自性意思差很多呢！」他不解的問。要知道，佛法講無自性不是依個人的體悟來講，而是依現成的境界來講，然六祖為什麼用自性二字？很簡單，因為六祖是一個不識字的人，他本身的語言用法比較少，他講：「何期自性本自清淨，何期自性本不動搖」，什麼叫清淨？現空名為清淨，六祖是很清楚的知道這個，本性能自淨、能作用，所以是依這樣來講，六祖才說：「何期自性本自清淨，何期自性能生萬法」，裡面沒有一點執著。

所以六祖講自性有沒有執著？沒有！他講自性是不是講上帝？是不是講超越意識？他不是！那他講自性是什麼？空空如也！

「使心安住之方便，汝今亦能知曉否？安心方便之精要，端在莫激蕩心性，此心無作無整治，安住如彼嬰兒睡。安住如大海無波，安住如燈耀光明，安住無傲如死屍，安住不動似南山，心性如是離增損！」心自然安整，不造作，亦不隨染，是無作無整治。前幾天我在嘉義講《圓覺經》時，講到禪的四病，其一是作病，即造作；其二是任病，即放任；其三是止病，即止於一處；其四是滅病，即有物可滅。不管是六祖大師或密勒日巴祖師，他們在面對安心之道時，所談的都是同樣的事，第一個就是不造作。但是很多人以為心不起造作，那就把心放捨而隨它去，以為這樣就是法性了。那裡可以這樣子呢？那豈不是有一個心隨心而去了！這叫任病，是任意、放肆，修行不是放肆呀。禪者講的隨它去，不是你隨它去，是它去，但你不隨它去，是萬物萬象起滅隨它去，你不造作、不放任，隨它去了，不是你也隨它去，但是很多人到最後卻誤會成我隨它去了。

離增損是無作無整治，不增不損。

「覺受生起應如是：如彼皓日出天際，一切黑暗頓時消，何需他法斷妄念？一切如夢無有根，心境無執似水月，又似無體虹彩然，如彼虛空離方所。」覺受生起時心當如何？即覺受生起，不加一分，不少一分；覺受生起就是覺受生起，朝陽東昇就是朝陽東昇，一切無所執，恰如皓日照萬千。

「覺受紛起應如何？覺受起時如斯觀：濃霧雖密不離空，浪濤雖湧不離海，密雲雖重空中顯，識念紛紛湧起時，未嘗稍離無生性。觀審心之明體時，能悟識乘動氣訣；妄念盜賊潛入時，能解誤賊之口訣。心識散馳外境時，能悟鳥歸海船訣」，鳥歸海船訣是識念雖紛然湧起，然如無際大海中「如海船上放鴿飛，遍繞諸方仍落船，如是以心觀分別，終歸最初本心性」。修行一段時間後，各種覺受會紛紛生起，但最主要是要體悟到，這一切覺受都是空的，也就是「濃霧雖密不離空，浪濤雖湧不離海」，當一切念頭紛然生起，你要體悟這些念頭都是在空性當中。你不即不離，心完全清楚的明照，念頭生起隨它去，亦不整治，但是不能不明了。

「行之方法亦知否？行之方法若不知，應效雄獅奮起姿。行如蓮花出污泥，行如巨象大瘋狂，行如淨璃遠塵垢。」行如巨獅博兔，不擇大小，全力以赴，也就是全體在行，亦即全部修證境界都全部放在行中，無所分別。前面是講見、覺受（修）、行，下面是講果。

「果位顯狀亦知否？果位現時應如是：由無分別顯法身，由大樂性顯報身，由明相中顯化身，由本來顯體性身。我乃具足四身士，法界性中無動搖。」一般講法、報、化三身，但密祖常講四身，即三身再加一個法界體性身。什麼是法界體性身呢？就密祖的說法是法、報、化三身同時具足，叫作法界體性身。

密祖在這邊講「由無分別顯法身」，但這不是唯一口訣，比如你也可以講「由無所得證法身」，或是講「依明空來顯法身」，其實都是同樣的意思，也是可以的。

「由大樂性顯報身」，報身是自受用大樂。法身無相，報身有二，一是自受用身，二是他受用身；受用是大樂性顯，而大樂性的背後是空，空才能名為大樂，無空則有障礙，是故空樂為不二也。

「由明相中顯化身」，一般化身是以空悲不二顯，因為化身是為眾生所顯之身，是為了教化駑鈍的眾生，因悲心而顯化身。但在這邊為什麼講「由明相中顯化身」？因為化身基本上是以生起次第的本尊觀來修持的。本尊觀的觀修有三個口訣：第一、如千百億日般光明；第二，如水晶般透明；第三，如彩虹般無實。化身一般是以空悲來講，但這邊是以顯現來講，所以說「由明相中顯化身」，即化身是清淨明相所顯。

而這三身修證成就具足時，修生匯於本具，始覺一切眾生本是如來，始覺自身與如來同一體性，即始覺自身體性圓滿具足，始悟自身同於本覺，所以是始覺同本覺。而不是本來有一個覺，卻忽然不明。是始覺發覺到，原來所有染污根本是虛妄，所以始覺同本覺。又始覺同本覺故，由本來面顯現法界體性身。

法、報、化三身都同時具足之後，所有的殘渣都沒有了，所以能顯現本覺的狀況，能顯現本來面，故曰：「由本來顯體性身」。

「見、修以及覺受相，安住方便及行果，習瑜伽時應知悉，汝應依是而修觀。」由上密祖開示可知，這個偈頌其實是一個大手印的觀察。

作為密勒日巴祖師的弟子，像羅頓法師這樣，密祖對他的一歌、一偈、一訣的指示，就成為他終身修持的根本。我們現在能夠一次就得到這麼多的口訣，實在是很有福德的，但是法有沒有入於心？這是重點！以前他們是依照這樣的口訣就可以修證成就。而禪宗祖師他所悟的就更簡單，一句「無所得！」他就能成就了。

羅頓依照上師的訓示，勵行精進修持後，生起了殊勝的覺受和證悟，尊者就為他唱了一首「指示心要曲」：

「敬禮如父諸上師。心性光明本來離生滅。」我們每一個人的心性，它本然離生滅，為什麼？一切本然不可得，是無我。心不可得，是無我；以心不可得故，心性即無可障，無可礙，無可染。又心性不可得，心性即具光明，一切本來無生亦無滅，所以本來離生滅，此心之體性，現空也，現前實相。

「心識禦氣遍滿諸方所」，密法裡面常強調氣，但這個氣並不只是一般氣功所講的氣，它牽涉到根本命識的問題，也牽涉到宇宙轉動力的問題，它的意義很寬廣。

「心識御氣」是心識騎在氣的上面。有個理論說：當我們根本心氣動搖的時候，人就會死掉，為什麼？因為我們人命初有，是心識乘於氣上而來，如十二因緣中講：「無明緣行，行緣識，識緣名色」，這個識就是心識，心識跟受精卵結合一起，結合在一起之後的名色，名是精神體，色是物質體，而心識精神體之所以能跟色質結合在一起是由於氣，氣有轉動的能量，故曰命氣。

「心識御氣」是心識騎在氣的上面，當我們修證成就時，心乘著氣之馬，可以奔騰於心識法界，而化身的作用也可以用氣來化現，這氣本身是屬於生命之氣，也包括宇宙能量的運作等。人出生是心識乘著氣馬生，人死時則心氣後離，亦即心氣離了人就走了。佛法講人死時是煖（身體的溫度）、識（意識）、壽命依次離於身，而大乘及小乘所講的識，也包括了密教所講的心氣。心氣的氣可以把它當作識的運作能量或作用，因為識確實是有它的動能存在，不然為什麼識的作用能夠千變萬化，就是來自命氣的運作能量。

「無勤無想所需自具足。無色無形遠離根塵界。」根塵界是六根、六塵及十八界，這句「無色無形遠離根塵界」跟曹洞宗講的「超彼聲色外」是一樣的，即超越見色聞聲，超越於聲色之外，所以見色能聞聲，聞聲能見色，一切作用都是一心的顯現。

「無字無詞離言說境界。離語言增損超越心識境。依甚深訣修持故，於境能生暖與樂。」拙火的修持有其因緣性，在西藏或雪山上修持的人比較適合，在非洲、南印度或斯里蘭卡等熱帶地區則不適合。年輕人可以修拙火，年紀大者以修明心見性為宜。

「於內生甚深決信，外顯增損砉然斷。不依方便難成就，耳傳口訣甚稀奇！修此甚深方便道，我瑜伽士證悟生，如斯修持甚善哉！」

羅頓遵師所囑，在山中無有散亂的修持下去，終於得到大悟。他因聞思所學而能斷外境諸惑，因修持禪觀而斷除內心諸惑。最後成為一個如雪山雄獅般的法師行者，為尊者親近弟子之一。

以上是羅頓比丘的故事。

第廿九章　大印全佛越量宮，明空自在自樂禪

〈八種快樂歌〉：敬禮上師。

一時，尊者密勒日巴住於布仁之紅崖博托。布仁地區有一位屬於遮族的僧人，他雖然久仰尊者之名，但從未親自見過尊者。這一天，滿懷信心前來朝謁，他在洞中四處一望，除了一個煮水的壺外，什麼別的東西都沒有。他心中想到：「怎麼連一個佛像、一頁佛經都沒有供奉呢？目前的生活享用固然談不上，死的時候會有什麼結局呢？」正在這樣打妄想時，尊者立即知曉，就對他說道：「你用不著這樣替我擔心，我是具有最殊勝的佛像和經書的人。我死的時候也決無懊悔，必定是十分快樂的，聽我歌曰：

「敬禮如父諸上師。我身佛陀壇城內，住有三世如來體」，「三世如來體」的直譯或應作「住有三世如來藏之體」，或「住有三世如來心要體」，其實我們身內住有過去佛、現在佛及未來佛，即本覺如來，現前如來及未來要成就的如來。

「無欲無貪賜加持，不分晝夜作供養，不需外供心快樂。三界本是越量宮，六眾皆具如來藏，現前親證大智故，處處皆成越量宮。」越量是超越現量，超越一切的量，密教的壇城稱為「越量宮」，取其超越一切現量之意，我們的身體即是如來的壇城。六眾是指六根。

「人人皆是本尊佛，老密隨心所作事，皆在（重重）法界中。」一切眾生都是如來，「人人皆是本尊佛」即全佛也。我請問大家，你們如何作一件事情超出法界之外？我教你們（師倏然擊掌而示曰：出去了！）

「不依外供心快樂。外顯陰陽白紙上，以大智慧作墨汁，以五根（筆）而書寫，所顯無不成法身，無需經書心快樂。」外顯陰陽指一切外顯眾相，乃由正面及反面的力量消長交遞之相也。

「三界輪迴眾有情，雖具佛性不能悟，依甚深訣而印之，得契三身不離禪，死時我亦大樂哉！」「依甚深訣而印之」的印是大手印，即佛印，依甚深的口訣修證故得以心心而印。三身是法、報、化三身。我教你們一個死亡來臨的時候，一切都不用怕的方法：現在大家全部死掉！（一片寂然……），以後就不用怕死了，把煩惱全部都死了。要死要真的死煩惱，要死生身，不要死法身。法身不死，生身自在！

來客心中想道：「別人說他有神通是一點也不假的！看起來其他有關他的成就功德等傳言也一定是真的了。」因此對尊者生起了不退的信心，就至心懇切的求尊者慈悲攝受。尊者默思此乃有緣之人，就傳以灌頂和口訣，命他去修持。不久他得到了善妙的快樂覺受，就來朝謁尊者說道：「從今以後我也要做做尊者（長期）在山中修行，因為惟有這樣才能得到（真正的）快樂啊！」

尊者聽了十分高興說道：「是的！長期在山中修行才能時時快樂。」（來客）者頓惹巴說道：「尊者所說的都是十分稀有難得的法要。現在再請您將容易瞭解和便於修持的見、行、修、果等法要，為我講說一遍好嗎？」尊者說道：「修持的方法是這樣的。」隨即歌道：

「敬禮慈父諸上師。當汝抉擇正見時，切莫墮入聞思域。」不是叫你不要聞思，而是叫你不要在那邊「是嗎？不是嘛！不是嗎？是嘛！」正見抉擇清楚了，就不要墮入聞思的糾葛。

「未證本性明體時，莫以空言說空見，應觀諸顯皆虛妄。遭逢順逆諸境時，莫壞因果（勤防護）。未悟勝乘之所教，謹執『自心』之名狀，見地未離我執故，此時切莫謗他人。當汝修習正觀時，莫執自性為現量。」大手印行人極易犯執心之明分為自性圓成之體，以其為究竟，而不能達成超越透脫之畢竟空的境界，意即誤以明性為自性現量，殊不知任何大手印的明體決定是明空不二，以空為體，以明為顯，而不是以明為體。所以一定要先把空性弄清楚，而空性不執，就會現明，明空不二。

現在我們就可以馬上作一個實證，各位現在把這個空間放掉，鬆開而不要執著，明相就現起了。但是你若空沒有究竟，而執著這個明的話，就墮入明相了。

因此若要見明的話，要越來越空，不要執著這個明，有明可執一定是空不透，空不透則明不透，不能成為明空，就不是法界體性，這點在修行上要善加檢擇。

「分別於內未斷時，光明之心未現時，覺受精華未成時，莫執虛空之城堡，於現空雙運諸法，莫生貪著令自寂。」前面那段是破明執，這裡是破空執，亦即是《圓覺經》裡所講的滅病或是止病，就是以石壓草，而不能活活潑潑的。

「若於如空執為空，則難驅執相之糟糠！有漏喜樂波濤中，粗重妄念『能』息滅，此時雖享樂覺受，不可貪著應記心。」剛才是明與空，現在是樂與空，前面是明空不二，這裡是空樂不二，樂與空是一如的。

「堅固無念正定上，莫執為實應記心。修持平等行之時，覺受若未自內生，心境若未得加持，五塵若不現大樂，妄念戲論若未盡，莫行顛倒之禁行，莫行雙運解脫道。」這是講你若沒有如是證量，不能行事業手印雙運解脫道。

「勤求現證果位時，自心體性若未見，反向別處覓佛陀，如是必墮希冀邊，應自警覺莫陷入。徒眾見汝現佛身，切莫自執佛陀體。妄念消融法身時，莫執『有法』已斷滅。功德事業與淨土，智慧以及清淨心，切莫認彼為外物。（證果之時應如是。）」

者頓聽了此歌後，生起了堅固的決信，他以後在崖洞中長年的修觀，心中生起殊勝的覺受暖相功德，名叫者頓吉祥燃，成為尊者僧俗親近弟子中之優勝弟子之一。

第三十章　法爾輪涅自斷捨，實相顯境不動遷

〈調伏邪見僧眾的故事〉：敬禮上師。

有一個寺廟，其中的和尚對尊者密勒日巴極懷嗔恨，說他是斷見（外道）。一天，密勒日巴要到這所寺廟去游訪，所有的弟子們都竭力勸阻尊者不要去，但尊者不聽徑自前往。當他來到該廟的門前時，和尚們看見尊者的模樣都一齊擁上前來，群起毆打鞭笞他。這樣虐辱了許久，才把尊者拖進廟中的大殿，綁在柱子上。不久，尊者忽然又在寺外出現了！眾僧於是又跑到寺外來百般毆打，興盡之後才釋放他離去。可是尊者忽然又在廟中的大殿上出現了。群僧又來毆打，但尊者卻（不發一言）安住如山，群僧盡力推動尊

者，卻不能移動分毫。大家奮力推他出去，（但尊者的身體卻像是在地上生了根的一般）絲毫不能動搖。於是和尚們就四處去找來許多人手，把尊者的身體用繩子捆牢，一部分人在前面拼命拉，另一部分人在後面拼命推，但尊者的身體卻象巨石一般磐然不動。眾人使盡氣力弄得精疲力盡，仍是絲毫不能移動。至此大家才驚駭不已。有些人說道：「現在請你走吧。」另外一些人說道：「把你捆在屋內，你卻在門外出現；把你弄到外面，你卻又在屋內冒出來了；無論怎樣推你拉你也不能動你分毫，這是什麼緣故呢？」

尊者說道：「因為我是個『斷見』的人，所以殺了我也是空的，打罵我也是空的，把我捆在室內是空的，擯我於室外還是空的。因為我對生死涅槃的二種執著都已斷捨，所以我才能如是。」這是文殊菩薩型的示現，文殊菩薩說他是外道，是五逆重罪者，但是當他是外道或五逆重罪的時候，請問外道或五逆重罪有沒有實性呢？因此，你能體悟你是外道而沒有實性，你是五逆重罪而沒有實性，那麼就是現成般若。而密祖當然不是文殊菩薩這個類型，但是在這邊，他這種講法卻有文殊菩薩的般若味道。

眾僧說道：「我們十分相信你確是一位成就者。但你今天到此究竟為了何事？你適才所說的話是何用意呢？」

尊者以歌答道：「中陰心識如彼水晶球，遠離障礙遮蔽及困縛，擒之不得縱之亦不去，我此行素如空中流星，為調不信邪見今示現，此我老密今日所顯化，以後無復顯此神跡矣！此番盡除邪愚無少疑。」

其中一位僧人說道：「你適才所說甚為稀有，但是為什麼說以後不再示現這種神通了呢？」

尊者答道：「示現神通有三種情況：轉變不信之心識，激勵覺受令增長，指示果位之證量，於此等時顯神通，其他之時不可顯，至尊上師如是囑。」一顯現神通有它的因緣性，在西藏這種地方可能可以這樣顯現，但在中國則形成一種規矩，即誰顯露神通，誰就都會被摒除，所以在中國這樣地方，顯現神通者只有兩條路，一條路是裝瘋賣傻，即變成瘋行者；另一條路就是示現神通後就入滅了，如鄧隱峰禪師就是如此。

所以神通的示現，不只是個人的問題，還有文化的因緣性問題。

以上是密祖度化寺眾的善巧方便。

第卅一章　法爾六大常瑜伽，寂滅無修大手印

〈最後的開示〉：一天，無論誰到尊者的面前來，都看不見尊者的身體。有些人看見尊者的坐床上一片光明，有的看見一盞燈，有的看見虹彩，有的看見水、金條、風動等等；有些人則什麼也看不見。希哇哦問道：「尊者啊！這些現像是什麼原因啊？」尊者答道：「是這樣的：

祈請一切諸上師，神變無量祈加持。無異惹瓊我善子，寂光惹巴且諦聽。我於地大自在故，地即成為我自性；我於水大自在故，水即成為我自性；我於火大自在故，火即成為我自性；我於風大自在故，風即成為我自性；我於空性究竟故，外界與我成一體，（融合一味無分別）。風、心，顯

境自在故，任何變現皆隨心。我身顯現諸神變，令汝生信得加持。一如過去成就者，（臨終）顯示大神通，普令眾生得福佑。」

這是尊者密勒日巴光大佛法，及予眾多有情以現世及究竟利益之種種經過。

這次密勒日巴大手印教授，很歡喜的從SARS前講到SARS後，於今圓滿。我講得隨興，雖然是隨口講來，大家聽了也應當歡喜吧！感恩密勒日巴祖師給我們加持，也希望他給我們相續的加持，我們就以此功德，迴向法界眾生，同證密勒日巴祖師的大手印成就，並祈願一切眾生圓滿成佛，智慧福德都能具足圓滿，一切世間都成為光明的樂土。大家由此聽聞應該可以得到大手印決定，密勒日巴祖師當會守護大家，直至圓滿成就！

附錄一　課中開示

一、如何是「修與無修本無二」？

師答：修行是妄念，不修更是大妄念，那要不要修呢？要修！但是你能執著修嗎？能執著不修嗎？所以修跟無修這一切都是現空不二。是故修而無修，無修而修，精進修而不執於修，無修之時亦不離於修，所以是修而無修，無修現修。每一個當下，一切放下，就是大修行，每一個當下，無所執著，就是大修行，每一個當下現空，就是大修行，每一個當下現空自顯，光明相續不二，就是大修行，就是修而無修，無修而修。

二、不了解淨土是什麼樣子；要如何「轉」？

師答：如果不了解的話，就全部是法身淨土。

三、我看過在《曠野的聲音》一書中提到，澳洲某些土著他們可以自己決定他們要離開身體的時間，但是那邊沒有佛法，他們過著自然的生活，那麼他們知道生命的開關在那裡嗎？

師答：他們蠻單純而特別，我認為他們有自然的定力，而我們人本來就有那種能力，是我們自己弄丟掉的。因為我們人本來是二禪天的天人，很多原始而單純的人類，他們常具有這種屬於天人的能力。

四、我的體質很特殊，我在污濁的空氣當中，或是有人生病的地方，我就會一直出痰，可是若在車上或餐廳等，人很多的地方，一直吐痰是很難看的動作，可是我沒辦法，我一定要吐到光為止，有時甚至會連續好幾個鐘頭，延續這個問題，因為現在還有各種怪病一直出現，那麼我們到底要用慈心觀來觀，還是用綠度母咒的防護罩作用來作防護？

師答：最好把它們看成是佛！把SARS病毒看成是佛！最究竟的智慧觀察，是把一切眾生觀成是佛或法性光明。但是你這樣的觀察也不妨害你觀想綠度母（綠度母有防毒的功能），或持孔雀明王咒、藥師咒、大白傘蓋咒，或觀想大白傘蓋，這都是可以並行的，然而最重要是要對一切眾生生起甚深慈悲心。要知道，所有病毒的突變，都是相應於我們人類的貪、瞋、癡心而來的，它要存活的緣故，會伴隨著我們越大的防護，突變越快。因緣本身是轉動性的，當我們對它的敵意越大，它也會隨轉來求存活，最後就變成很難治癒。疾病防治方面，最好是我們自身增加免疫力。但不管別人怎麼看待，我期望各位能很尊敬的觀想它們為佛，這也是我們對人類，也是對SARS最好的一個觀察。今年很多事情都同時發生，伊拉克的刀兵劫，SARS瘟疫等，全部一起來，那我們不做，我們對得起誰呢？為什麼我們應作要做？因為我們知道，別人不知道。我們承認可能做的不夠，但是我們沒有不做。

我們做了。就長遠來講，我們發覺到，它們會成佛，而我們做的時候觀想力越足越好。這段期間，或從今以後，各位每天早起可以念藥師咒，並觀想光明加持水，多喝一些淨水，並以淨水遍灑法界。

五、如何在一個污濁的空氣或境界裡，仍然可以呼吸光明的氣息？

師答：可以觀想極樂淨土，或藥師佛前面藥鉢內的淨息進來。

六、若真能把SARS病毒當成佛，是否仍須持咒或觀想防護？

師答：真能究竟不二就沒有關係。但有時在慈悲上為了幫忙一些眾生，所以還是作觀想。

七、如何是「以菩提心攝定力」？

師答：菩提心的體性是空，外相是大悲，特性是相續不斷，即菩提心的體性是無住，所顯現的是遍法界一切眾生的無上悲憫，而當下現空，所以相續不斷。

八、如何現觀頂嚴上師？

師答：你頂嚴是什麼？頂嚴現空！不空無上師。即如果你不能夠一切現空的話，你的上師是雜染呀，所以要「現空觀上師！」而上師是法界大悲所聚，以空性為體，相續不斷，朗朗現前，是法界身，是法界相，能作用，能自在，是故傾是法界力，一心盡容受，心成法界體，自在能作用。因此，上師就是法界力，進入你自身，就是你的倒影，所以上師是幫助你成就法界作用的，讓你成就一切，故曰：「渠今正是我，我今不是渠。」

九、得到心氣自在的瑜伽行者為何有神通？

師答：瑜伽行者若心氣能完全融攝不二，則心能顯現一切外境自在，故有神通能隨意轉變四大，如密祖能變成雪豹，那是因為密祖所修為拙火氣功。但有些神通則依於定力或般若而展現，如般若神通乃是現證本來智慧而得，故與修氣得心氣自在者不同，密祖乃以修心及修氣而證大成就，但根本上來講，密祖乃是證悟本來智慧。修氣者若氣入中脈，智慧跟氣完全相融，心氣不二，則能現起廣大神通成就，而心氣自在又有許多種層次。

十、為什麼說我們的生命，就是來完成決定如來的一個圓滿的過程？

師答：你已經成佛了，而現在是遊戲王三昧。遊戲王三昧是表演成佛的過程給大家看，因為你是佛，而且已經圓滿了，然後展現這種圓滿給大家看。而這個過程你也可以說它不是過程，因為每一個當下都是空。

十一、無色界天人有沒有中陰身？

師答：這要看中陰（蘊）身的定義如何。無色界天人有四蘊，但沒有色身，只有心識相續。其實中陰身是中蘊身，是中間轉化過程的蘊身，舉例說明，就像木頭要點燃生火之前，先要經過生煙的中間階段，這生煙階段就譬喻為中蘊身，所以中蘊身只是轉化過程的中間介質而已。至於證三果的聖人則有四禪中陰，但是是清淨的五淨居天的中陰，不然的話，他這個身就沒有。而其實我認為中陰的說法也是一種講說的方便，一種修行的方便。

十二、密勒日巴祖師說：「傳承加持不入身，雖然勤求與精進，難證輪涅法身智！」那麼一個辟支佛有沒有傳承加持？其次，如何才是傳承加持入於身？

師答：密祖原本的說法是這樣，他對岡波巴大師講：「壓沙豈能出油？我是由先觀短『阿』字的拙火，才見到心之體性的」，「要循此修觀，為了緣起的緣故，則必須得到本派傳承的加持才行。」而這句話是普遍性的意義呢？還是對他的傳承弟子有意義？我並不認為不跟密勒日巴祖師學就沒辦法成就無上佛果，但是我認為若跟密勒日巴祖師學可以早一點成證無上佛果。所以密祖這句話是依於密法的傳承而這樣講的，是依於噶舉派的傳承講的，這是一種說法，你如果入於這個教派裡面，你信服這樣的說法可得到很大的加持力。但對我來講，我只是在說他的說法而已，我的看法會以更大的一個立場來看。

其次，如何才是傳承加持入於身？你體悟上師之所體悟，名為具足傳承加持，但從外相上來說，你有受到這樣的灌頂跟加持，也可說是傳承加持。如果是這樣，那麼得外相加持的人就很多了，比如有很多人到處去受灌頂，也灌了很多頂，而其實它只是一種許可證，許可你可以進去開始研究了，等於拿了把鑰匙給你。但大部分人是灌了頂就不進去裡面研究，所以這是有傳承的許可，但沒有傳承的證量。有些情形是上師給了你進去研究的鑰匙，上師本身雖然沒有成就，但搞不好你會成就，也有這種可能性。另外，傳承加持也可以有另一種意義，你雖然沒有這種證量，但是對於上師所教授的見地，你能跟他同見，進而趨於同行，隨順於彼傳承之長河，故使傳承長河流入你心，所以就變成傳承加持，即你與上師、傳承同見同行。這就比如說，你現在修一個觀世音菩薩本尊的話，觀世音菩薩最重要的傳承加持是什麼？觀音的心要！觀世音菩薩經典的精要！你能夠如此信受實踐，同見同行，就如同淨土宗講的信、願、行，你能依信、願、行而趨入，這個我會認為你具足傳承加持。

再者，達馬菩提和密勒日巴他們各具傳承加持，但證量是一樣的，他們並不需要交互傳承加持，達馬菩提不必信密勒日巴，密勒日巴也不必信達馬菩提，他們都具足同樣的證量。因此，傳承加持可以從信、願、行的角度了解，而作為趨入的緣起。

十三、「遭逢順逆諸境時，莫壞因果（勤防護）」的深義？

師答：我們還沒有證得圓滿究竟的果位時，一切世間諸境對我們而言，總還是有順有逆，但是對成就者而言，就沒有所謂順逆諸境，所以你還有順逆諸境的話，就代表你還沒有得到圓滿成就。因此，我們也不能對佛陀講：「佛陀呀！您最近運氣不太好哦！」因為對佛陀而言，一切順逆諸境都是一如的，但對我們來講，則有順逆諸境。然則我們當如何面對順逆諸境？我們要以因果來觀察，即當勤護因果，不昧因果，不能掉入「不落因果」的謬誤，或是想要躐等，即你的祈求是超越因果之上的。大部分修行人是很奇怪的，他先相信因果來修行，然後希望他所修行的事情都能超越因果，不是如此嗎？這是自相違逆的。修行人是不昧於因果，但很奇怪，有些人就是想躐等，唸了幾句佛號之後就想他會這麼樣、會那麼樣，世間人是如此。而我們真正在道位上想要修行的人，遭逢違逆諸境時，對因果一定要有真確的認識。我曾經提出「因果三階」的說法，即對一個真正佛法的修行人而言，他第一個一定是堅信因果，其二是接受事實，其三是永不認命。因果的事實，我們要從內心裡坦然接受，就算是有時會嘆息，但這種感覺要淡，事情的發生一定有因果法則的，不能因為我在裡面，就不承認這個因果了。我們人很奇怪，天天都在講「無我」，卻偏偏要執著，所以只要有我在的話，因果就要不一樣，如果是別人的因果，那就沒有關係，看到別人的因果就勸他：「這都是因果！你要放下！看開！」

但對自己的因果卻是：「這絕對不是因果！都是別人對我不好，別人的錯。」我們常看到一個人在跟別人講法時，真的很像個修行人，但是跟自己講法時卻一點都不像。我們不能作這樣的修行人，因此，我們自己要堅信因果，但是另一方面也要不斷的努力。「菩薩畏因，眾生畏果」，當果發生的時候，心要能很安順的受持，而果還沒發生的時候，要戒慎恐懼，看到一切因的生起，心要很細微的防護，善於守護自心。

附錄二 隨說法要

一、誰的木魚會唱歌？我不只木魚會唱歌，我的東西都會唱歌，我的鑰匙，我的錢也會唱歌，這叫法性之歌。你們有沒有聽到法性的聲音呢？我再給你們聽一次（師擲多枚銅板於地而告眾言：這是法性的聲音！）。木魚也會唱歌，但木魚安止於本處時是唱無聲之歌。

二、臨終時，自己有能力的話，自己就可以決定，而如果需要我的話，各位一念想到就好了，不會離開的，沒有什麼離開的。但是各位能直修本尊觀更好，彌陀能夠來迎也很好的，或到他方淨土去也可以。

三、修行要細心，不能太自恃己見，要依於法。

四、傳法時有四層供養，（一）外供：「外供身器界，外顯諸法界，無我全獻供，無著娑婆訶」，外供身體跟器世界，以及外顯的一切諸法界，以無我來全部獻供，沒有執著故圓滿。方法：雙手合掌置於頂上，誦嗡、嗡、嗡、嗡、嗡……（廿一遍），並觀想把整個法界供養出來，然後於頂上或心輪處散印。（二）內供：「內供無住心，意識秘密語，無為全獻供，寂滅娑婆訶」，意識祕密語是心語，我們會自己跟自己講話的，現在要把意中自我的一切祕密語言都供養出來。方法：雙手合掌置於胸前而誦。（三）密供：「密供勝甘露，心現千手尊，大悲空智乳，全供娑婆訶」，外供是供外在的一切，內供是供你的心，密供是供悲智雙運的勝甘露。若是修千手觀音大悲法門，則是心現千手尊，若修不動明王法，則是心現不動尊，現什麼本尊是依你修什麼法而定。所以也可以是心現寶生佛，即以悲智來跟寶生佛瑜伽，或者也可以心現馬王佛、心現釋迦尊等等。密供「大悲空智乳」之義，是以大悲跟空智交融所成的乳來供養。方法：雙手合掌置於胸前而誦。（四）法性供：「圓頓法界體，誰爾不成佛，隨心現成就，全佛娑婆訶」，法性供是最深層的供養。整個法界本來是圓頓，誰不成佛呢。意思不是誰要成佛？我是說誰不成佛！那一個不成佛！「隨心現成就」這句是依不同的所修本尊，而有不同的詞句，若是修不動明王尊，這句就改成「隨心相隨護」，因為不動明王尊他最殊勝的一個願力就是「如心相隨護」，他就是你的心來護持你；若是大白傘蓋佛母，這句就改成「如智相隨護」。全佛者，法界全部是佛，娑婆訶！方法：雙手合掌置於胸前而誦。

五、敲指功的練習：肩膀放鬆，手指頭放鬆，放鬆才有力量，左右各出一指相互敲擊，一邊敲擊，一邊唸誦《心經》：「觀自在菩薩……」，敲打時手指會麻，而且會發熱，一次就練一部《心經》，練久了老年時比較不會得老人癡呆症。另外，也可以叩齒的方式唸《心經》，可增加大腦的血液循環，眼睛也會亮起來。還有一種困難的練習方式是拍腿功，即雙手放鬆、放下、放空，並觀想雙腿亦放鬆、放下、放空，之後雙手放鬆自然抬起，放下拍打雙腿兩側。但一邊拍腿而唸完一部《心經》太辛苦了，可改唸六字大明咒或佛號（南無阿彌陀佛、南無觀世音菩薩……等）。練敲指功時，若手指的汗是黏黏的，表示裡面末稍的髒東西都排出來了。這些方法都是讓氣血循環到末稍，可以全部綜合起來練習。

密乘寶海16

《密勒日巴大手印—雪山空谷的歌聲，開啟生命智慧之心》

作　　者　洪啟嵩
編　　輯　許文筆、王淳隆、莊涵甄
封面設計　張育甄
出　　版　全佛文化事業有限公司
訂購專線：(02)2913-2199
傳真專線：(02)2913-3693
發行專線：(02)2219-0898
匯款帳號：3199717004240　合作金庫銀行大坪林分行
戶　　名：全佛文化事業有限公司
E-mail:buddhall@ms7.hinet.net
http://www.buddhall.com
門　　市　新北市新店區民權路95號4樓之1（江陵金融大樓）
門市專線：(02)2219-8189
行銷代理　紅螞蟻圖書有限公司
台北市內湖區舊宗路二段121巷19號（紅螞蟻資訊大樓）
電話：(02)2795-3656
傳真：(02)2795-4100
初　　版　二〇一六年十一月
定　　價　新台幣四八〇元
ＩＳＢＮ　978-986-6936-91-3（平裝）

國家圖書館出版品預行編目資料

密勒日巴大手印：雪山空谷的歌聲，開啟生命智慧之心 / 洪啟嵩 作. -- 初版. -- 新北市：全佛文化, 2016.11
面；　公分. -- (密乘寶海系列；16)

ISBN 978-986-6936-91-3(平裝)

1.藏傳佛教　2.佛教修持
226.965　　105020366

Buddhall

Published by BuddhAll Cultural Enterprise Co.,Ltd.

BuddhAll

BuddhAll.

All is Buddha.

BuddhAll